《新博亚酒店丛书》
编委会

新博亚酒店丛书 7

全国酒店行业职业技能提升与发展丛书

酒店实用礼仪

何丽芳　隋海燕◎编著

［第三版］

SINPORO TRAINING

廣東省出版集團
广东经济出版社

图书在版编目（CIP）数据

酒店实用礼仪／何丽芳，隋海燕编著．—3版．—广州：广东经济出版社，2013．3
（广经企管白金书系，全国酒店行业职业技能提升与发展丛书系列）
ISBN 978－7－5454－1893－4

Ⅰ．酒…　Ⅱ．①何…②隋…　Ⅲ．饭店—商业服务—礼仪　Ⅳ．F719．2

中国版本图书馆CIP数据核字（2013）第030176号

出版发行	广东经济出版社（广州市环市东路水荫路11号5楼）
经销	全国新华书店
印刷	湛江日报社印刷厂（湛江康宁路17号）
开本	730毫米×1020毫米　1/16
印张	19．25
字数	295 000字
版次	2013年3月第1版
印次	2013年3月第1次
印数	1～5 000册
书号	ISBN 978－7－5454－1893－4
定价	39．80元

如发现印装质量问题，影响阅读，请与承印厂联系调换。
发行部地址：广州市环市东路水荫路11号11楼
电话：（020）38306055　38306107　邮政编码：510075
邮购地址：广州市环市东路水荫路11号11楼
电话：（020）37601950　营销网址：**http：//www.gebook.com**
广东经济出版社新浪官方微博：**http：//e.weibo.com/gebook**
广东经济出版社常年法律顾问：何剑桥律师

Prologue

总　序

2005 年，《新博亚酒店丛书》应中国酒店业的发展需要而诞生。作为图书市场上为数不多的成套的专业酒店管理丛书，从第一版到修订版，继而到今天的第三版，《新博亚酒店丛书》始终担负着促进中国酒店业发展、为中国酒店业的教育与培训提供最佳参考书的重大历史使命。作为“中国职业经理人专业委员会”指定的“中国饭店业职业经理人执业资格认定考试指定用书”，《新博亚酒店丛书》第一版曾经是中国酒店业职业经理人的必读书籍，是酒店业内人士最喜爱并广为珍藏的酒店管理丛书，也是高等及高职院校酒店管理专业教材的最佳选择。

《新博亚酒店丛书》秉承“提供最实用、最有参考价值的参考书，为中国酒店业服务”的理念，把中国酒店业的发展需求放在第一位，与时俱进，在服务中国酒店业读者的同时不断完善丛书的体系及内容。

全面改版的《新博亚酒店丛书》第三版有两个重大变化。第一个重大变化是整套丛书由 18 本增加到 28 本，增加的 10 本图书为：《餐饮英语口语》、《经济型酒店管理实务》、《经济型酒店操作实务》、《酒店服务的 5 项修炼》、《酒店一线员工工作手册》、《酒店岗位设计标准全案》、《餐饮英语 900 句》、《餐馆管理实务》、《夜场培训与管理》、《酒店精益六西格玛管理》。第二个重大变化是更加明确了《新博亚酒店丛书》的指导思想：全面提升中国酒店行业从业人员职业技能与职业规划。无论旧版改版，还是新书撰写，全体作者都依据这个指导思想组织内容，优化形式。《新博亚酒店丛书》第三版不仅在体系上由原来的18本增加到28本，在内容上也具有更加领先、更加实用、更具有可操作性的特点。

2007年我们策划出版了《新博亚酒店一线员工丛书》（共15本）。《新博亚酒店丛书》第三版出版之际，我们将原书内容重新整合为一本书，即《酒店一线员工工作手册》。

《经济型酒店管理实务》与《经济型酒店操作实务》两本图书来源于经济型酒店业态中顶级品牌的实训内容，更加完善的体系与内容为经济型酒店管理人员提供了很强的实操指导，是中国经济型酒店管理人员不可不读的实务参考书。

《酒店英语口语》和《酒店英语900句》，从第一版开始即多次印刷，成为酒店业内人士最喜爱、最实用的珍藏版。新增的《餐饮英语口语》与《餐饮英语900句》为餐饮管理与服务人员的英语学习提供了最快捷有效的学习路径。《酒店英语900句》以其更加简单易学的方式而在第二版之时即成为酒店从业人员英语学习的首选参考书，如今的第三版更加精炼易学，不容错过!

《酒店岗位设计标准全案》则从另一个角度为酒店企业在基本岗位设计、岗位职责以及工作流程方面提供标准方案。

《酒店服务的5项修炼》是我们这次重点推出的新图书。酒店是典型的服务行业，服务质量决定着酒店的经济效益。《酒店服务的5项修炼》一书告诉酒店服务人员要从看、听、笑、说、动等5个方面去提升服务技巧，进行增值修炼并超越自己。本书作者金才兵先生长期从事有关服务人员5项修炼的培训工作。本书是国内第一本动作分解式的酒店服务人员培训宝典。

《餐馆管理实务》是一本专门论述餐馆日常管理的图书。

《酒店精益六西格玛管理》是国内酒店服务领域第一本著作。六西格玛管理最初运用于生产制造领域。20世纪90年代美国通用电气公司首先在服务领域推行六西格玛管理，取得巨大成功。本书作者文放怀先生是国内服务业最权威的六西格玛管理专家。

在《新博亚酒店丛书》第三版全面推出之际，我谨代表丛书的全体作者感谢广大业内人士对《新博亚酒店丛书》的青睐与支持，感谢编辑与同事们的辛苦努力，预祝《新博亚培训丛书》永远成为中国酒店业的良师益友!

新博亚酒店培训　姜玲

2011年8月于海口

修订说明

《酒店礼仪》第一版2005年9月面世，本书一出版就受到了社会各界的广泛关注。应读者需要，2008年我们出版了《酒店礼仪》(修订版)。

近年来，随着酒店行业的持续发展，酒店礼仪也有了重大变化，注重酒店礼仪成为许多酒店增强企业竞争力的重要手段。原版中的酒店礼仪实务部分内容已不适合我国酒店管理的实际，为了符合酒店市场需求，为我国酒店业的发展尽微薄之力，编者应中国酒店协会、多家培训机构和广大酒店从业人员的要求，重新修正和审订了本书。

本书修订后，能使广大酒店从业人员和在职学生熟悉酒店礼仪的基础理论和基本知识，掌握酒店礼仪的基本内容、程序、方法和标准，能够通过良好的礼仪服务给客人新的享受。

新修订的《酒店实用礼仪》具有以下主要特点：

1. 确立了新的编写原则。

在编写原则上，突出以职业能力为核心，始终贯彻“以酒店需求为导向，以职业能力为核心”的理念，结合酒店行业实际，反映岗位需求，注重员工职业能力的培养。

根据行业发展趋势，力求内容与时俱进。合理选取内容，尽可能多地在书中充实新理念、新知识、新方法等方面的内容，并力求贴合实际岗位的变化和新的要求，更好地提升酒店从业人员的岗位竞争能力。

2. 对内容进行了较大调整。

改动比较大的地方有：

①删除了一些与酒店礼仪关系不大的内容，使整本书更加集中于酒店礼仪这个主题。例如，删除了第二章“服饰的色彩”部分。

②增加了一些新的礼仪内容。第三版增加了“网络礼仪”，“手机礼仪”、“酒店市场服务人员的礼仪”、“酒店保安部员工的服务礼仪”。

③更新了部分图片和案例，更形象、生动地反映酒店礼仪的要求和规范，提高读者的学习兴趣。

“与时俱进，开拓创新。”新博亚酒店培训能够与国内同行并肩前行实属荣幸，在此对酒店行业和职业教育的各位同仁和前辈表示衷心的敬意和谢意！

隋海燕

QQ：992663968

aliciasui@ sina. com

Foreword

前　言

当今世界，各国尽管社会制度不同，但都倡导文明礼貌。在人际交往中，都以不同方式，注重礼仪，讲究礼节。毫无疑问，这在很大程度上已成为一个国家或民族文明程度的重要标志，也是衡量人们有无教养和道德水准高低的尺度。

中国是文明古国，礼仪之邦，孔子提倡“六艺”，以“礼”为“六艺”之首；五经中有“礼记”；古时官制，中央政府设立“六部”，“礼部”居其一，由此可见一斑，“礼”在中国传统文化中占有重要的地位。

现代社会，越是竞争激烈，越是要靠礼貌谦和来协调关系。企业要正常运行和获取最大利润，必须与社会各方面建立良好的人际关系和业缘关系，力争外部环境的和谐和内部环境的统一。而人与人之间要建立相互尊重、平等友爱、相互合作的正常关系，就需要人人讲文明礼貌。

礼仪是治事待人的准则，亦是人与人之间相处的规范，更浅显地讲法就是“规规矩矩的态度”。人是社会动物，不能离群索居，必须进行团体生活，所以不论是家庭生活或者社交场合，其进退都应有适当的节度，尊重彼此的行为言谈，维系社会纪纲及秩序。

酒店业是礼貌服务行业，对广大从业人员和即将走上服务岗位的新员工进行文明礼貌礼仪教育，是十分必要的。这不仅是培养文明员工的需要，更是职业的基本要求。掌握礼仪的基本常识，结合岗位的要求和提高自身道德修养的需要，努力在实践中运用，才能使自己更加充实，在熟练掌握本职工作业务和技能技巧的基础上，真正胜任本职工作，提高服务质量，成为酒店业的合格人才。本书就是以此为出发点而编写的。

本书内容着意使酒店员工通过了解酒店服务接待工作中的礼貌礼仪礼节常识，学会并掌握酒店服务接待工作中所常用的礼貌服务用语、基本礼节以及礼貌行为规范，培养人际交往能力，养成礼貌待客的良好职业习惯，以真正实现优质服务的酒店宗旨。

本书由何丽芳、隋海燕编著，贺湘辉主审。陈琴参编第 5 章，刘是今参编第 6 章，李先跃参编第 11 章，向前参编第 12 章。主要的参考资料已在参考文献中列出，在此向有关作者表示感谢。

由于水平有限，时间仓促，书中差错在所难免，敬请读者批评指正。

编　者

Contents

目 录

第一章

酒店礼仪概述

中华民族素有“礼仪之邦”的美称。自古以来，礼仪在人们的社会生活中，一直都处于至关重要的地位。在现代社会中，礼仪是人们生活中必不可少的部分，它规范着人们交往活动的行为，维系和发展人际关系，推动社会进步，是精神文明的象征。

中华民族素有“礼仪之邦”的美称。自古以来，礼仪在人们的社会生活中，一直都处于至关重要的地位。在现代社会中，礼仪是人们生活中必不可少的部分，它规范着人们交往活动的行为，维系和发展人际关系，推动社会进步，是精神文明的象征。

第一节　现代礼仪的特征和功能

一、现代礼仪的特征

现代礼仪是时代特征和社会特征的综合反映，它以科学精神、民主思想和现代现实生活为基础，以新颖、实用、简单、灵活的形式，体现出高效率、快节奏的时代特点，表现出全新的社会关系和社会风貌。

1. 规范性

礼仪是一种规范。礼仪规范的形成，不是人们抽象思维的结果，而是对人们在社会交往实践中所形成的一定礼仪关系的概括和反映。这种规范性，不仅约束着人们在一切交际场合的言谈话语、行为举止，使之合乎礼仪，而且也是人们在一切交际场合必须采用的一种“通用语言”，是衡量他人、判断自己是否自律、敬人的一种尺度。

2. 兼容性

每一个国家或地区、民族的礼仪，都有其自身的特点。但是，随着信息传播和社会交往的增加，现代礼仪兼容并蓄，融会世界各个国家礼仪之长，使礼仪的地方性相对减弱，变得更加国际化。现代国际礼仪的通用性越来越强。

3. 差异性

礼仪的具体运用，在不同的民族、不同的时代以及不同的行为环境中，有着不同的内容和要求，其中民族性差异较为明显。礼仪的民族性差异源自于各民族礼仪形成、发展的文化背景不同和心理上的差异等。礼仪的民族性集中体现了一个民族的心理、文化和习惯，反映了一个民族的文明、智慧和社会风尚。因此，凝结着整个民族情感的礼仪是不易改变的。

礼仪的差异性还表现在个体差异上。同一礼仪形式，在不同场合，针对不同对象，会有细微差别，尤其是现代社会强调个体特征。个体特征是一个人的地位、文化素养、经历、资质等方面的综合反映。所以，不同的人在礼仪行为方面，往往会表现出一定的差异性。

4. 传承性

礼仪是历史的产物，任何国家的礼仪都具有自己鲜明的民族特色，任何国家的当代礼仪都是在本国古代礼仪的基础上继承、发展起来的。离开了对本国、本民族既往礼仪成果的传承、扬弃，就不可能形成现代礼仪。

作为人类的文明积累，礼仪的发展从未中断，代代相传。将人们在交际应酬之中的习惯做法固定下来，流传下去，并逐渐形成自己的民族特色，这不是一种短暂的社会现象，而且不会因为社会制度的更替而消失。现代礼仪正是从传统礼仪的精神遗产中，去其糟粕，取其精华，在实践中逐步形成和发展起来的，因而具有明显的历史继承性特征。

5. 平等性

现代社会，不论是个人之间、集体之间或国家之间，都应当一律平等。违背了平等、尊重的原则，也就违背了现代礼仪的基本准则。虽然，对不同身份、不同地位的人，在礼宾待遇方面作了不同的等级规定。但这种规定并不意味着尊卑贵贱，而是服从现代社会控制体系和正常交往秩序的体现，是工作需要和礼仪需要相互融合统一的结果，人与人之间关系的本质并没有改变。

二、现代礼仪的功能

1. 礼仪有助于塑造良好的社交形象

在社交中，人们总是以一定的仪表、服饰、言谈、举止来表现某种行为，这是影响人们第一印象的主要因素。整洁大方的个人仪表，得体的言谈，高雅的举止，良好的气质风度，必定会给对方留下深刻而美好的印象，从而有利于建立友谊和信任关系，达成社交目的。因此，礼仪能帮助人们规范彼此的交际活动，更好地向交往对象表达自己的尊重、敬佩、友好与善意，增进彼此间的了解与信任，树立良好的社交形象。

2. 礼仪能规范人们的社交行为，提高人们的修养

在人际交往中，礼仪往往是衡量一个人文明程度的准绳。它不仅反映着一个人的交际技巧与应变能力，而且还反映着一个人的阅历见识、气质修养、道德情操和精神面貌。

在社交场合，人们按照礼仪所规定的要求进行交往，有助于相互间的沟通和达成共识。礼仪作为一种共同遵守的行为规范，执行着对人际关系的整合和疏导功能，如守时守约、讲究仪容仪表、尊老爱幼等。同时还制约着人们按照社会公认的行为模式去生活、去交往，造就和谐统一的良好的人际关系。

礼仪潜移默化地熏陶着人们的心灵，使人们在社会生活中时刻注意自己的言行，养成良好的文明习惯，彬彬有礼。在这个意义上，完全可以说礼仪即教养。有道德才能高尚，有教养才能文明。通过一个人对礼仪运用的程度，可以察知其教养的高低，以及文明的程度和道德的水准。礼仪有

助于提高个人的修养，真正提高个人的文明程度。

3. 礼仪有助于净化社会风气，推进社会主义精神文明建设

礼仪能陶冶人们的情操，规范社会成员的行为，形成一种具有约束力的道德力量。每个人都应将自己的言行纳入符合社会期望和时代要求的“礼”的轨道，并按着社会需要来调整自己的言行。抛弃有碍社会文明和民族文明的陋习，选择适合社会风尚的言行。加强自身的道德修养，遵守公德，用礼仪、礼节、礼貌来造就良好的社会秩序和社会风气，用礼仪文化促进社会文明的发展。

礼仪是构成社会主义精神文明的基本要素。加强社会主义精神文明建设，不可不重视礼仪教育。通过礼仪教育，提高人们的修养，规范人们的行为，使人们温文有礼、谈吐不俗，养成守纪律、有礼貌、讲卫生的习惯，自觉遵守公共秩序和劳动纪律，培养待人以礼、助人为乐的社会公德和优良品质，追求高尚的精神境界。

4. 礼仪有利于增强民族自尊心，加强国际交往

随着我国与世界各国的广泛交流，礼仪也面临着与世界接轨的问题。对国人加强礼仪教育是十分重要的。通过礼仪教育和礼仪实践，可以使国人了解和把握本民族优秀的礼仪文化传统，增强民族自尊、自信、自强的精神，巩固和发展人民内部平等、团结、友爱、互助的社会主义新型关系。在对外交往中讲究礼仪，可以展示中国人民的精神风貌，加深与世界各国人民的友谊和交流，提高我国的国际地位和威望。

尊重国际礼仪和交际礼节，尊重各国人民的风俗习惯，是我国对外活动的一贯做法。它反映了我国维护世界和平、加强国际友好合作的真诚愿望。在国际经济多元化格局的形势下，各国经济的发展面临着日益激烈的国际竞争。在这种情况下，涉外礼仪越来越需要研究和利用，以便让礼仪更好地为我国的对外开放方针政策服务，为我国的对外社会、经济和外事工作服务，在我国经济与国际市场接轨、增强国际竞争力中发挥作用。这

就要求我们既要继承和发扬我国优良的礼仪传统，保持礼节与礼仪的民族特色，又要吸收外国礼仪中的一些好的东西和一系列国际通行惯例。洋为中用，融会贯通，逐步形成一套与世界礼俗接轨的现代礼仪，让中国更好地了解世界，也让世界更好地了解中国。

第二节　酒店礼仪

一、酒店礼仪的定义

酒店礼仪属于职业礼仪，它是指在酒店服务工作中形成的，并得到共同认可的礼节和仪式。其目的是使客人有宾至如归的感觉，从而更好地树立个人和酒店的形象。酒店礼仪围绕全心全意为客人服务的思想展开，讲究接待服务的方法和艺术，符合本国国情、民族文化和当代道德习俗。

酒店礼仪无处不在，渗透在服务人员的言行举止之中。如接待或与人见面时的称呼、握手，服务时的语言技巧、语音语调、风度，与人相处或在公共场所的举手、投足、站立姿势、行走姿势，参加约会、舞会、宴会、会议等应注意的仪容、仪表、仪态等等。

二、酒店礼仪是酒店服务的支柱

1. 文明有礼是酒店服务的宗旨

酒店是服务性行业，它主要向宾客提供服务商品。不提供服务，酒店就难以取得经济效益。而如果服务体贴、周到，必可吸引越来越多的顾客，经济效益就越好。

在现代市场经济中，礼貌礼仪作为现代文明素质的重要组成部分和外在表现，正在创造价值和利润，正在成为现代生产力的一部分。酒店为客人提供吃、住、购、娱乐等服务项目，每一项都离不开礼貌服务。文明有礼、宾客至上、服务第一是酒店服务的宗旨。

2. 礼仪礼貌是客人满意的基础

客源是酒店的财源，是酒店赖以生存和发展的必要条件。酒店服务是作为商品提供给宾客的，这就应该以宾客为中心，必须为其提供优质的产品与良好的服务。一切工作以宾客为主，一切工作都建立在为宾客服务的基础上。

酒店员工一方面要为客人提供优质的功能服务，帮助客人解决吃、住、购、娱乐等方面的实际问题；另一方面还要为客人提供优质的心理服务，关心客人、理解客人、谅解客人、尊重客人，使客人保持愉快的心情。这才是真正的礼貌服务。

热情、微笑、殷勤、周到的服务才能使客人满意，给客人留下美好的印象，从而弥补设施等方面的不足，吸引客人再次光临本酒店。

3. 礼仪礼貌是评价酒店水平的标准

在现代经济大潮中，由于各酒店间硬件上的差距日益缩小，而以从业人员素质和服务质量等软件上的竞争渐趋明显，现代酒店提出了“要有一流的服务员，一流的服务水平”的口号。以礼貌服务为基础的优质服务已成为招徕宾客的口号和手段，同时也从侧面反映了酒店的层次和服务水平。礼貌服务越好，标志着酒店管理越成功，从而酒店的形象和口碑越好，它的经济效益和社会效益就越好。正因为如此，在国家制定的酒店星级标准和星级评定中，礼仪礼貌成为软件考核的重要项目之一。

4. 礼仪礼貌是酒店永续经营的保证

在各酒店间硬件差距日益缩小的趋势下，礼仪礼貌服务成为各间酒店竞争的重要标准，同一星级的酒店要吸引客源，最重要的是差异化经营、硬件的差异化在短时间容易模仿，而软件的差异化难于快速模仿，规范的礼仪礼貌体现于“以客为尊”的宗旨，拉近与客人的距离，最能打动客户的心。因此，礼仪礼貌是酒店永续经营的保证。

第二章

酒店员工仪容仪表

仪表，是人的外表，一般来说包括人的容貌、服饰等方面。仪容，主要是指人的容貌，是仪表的重要组成部分。仪表仪容是一个人的精神面貌、内在素质的外在体现。一个人的仪容仪表往往与其生活情调、思想修养、道德品质和文明程度密切相关。

仪表，是人的外表，一般来说包括人的容貌、服饰和个人卫生等方面。在现代交际频繁的社会，人们对仪表也越来越重视。据专家分析，在给人的第一印象中，外表形象占55%，举止仪态占38%，而谈话内容仅占7%。由此看来，人们的仪容仪表在给人的印象中起着非常重要的作用。酒店是提供服务的行业，因此酒店对员工有一定的容貌、身高、体形要求，对员工的仪容仪表制订了一整套规章制度，并进行严格的检查与执行，可见员工的仪容仪表对酒店形象是十分重要的。

第一节　酒店员工的仪容仪表美

一、注重仪容仪表美的重要性

1. 注重仪容仪表美，反映出酒店的整体形象

现代企业都十分重视树立良好的形象，酒店也不例外。酒店形象取决于两个方面：一是提供的产品与服务的质量水平；二是员工的形象。在员工形象中，员工的仪容仪表美是最重要的表现，在一定程度上体现了酒店的服务形象，而服务形象是酒店文明的第一标志。形象代表档次，档次决定价格，价格产生效益，这是一个连锁反应循环圈。

酒店员工工作的特点是直接向客人提供服务，来自各地的客人会对服务接待人员的形象留下很深的印象。客人对酒店员工“第一印象”是至关重要的，而“第一印象”的产生首先来自于一个人的仪容仪表。良好的仪容仪表，会令人产生美好的第一印象，从而对酒店产生积极的宣传作用，同时还可能弥补某些服务设施方面的不足；反之，不好的仪容仪表往往会

令人生厌，即使有热情的服务和一流的设施也不一定能给客人留下好的印象。因此，注重仪容仪表美是酒店员工的一项基本素质。为了向客人提供优质服务，使客人满意，酒店员工除了应具备良好的职业道德、广博的业务知识和熟练的专业技能之外，还要讲究仪容仪表，提高自我形象。

2. 注重仪容仪表美，有利于维护自尊自爱

爱美之心人皆有之。每一个酒店员工都有尊重自我的需要，也想获得他人的关注与尊重。作为一名酒店员工，只有注重仪容仪表，从个人形象上反映出良好的修养与蓬勃向上的生命力，才有可能受到客人的称赞和尊重，才会对自己良好的仪容仪表感到自豪和自信。良好的仪容仪表既能表示对客人的尊重，也是员工努力工作的动力，能体现员工的自尊自爱。如果衣冠不整、不修边幅、憔悴潦倒，只能被他人认为是生活懒散、作风拖沓、责任感不强、不尊重别人的人。

3. 注重仪容仪表美，体现出满足客人的需要

注重仪容仪表是尊重客人的需要，是讲究礼节礼貌的具体表现。每个人的仪容仪表，无论有意无意，都会在对方心理上引起某种感觉，或使人轻松愉悦，或给人以美感，或使人感到别扭而不舒畅。如果尊重他人，就应该通过仪容仪表来体现对他人的重视。仪表端庄大方，整齐美观，就是尊重他人的具体体现。在整个酒店活动过程中，客人都在追求一种比日常生活更高标准的享受，这里面包含着美的享受。

酒店员工的仪容仪表美在服务中是礼貌、是尊重，能够引起客人强烈的感情体验，在形式和内容上都能打动客人，使客人满足视觉美的需要。同时客人在这种外观整洁、端庄、大方的服务人员中，感到自己的身份地位得到应有的承认，求尊的心理也会获得满足。

4. 注重仪容仪表美，有利于调谐人际关系

“人不可貌相”这句话虽有道理，但是人的外表在待人处事中所起到

的作用，是不容忽视的。一个人的仪容仪表在人际交往中会被对方直接感受，并由此而反映出个性、修养以及工作作风、生活态度等最直接的个人信息，将决定对方心理的接受程度，继而影响进一步的沟通与交往。因此，从某种意义上讲，仪容仪表美是成功的人际交往的“通行证”，在一定程度上满足了人的爱美、求美的共同心理需求。

酒店员工整齐、得体的仪容仪表，以其特殊的魅力在一开始就给人留下美好的印象，常常会使人形成一种特别的心理定势和情绪定势，无论在工作还是生活中，都会产生良好的社会效果。

5. 注重仪容仪表美，反映了酒店的管理水平和服务质量

员工的仪容仪表反映出一个酒店的管理水平和服务水平。在国内外评定旅游酒店星级的标准中，就有考核员工仪容仪表一项。

在当今市场竞争激烈的条件下，酒店的设施、设备等硬件已大为改善，日趋完美。这样，作为软件的服务人员素质对服务水平的影响就很大了。而服务人员的仪容仪表在一定程度上反映了服务人员的素质。一个管理良好的企业，必然在其员工的仪容仪表和精神风貌上有所体现。著名的希尔顿饭店董事长唐纳·希尔顿所提倡的“微笑服务”就是一条管理酒店的法宝。泰国东方大酒店曾两次被评为“世界十佳饭店”之首，其成功秘诀就在于把“笑容可掬”作为一项迎宾规范，从而给光临该店的游客留下美好的印象和回忆。由此可见，酒店员工的仪容仪表是酒店一个不可忽视的重要因素，酒店员工的仪容仪表美是反映酒店管理水平和服务水平的重要组成部分。

二、仪容仪表美的基本原则

讲究仪容仪表美是设计美、创造美的过程，它是人际交往中人们都必须遵守的礼仪规范。在长期的实践中，人们对酒店仪容仪表美的要求有了

一些共识，并渐渐成为一种规范。

1. 讲究个人卫生，树立整齐利落的形象

个人卫生可以反映社会的文明程度，体现社会风尚。酒店员工因工作性质所决定，要特别注意个人卫生的清洁。个人卫生是酒店向客人提供优质服务的基础和前提，个人卫生也是良好的个人仪容所必须具备的基本要求。整洁、卫生是树立良好的个人形象的首要条件。

在工作岗位上，注意保持身体清洁，服装要保持整洁、合身，服务上岗时必须穿工作服。做到勤洗头、勤洗澡、勤修指甲、勤修面，忌讳身体有异味、皮肤表层或指甲内有污垢。注意保持口腔清洁，养成勤刷牙、勤漱口的卫生习惯，防止口腔异味。在工作前，不要饮酒，不要食用葱、蒜、韭菜、酒等有异味的食物，以免引起他人反感。注意勤换衣袜，尤其要注意保持领口、袖口、上衣前襟等易脏处的清洁；不洁净的袜子容易发出异味，尤其在炎热的夏天，更应当注意。头发适时梳理，发型整齐大方。服装挺括，精神振作，整齐利落，使人感到愉悦。

2. 穿着打扮合体、合适、合度

衣着是人们审美的一个重要方面。现代服装除了御寒、遮羞外，还具有一系列功能，如体形展现、性别识别、职业区别、情感表达、经济状况的反映等。服装是人际交往中的一种无声语言，它能反映一个人的社会生活、文化水平和修养。在社交活动中根据自身特点和特定场合，选择得体的服装，并穿出一定的品位，能使人增添几分魅力。穿着打扮应考虑容貌、身材，只有合体的穿着打扮，才能展现美感，否则只会令人看着别扭。衣着打扮合适是一项基本要求，需要根据特定场合、地点、情绪和气候来决定如何装扮。例如，丧事中不可浓妆艳抹，而盛大宴会也不可随便着装。此外，穿着打扮还要注意适度。每个人在社交中都充当特定的社会角色，如果仪容仪表与身份、场合不符，就有损个人形象。

酒店员工工作时必须穿统一的工作服。女员工上班要淡妆打扮，以保持皮肤的细润，显得年轻、有活力。男员工不化妆，但要经常修面、剪鼻毛。

3. 强调和谐美

仪容仪表美是一种整体的美，也是一种与周围环境相协调的美。真正懂得美的人，会综合考虑自身的相貌、身材、职业等，用色彩、线条、款式将美协调地统一于一身，并与所处的环境相称，这样才有可能塑造出和谐美的形象。

4. 注重培养个人修养

仪容仪表美是人的内在美与外在美的统一。同一种穿着打扮在不同的人身上会产生“形似神不似”的感觉。真正的美，应该是个人良好内在素质的自然流露。要想有好的仪容仪表，要想在人际交往中给人以良好的印象，就必须从文明礼貌、文化修养、道德情操、知识才能等各方面来不断提高个人修养。如果只有外表的华美，而没有内在的涵养作为基础，一切都会使人感到矫揉造作，使人感到“金玉其外，败絮其中”。

5. 自然大方

自然大方的装扮，能使人产生平易近人、亲切友好的感觉；装扮过于华美或修饰过度，不仅会使人觉得刺眼，产生反感，也会破坏人的自然美。“清水出芙蓉，天然去雕饰”，人们最注重自然美。在追求仪容仪表美的时候，只有相貌不美或天生有缺陷，才会靠修饰来遮掩短处。过分的浓妆艳抹，其结果适得其反。

第二节　酒店员工的仪容修饰

外貌修饰是个人仪表美的重要组成部分之一，它包括头发、面容、颈部及手部等部位的修饰。“三分长相，七分打扮”，化妆美容是现代人自我美化仪容仪表的重要途径。对酒店员工来说，适当的外貌修饰，会使自己容光焕发，充满活力。不过，酒店员工不宜过分打扮，在各种场合中都要注意自己的身份和装束。

一、酒店员工化妆的原则

1. 审美性原则

美容化妆必须根据自己的面容、服饰、性格等特征来确定化妆的风格，讲究和谐得体，给人以美的享受。化妆的目的是通过人工手段来增加人的美感，完美的化妆应当在脸上难以找到明显的化妆品痕迹。化妆对人的朴素美进行雕琢加工，充分利用一切自然美的规律性，使人的美进一步和自然的多姿多彩美相结合，创造出更高尚、更健康、更多姿的环境、气氛和情调。

例如从肤色上讲，不能用化妆来改变自己的肤色，只能使化妆和自己的肤色恰当结合，才会显得自然、协调。又如眉毛的化妆，选择眉型要适合自己的年龄、气质、性格和身份。短粗的眉显得雅气，长粗的眉显得豪放，年轻人的眉浓重显得有生气，人为地将眉修成细长就会显得老成。同时，不同的脸型要选择不同的眉型，还要和眼睛配合，以更好地衬托出眼睛的神采。

美容化妆要结合自身的实际条件，力求不失真实、突出自然。学会利用自身长处来掩饰短处，做到扬长避短，取长补短，使自身的优点更好地展示出来。

2. 科学性原则

化妆具有一定的规律和技巧。美容化妆必须了解各种化妆品的性质和特点，合理选择和使用化妆品，避免化妆品的危害。使用化妆品要根据自己的皮肤性质来选择，而在涂抹时要考虑皮肤的构造。例如面部的皮肤在涂抹保护性、营养性化妆品时要自下而上均匀涂抹，同时加以按摩，使营养剂渗入皮肤而被吸收；但涂抹胭脂和粉底时，则只需附于皮肤表面，不宜渗透，故需自上而下涂抹，使其不至渗透到皮肤下面，造成污染。另外，使用化妆品还要注意化妆品过敏。在不同环境、不同季节，应随皮肤性质的改变更换不同的化妆品。

3. 得体性原则

美容化妆随不同的环境、不同的季节、不同的年龄而变化，只有灵活运用，才能适得其所。化妆实际上更多的是追求自然的美感，所以化妆一定不要过浓、过厚。最少的用量能获得最佳的效果才是成功的化妆。

酒店员工宜淡妆，整个面部色彩要协调、自然，以突出容貌的天生丽质，使自己容光焕发，充满活力。化妆在遮盖不足时，尽量做到自然而无明显的修饰痕迹。略施粉黛就恰到好处。过分地修饰，会在宾客面前造成娇艳的印象，从而影响宾客的心理情绪。所以酒店员工的外貌修饰应规范，淡雅自然即可。

二、酒店员工的仪容修饰

1. 头发的修饰

头发整洁、发型大方是个人礼仪对发式美的最基本要求。通过对不同发式的选择，可以充分展现美，达到扬长避短的目的。作为酒店员工，乌黑亮丽的秀发、端庄文雅的发型，能给客人留下美的感觉，并反映出员工的精神风貌和健康状况。

（1）男员工的发型选择。

发型的基本要求：男员工的发型为短发，头发长度适中。具体标准是两边的头发不能超过两耳、后面的头发不能触及衣领，前面的头发不能盖住额头，另外，也不能留大鬓角。

选择发式，要考虑身份、工作性质和周围环境，尤其要考虑自身的条件，以求与体形、脸型相配。

对于男性来说，长发是个性的张扬，有时甚至还意味着前卫与反叛，因此不适合酒店服务人员。其服务人员的发型不能过于复杂和夸张，服务人员不适合染发或烫发。

（2）女员工的发型选择。

酒店女员工一般不宜梳披肩发，长发应扎起来或盘成发髻。头发亦不可遮挡眼睛，刘海不及眉，头饰以深色小型为好，不可夸张耀眼。

在为自己选择发型时，首先必须优先考虑自己的职业，必须选择与自己身份相符的发型，必须符合本行业的“共性”，切忌发型过分时髦，尤其不要标新立异。选择极端前卫的发型，过分地强调新潮和怪诞，容易和客人产生一种隔阂，叫人避而远之。

酒店女员工在选择发型时，还需考虑身材和脸型两方面的因素。

根据身材选择发型：

身材瘦高的人，适宜选择头发轮廓为圆型的发型。

身材较矮小的人，适宜短发、中长发，顶部头发可略微高耸，尽可能使头发重心上移，切不可留长发。

身材肥胖型的人，一般不适宜留长发，最好选略长的短发式样，两鬓要服帖，后发际修剪得略尖。

身材高大的人，头发可梳理的蓬松些，女性不适宜留短发，以中长发为好。

根据脸型选择发型：

椭圆型，适宜各种发型。

圆形脸，发型应选视觉上显长不显宽的发型，并让顶部头发蓬松两侧紧，忌从头发中分。

长脸型，不宜短发，一般用圆线条来弥补。顶发平贴头皮，额前留齐平的刘海，并且尽量让头发向两边分散。

正三角脸型，一般让顶部头发蓬松，女性的发梢微微遮脸颊。

倒三角脸型，一般上半部头发不宜蓬高，不宜取无缝式或全部后掠式，头发应从前至后形成蓬松的弧度。

菱型脸型，一般是让头发挡住前额，耳后下部的头发蓬松。女性可将头发剪中长烫圈，使脸型看起来呈椭圆形。

2. 头发的护理与保养

为了确保发部的整洁，酒店员工必须自觉主动地对自己的头发进行清洗、修剪和梳理，以保持头发整洁，没有头屑，没有异味。

（1）清洗头发。

要养成周期性洗发的习惯。一般情况下，油性头发 3 ~ 4 天洗一次，干性头发 5 ~ 6 天洗一次，周期的长短还可根据环境季节而变化。服务人员每周至少应当对自己的头发清洗两次。

（2）修剪头发。

修剪头发同样需要定期进行，及时理发。在正常情况下，服务人员通常应当每半月左右修剪一次头发，至少也要确保每个月修剪一次头发。

（3）梳理头发。

梳头可以为头发“输送”油脂，加强头皮血液循环，清洁、整理头发。梳头时不要用力过猛，短发可以从发根处梳起，长发则应分段梳理。梳头的次数不必强求。头发梳得合理，可起到护发养发的功效。

（4）不染发。

酒店员工不要将头发染成黑色以外的任何颜色。

（5）做好头发的保养。

头发对于人体有保护作用，为头部挡风保暖，减轻头部受到的伤害，防止紫外线对头脑的强烈辐射。所以要做好头发的保养。

①饮食美发。头发健美的基础是营养。从中医理论上讲，肾气盛则发乌黑有光泽，肾气虚则发稀而枯黄。所以美发应从补肾入手，多吃含有蛋白质、碘、维生素 B 的食物。

②科学洗发。洗发用水的温度以 37℃左右为宜，太烫会伤头发，太凉会使头皮血管收缩，对头发不利。使用的洗发液要有所选择，干性头发宜用含有蛋白质的营养型洗发剂，油性头发选择去油作用强的洗发剂。如果头皮屑多，还应考虑用具有去屑、止痒、护发等功能的洗发剂。冲洗时不但要洗净头发，还应注意洗净附在头皮上的污垢、油腻。洗发后，可适量用些护发品，有益保护头发柔软光亮。

③经常梳理。经常梳理头发，除了理顺头发外，还可以刺激头部神经末梢，通过大脑皮层调节头部的神经功能，促进血液循环和皮脂分泌，从而促进头发的生长。正确的梳头方法：头发被梳拉的方向与头皮相垂直，头顶和头后部的头发向上梳，左右两侧的头发向左右两边梳。梳发应用力均匀，不可猛拉猛梳。梳子宜用梳齿较为稀疏的，梳齿不要太尖，梳质也不要太硬。不要使用别人或公用的梳子。梳发时，要护好耳根周围的发根，防止损伤。

④按摩。按摩可以促进头皮的健康。按摩的方法是：伸开十指沿着发际线由前额向头顶，再由头顶到脑后，作环状揉动；然后再由两鬓向头顶按摩，用力要均匀，要使头皮在手指揉动中自然地活动。如果是油性头发，按摩时用力要轻，防止过分刺激头发，使油脂分泌增多。

3. 脸部的妆饰

面容是人的仪表之首，是人体暴露在外时间最长的部位，也是最动人之处。酒店员工美容化妆不仅是自身仪表美的需要，也是满足宾客审美享受的需要。为了有效地传播脸部信息，并给宾客以良好的印象，必须懂得相关的美容知识和技巧。

（1）酒店男员工的面容妆饰。

酒店男服务员应该每天修面剃须，不留小胡子、大鬓角，整洁大方。男性的洁面是很重要的，男性皮肤由于分泌旺盛，皮肤比较油腻，由此产生如毛孔粗大、青春痘等皮肤问题。一般男性应选用专用的深层洁肤乳来清洁皮肤，洗脸后轻拍化妆水，再用乳液或面霜保养皮肤。由于职业的原因，男员工不要蓄须，且不要用手去拔胡须，以免感染，经常刮胡须即可。刮胡须前先用中性肥皂洗脸，然后用胡刷沾上胡须膏涂在胡须上。过一会儿，再涂些刮胡膏。待胡须变软之后，即可用刮胡刀刮脸。用清水洗净后，应检查一下还有没有胡茬。最后搽上香水或润肤冷霜。

（2）酒店女员工的面容妆饰。

①施粉底。施粉底也就是打底色，是化妆的基础和关键步骤。它可以调整皮肤的色调，遮掩或弥补面部的瑕疵，使皮肤平滑、细腻；同时可以形成一层防止风吹日晒的薄膜。粉底颜色要尽可能与自己的肤色接近。如果没有接近的颜色，可以同时购买不同颜色的粉底自己来混合（最好选用同一品牌的粉底），创造出适合自己肤色的粉底。

干性皮肤的人，应选用具有滋润与保湿效果的粉底液。

中性皮肤的人，既可以选用粉底液，又可以选择干粉。

油性皮肤的人，在夏季最好选用干粉，这样会让皮肤看起来不油腻。建议在购买化妆品时最好向专业的化妆品销售员做详细咨询。

施敷粉底的方法是用食指、中指和无名指三个指头的指肚轻轻拍打、拍匀。扑脸粉时，将粉底均匀抹在额、两颊、下颚、鼻等部位，用以定妆，防止化妆脱落，抑制过度的油光。施粉底时还应注意脖颈部位的颜色。

②抹胭脂。脸颊部位的化妆，就是涂抹胭脂，以使面部的两颊泛出微微的红晕，产生健康、艳丽、楚楚动人的效果。胭脂可根据肤色、部位等实际情况选用，并注意涂抹的浓淡以及涂抹的范围。

抹胭脂可用来掩饰面部的某些缺陷。涂抹胭脂的操作要轻，胭脂分布要匀，色彩过渡自然，并以使用后不产生人工涂抹的痕迹为宜。胭脂着色的中心位置应掌握在颧骨附近。操作时要用胭脂扑或胭脂扫，以颧骨为出发点往耳朵上缘方向轻轻抹去，接着用手掌轻柔地把胭脂晕开。不同脸型的妆饰要点：

◈ 椭圆脸型。这种脸型俗称鹅蛋脸，是一种标准的脸型。施妆无需掩饰，顺其自然，胭脂则敷在颊骨最高处，再向后向上带开。

◈ 圆脸型。这种脸型面颊部较宽，施妆宜在面颊两侧加纵长影色，打纵长颊红。面部正中加亮色，眉梢上升，眼影也纵长，使面颊显玲珑和清秀。

◈ 方脸型。这种脸型前额宽，下巴方，腮部突出。施妆要尽量增加柔和感，胭脂从眼部平行涂下，眉应稍尖微弯，不可有直角，腮部则加影色使之显小。

◈ 长方脸型。这种脸型长高于宽，额部较高。施妆应着重缩小脸的长度和修整方正的轮廓，在前额、下额和方正处加影色，眉、眼、唇的化妆线条要圆润，眼影与颊红都要横长。

◈ 正三角脸型。这种脸型前额较窄，腮部及下额部较宽。施妆重点在下颌转弯处。腮和下额以影色使之变窄，前额上部加亮色使之显宽，眉骨下和眼睑加亮色使面部收紧。

◈ 倒三角脸型。这种脸型上宽下窄，俗称“瓜子脸”，下巴较小。施妆画眉应顺眼尾方向，不可上倾，胭脂搽在颊骨最高处再向上后化开。

◈ 菱形脸型。施妆宜在面额两侧涂亮色，并沿颧骨下侧加影色，沿颧骨上侧加亮色，中间涂胭脂，使面部整体轮廓变得平缓柔和。

4. 眼睛的妆饰

眼睛，只有与脸型和五官比例匀称、协调一致时，才能产生美感。因此，要掌握基本的修饰技巧。

眼睛妆饰一般分两种：一是修饰化妆，二是矫形化妆。前者的方法是涂眼影、描眼线、卷睫毛、染睫毛等；后者除了修饰化妆方法外，还要用粘贴、视觉造型、色彩造型、线条引导等较复杂的方法。不同的眼型，可以根据具体情况进行不同的修饰化妆。

（1）大眼睛：只需薄染眼影。

（2）小眼睛：在眼睛周围施抹浅淡颜色的眼影，描绘眼影的长度应超过眼尾，且稍粗浓，并在外眼角处略上翘，最后扫上较浓的睫毛液。

（3）单眼皮：先敷暗黑色眼影，再抹一层茶色眼影膏，眉上擦亮色眼影，并在上眼皮靠眼睛处画眼线。

（4）凸眼睛：用深色眼影涂满眼睑，从内眼角至外眼角展开。

（5）细长眼睛：眼线中央部位画得粗浓些，会产生眼周线缩短的错觉；眉毛应描得较直，以冲淡细长眼之感。

（6）肉泡眼：选择深色眼影，上眼皮眼线画得略粗、稍长；下眼皮眼线从眼角轻轻描入，以水平形态向眼尾渐宽匀开。

（7）倒挂眼：将上眼皮眼角方向的眼影和眼线都染画得稍高些，眼尾的眼影和眼线则画得粗短，在下眼皮眼尾处上扬。

（8）丹凤眼：眼影微染，眼角内侧不必画眼线，中央部分沿眼圈在眼皮上画眼线。

5. 眉毛的妆饰

眉毛的妆饰对整个面部的神态表情，特别是对眼睛，起着绝妙的烘托作用。化妆眉部要根据自己的实际情况选择好适当的眉形，才能达到美化面容的目的。

眉起自眼眶的内上角，沿着眼眶上缘至外上角。眉的内端称为眉头，近于直线状；外端为眉梢，略呈弧线状，弧线的最高点叫眉峰。眉头靠里，超过内眼角，突入内侧时为近心眉，使面部带有严肃紧张的感觉；眉头靠外，偏离眼角向外，成为离心眉时，面部则给人以安详、和谐和宽厚的情调，显得悠然。眉梢水平，在效果上可缩短脸长，感觉上恬静、娴雅；眉梢斜向上方时，有增加脸长的效果，带有活泼好动的情调，但是过分上挑就显得怒形于色了；眉梢斜向下，含低沉的意味，过分下倾则给人一种忧郁的感觉。眉峰若位于眉的中央，眉头上拐而陡，表情较强，有增加脸长的作用；眉峰若靠近眉梢，则给人以脸庞加宽的感觉。眉部的化妆主要分眉毛的修整和画眉两个步骤：

（1）修整。

修整眉毛，就是把过长、多余的眉毛剪去、拔除。

修整眉毛的方法是：先将眉毛用眉刷顺向进行梳理，接着使用眉毛钳除去长得位置不好、形态不好的眉毛，对眉形作适当的修整，但不宜多剪、多拔，以保留自然的眉毛为主。然后再用眉毛梳从下而上倒梳眉毛，剪除过长、不齐的眉毛，再梳平复原。

（2）画眉。

画眉，是用眉笔将已整修过的眉毛作勾描、加深处理，使眉毛显得完善、逼真。

画眉的要领是：要画在眉毛上，顺着眉毛生长的方向仔细慢画，不要画在眉毛外。画完后，稍加修改眉毛的形态，适当增加一点眉毛的长度，填补缺损或疏落之处，尽量使眉毛的形状显得柔美自然。切忌作过分的修改，以免造成虚假、夸张、走样的效果，失去画眉的本身意义。眉毛画好后，应对着镜子进行检查，看两条眉毛是否对称，粗细是否一致。最后，用眉梳将画好的眉毛轻轻地顺着生长的方向刷一下，扫去残留的墨粉，清洁眉部。

修饰眉毛时，应考虑到眉型与眼部、脸型的配合。如当眉与眉之间过宽、眉梢下斜时，眼睛会给人一种表情呆滞的感觉；长脸型的人如果适当拉长眉毛，就能使脸型显宽。在修整眉毛、描眉、刮眉时，要有正确的方法和步骤。染眉时，在色彩上要把握好分寸，不要过深，以免虚假。

6. 鼻的妆饰

鼻子居于面部正中，由于突出、醒目，在较大程度上影响着人们的容貌。鼻部修饰主要是画鼻侧影，以加强鼻子的立体感和改变鼻子不理想的部分。鼻侧影的色彩要和谐，线条应柔和，深浅要适宜。涂鼻侧影应注意：

（1）鼻梁窄的人不宜涂鼻侧影，否则会使鼻梁显得更窄。

（2）两眼间距离近的人不适合涂鼻侧影。因为鼻梁的明暗对比强烈，会使两眼间距显得更近。

（3）鼻梁高的人不必涂鼻侧影。

（4）眼窝深陷者以不涂鼻侧影为宜。

7. 嘴唇的妆饰

嘴唇是人五官中敏感而显眼的部位，是人身上最富于表情的器官。嘴唇的化妆主要是涂唇膏（口红），以表现口唇的艳丽。

涂口红，一般使用管状固体的唇膏，与唇线笔和唇化妆笔配合使用。首先用唇线笔画好唇线，作好定型，防止唇膏外溢。然后涂口红，把唇膏涂在唇线内，也可以用唇化妆笔均匀地醮好唇膏，沿唇纵向纹理，从嘴角两侧往中央一点点涂抹。涂好后仔细检查是否涂满、涂匀，以避免唇线与唇上的色彩有明显不同。由于各人的唇形不同，应采取一些针对性的措施，以达到预期的效果。常见的不同唇形的施妆：

（1）标准唇形：嘴角上翘，上下唇比例为1∶1.5，唇峰居中，嘴角在左右眼球内侧，此为标准唇形。施妆只需着色润泽即可。

（2）厚大嘴唇：唇膏色宜淡不宜深，淡红色的唇膏是首选的色调。施妆时，抹比皮肤所用暗一级的粉底，隐去原有唇廓，用唇线笔画比原唇形小些的轮廓线，涂与原唇色相近的唇膏，靠内侧浓，靠外侧略淡。

（3）薄小唇形：宜用大红、玫瑰红、猩红等色彩浓的唇膏。施妆时，抹粉底隐去原唇廓，用唇线笔蘸珍珠闪光型或色较浓的唇膏，画比原唇形大些的轮廓线，唇内以浅、亮色唇膏涂抹。

（4）下厚唇形：过厚的下唇，可抹较上唇颜色深暗的唇膏，并比上唇敷得稍浓些。

（5）下垂唇形：嘴角下垂，需改变唇形。画唇廓时将唇中部的曲线稍向上下扩大些，从视觉上冲淡对唇角下垂的注意；在勾勒唇线时适当提高唇峰，并使嘴角上翘些，下唇口角使用的口红颜色比上唇口角颜色略淡些。

8. 手的美化和保养

手也是个人形象的一部分。不干净或指甲内有污垢的手，肯定是不受欢迎的。所以有必要注意手的清洁卫生和保养。

手的保养体现在日常生活中的各个方面。手接触的东西很多，要养成勤洗手的习惯，及时清洗有害皮肤的污物。指甲容易污染，要常剪指甲。剪指甲要剪去指甲旁的皮刺，指甲宜剪得圆钝些，剪后再用指甲锉把粗糙的边缘锉平，不要有棱角。可在指甲上涂一层无色的指甲油，以保护指甲表面。

用洗衣粉、洗涤剂等化学液剂，对手部皮肤的损害很大。如不注意保养，时间长了会加速手的老化、粗糙、干裂。保护的方法：一是戴上橡皮手套洗厨具餐具；二是工作后，将手放在温水中浸泡两分钟，再用香皂洗干净，然后涂上护肤霜。

第三节　酒店员工的服饰礼仪

服饰是人形体的外延，包括衣、裤、裙、帽、袜、鞋、手套及各类饰物。它们同时起着遮体御寒、美化人类的作用。服饰是一种文化，是一种文明，是一种无声的语言，它传递着一个人的个性、身份、涵养及其心理状态等多种信息，于是造就了人与服饰之间错综复杂的关系。人的体型千差万别，往往难于十全十美。差别和缺陷，都要求人们在着装时特别注意服装的色彩、款式和体型的协调，以装扮出优美的体型来。作为酒店员工的服饰，因其行业的特点，是非常有讲究的。

一、酒店员工服饰的基本原则

酒店员工的服饰，它是一个国家政治、经济、科技文化、地域、宗教、民俗等自然与社会大背景下的企业形象的定位，内含一定的文化品位和管理思想。另外，酒店是国际经济、文化交流汇集的场所，具有强烈的时代感。因此，酒店服装在款式和色彩上，应体现当前的潮流。

酒店员工的服饰属于职业服饰，它应具有职业服饰的基本特征，即实用性、审美性和象征性。其服饰应符合以下要求：

1. 多样统一

讲究多样统一是酒店员工服饰美的基本原则。在现代酒店，门卫、前台、客房、餐厅、酒吧、商场和健身房等均有风格多样、款式不同但有局部统一的工作服饰。虽然这在很大程度上是出于工作需要，但在客观上都构成了一种多样统一的服饰美感。对于接受单项服务的宾客来说，款式格调相同的员工服饰会给其一种井然有序、赏心悦目的整齐之感；对于享用各种服务的宾客来讲，款式格调变化的员工服饰又会给其一种形态各异、多彩多姿的鲜活之感。酒店多样统一的服饰在客观上满足宾客富于变化的视觉审美需求。

2. 和谐

衣着之美，很大程度上在于“相称”，也就是要与自己的职业、身份、年龄、性别相称，与周围的环境、场合协调。酒店员工的工作服饰要与工作环境在风格上和谐或互补。如中餐厅服务员的着装，要根据餐厅的菜系，以及整个餐厅的背景装饰色调来调整，给顾客一种协调的美感，为餐厅增添生动的情趣。供应宫廷菜系餐厅的服务员着装，就要体现传统服装的特色；供应的是清真菜系，就应穿着反映民族特色的服装；餐厅供应的是粤菜，服务员的衣着色彩就要与餐厅色彩相协调，同时还要体现出地方特色。

服饰与环境的和谐还反映在色彩平衡的状态方面。一般酒店的服饰与环境宜用中性色，以创造一种沉稳、柔和、明洁和淡雅的美感，使宾客在安静轻松的氛围中解除身心的疲劳。酒店部门众多，功能各异，在色调处理上需要从实际出发，因地、因时、因人、因工作性质而定。如前厅一般要求华贵庄重，餐厅要求清洁明快，客房要求柔和安静，舞厅要求热烈活泼，酒吧要求优雅沉稳等等。

3. 含蓄

含蓄，作为中国传统审美趣味，通常被视为服饰美的至高境界。酒店员工的服饰应体现出民族特点与时代新潮的有机融合，解决好藏与露的“适度性”关系。使“藏”能起到护体和遮羞的效果，使“露”能起到展示人体自然美的作用，朦胧含蓄，婉约雅致。

4. 整洁

酒店员工的服饰关键是整洁、得体。在酒店这一特定环境内，特别是在直接招待客人的第一线部门，整洁是服饰美最基本的礼仪要求。整洁的服饰不仅使客人享受到一种视觉形式美感，而且还会产生一种心理上的安全感，对酒店市场的开拓和经济效益的提高有着不可忽视的作用。美观整洁的服饰既突出了员工的精神面貌，也反映了企业的管理水平和卫生状况。

二、酒店员工的服饰礼仪

1. 工作时要穿工作制服

每个酒店都非常注意员工的形象，专门请人设计服装，力求设计得美观、实用、标准。工作服装既不能像礼服那样正规、华贵，也不能像便装那样随意，它一般要求整洁、大方、雅致。工作服装的选择与穿着，从色彩到款式都不必过分引人注目，应庄重、清洁和整齐，以表明员工的责任感和可信度。因此，上班时要尽量穿正式服装，如办公室人员，男士可着西装，女士可着套装、套裙等。目前，酒店员工的着装，均有统一规定或配有专门工作服装。

酒店员工的制服既要有民族特色，也要能与国际上通行做法接轨。酒店制服虽因内部许多岗位的不同而有不同的样式，但许多款式在国际上却是约定俗成的，如门童、行李员、西餐厅服务员、厨师等。有些款式已沿用了几十年，虽没有明确的行文规定，但已被本行业普遍认可。如门童的制服多为西服或制服，色彩醒目，装饰华丽；正规西餐服务员的制服则是黑色燕尾服、马甲、白色礼服领衬衫、领结。这些西方传统服装在中国的沿用，使得人们把这些当作酒店规范化的一部分。

每个酒店员工都有自己的服饰佩戴，但不同的酒店服务佩戴不同。即使同一个酒店，不同等级的员工服务佩戴也不同。客人往往就是根据每位员工的服务佩戴，来鉴别服务人员的身份。规范的服务佩戴，既有利于工作的开展，又有利于服务人员以典雅、大方、得体的仪容仪表出现在客人面前。

制服的美观整洁既突出了员工的精神面貌，也反映了企业的管理水平和卫生状况。工作制服有统一规范要求，不能随意修改。要注意领子和袖口上的洁净，注意保持制服整体的挺括。每天上岗前，要细心检查制服上是否有菜汁、油渍，扣子是否齐全、有无松动，衣裤是否有漏缝和破边等。总之，需经反复检查后才能上岗。

鞋是服装的一部分。在工作岗位上穿皮鞋，每天应当把皮鞋擦得干净、光亮，不要穿白色线袜或露出鞋帮的有破洞的袜子。如果有些工种需穿布鞋，同样也应保持洁净。

男员工的袜子颜色应跟鞋子的颜色和谐，通常以黑灰、深蓝色最为普遍。女员工应穿与肤色相近的丝袜。

2. 要佩戴好工号牌

穿制服时要佩戴工号牌，工号牌是制服的一个部份。无论是哪一个具体部门的员工，均应把工号牌端正地佩戴在左胸上方。

3. 着装要讲究

酒店员工着装讲究，尤其是穿西装时。酒店经理的标准职业服装是西装，西装的穿着有着相当统一严格的模式和要求。

（1）穿西装应注意的要点。

①要配套和得体。正式场合，一般要求穿套装，色彩最好选用深色，例如黑色、灰色、深蓝色，给人持重老成的印象。

西服的领子应紧贴衬衣领并低于衬衣 1 ~ 2 厘米。西装不宜过长或过短，一般以刚刚盖住臀部为宜，不要露出臀部。西装袖子不能过肥，一般袖口处最多到手腕 1 厘米。胸围为穿一件羊毛衫感到松紧适中为宜，以保持挺括潇洒的风格。

按照传统习惯，女西装配西装裙时，西装须做得稍微短些，以充分体现女性腰部、臀部的曲线美；如果是配裤子，则可将上装做得稍微长些。西装配裙子或裤子，不论哪种形式，一般都应是同一面料的。穿西装裙时，不宜穿花袜子，应选肉色或黑色的袜子，袜口不要露在裤子或裙子外边。

②要配好衬衣。衬衣领头要硬扎、挺括、干净。衬衣一般以浅色为宜，例如：白色、浅蓝色、浅粉、浅黄色等。白色衬衣显得稳重。衬衣的衣领要高于西装后领 1 ~ 2 厘米。衬衣的下摆要塞在裤子里，衬衣的袖口略长于西服袖口 1 ~ 2 厘米，应扣上袖口纽扣。衬衣里面的内衣要单薄，不宜把领圈和袖口露在外面。

③应注意纽扣扣法。一般站立时扣上西服纽扣，坐下时要解开。西服扣子如果是两个，扣纽扣时，只需扣上边一个（如是三个则只需扣中间一个）。穿双排扣西装时，应把纽扣都扣上。

④要注意整体协调。无论什么场合，穿西装都不宜穿喇叭裤，也不宜穿毛袜。穿西装必须穿皮鞋，不能穿布鞋、旅游鞋、凉鞋或运动鞋，袜子应以深色为宜。西服上衣外面的口袋原则上不应装东西，钱包、名片盒等最好放在上衣内侧口袋，上衣外面左胸袋可插一条颜色调和的手帕，不要乱别徽章，装饰以少为宜。

⑤要注意领带的选择与佩戴。领带是西服的重要装饰品，西服与衬衫、领带的搭配十分讲究。领带与衬衫的配色规律是：

黑色西装，配银灰色、蓝色或黑红色条纹对比色调的领带，穿浅色或白色衬衣。

灰色西装，配砖红色、绿色及黄色色调的领带，以白色衬衣为佳。

乳白色西装，最好选用红色为主，略带黑色或砖红色、黄褐色的领带，穿灰色衬衣。

墨绿色西装，配上银灰色、浅黄色、红白相间的领带，穿银灰色或白色衬衫。

暗蓝色西装，可配蓝色、深玫瑰色、褐色、橙黄色领带，穿白色或浅蓝色衬衫。

领带的宽窄随西装领及衬衫领的宽窄而变，以平衡协调为宜。领带的长度一般要到腰部，如果未穿西装背心，领带应长到腰带上沿附近。领带的系法也很讲究。一般是扣好衬衫领后，将领带围套在衣领外，将宽的一片压在领角下，再拉另一端，领带就夹在衣领中间。系好后，应自然下垂，宽片在前，并比窄片长些。如果要用领带夹，它的正确位置是在 6 颗扣衬衣从上朝下数第 4 颗扣的地方。领带夹不能太上，特别是不能有意暴露在他人视野之内。

（2）其他着装应注意的要点。

中山装是中国男子喜爱的服装之一，成年男子穿上一套合体的中山装，会显得稳健、大方。穿中山装时应扣好领扣、领钩，衣领里稍许露出一道白衬衣领。穿中山装和穿西装一样，衬衣要收在裤子里头，不能露在外面。要配好皮鞋，不能穿凉鞋、旅游鞋等。

旗袍是中国传统女装，上下结构严谨，简洁明快，雅致端庄，最能体现东方女性的内在美和外在美。其样式可以随时尚的变化而不断花样翻新，当前几乎成为许多酒店中餐厅服务员工的“国服”。

4. 要注意饰物的佩戴

饰物，一般是指能够起到装饰作用的物件，如耳环、项链、戒指、手镯、眼镜等。它们有的是实用性与艺术性的结合，有的纯属装饰品。首饰能烘托仪容仪表美。男士一般以戒指、手表、领带夹为主。女士饰物繁多，但在工作场合不宜佩戴首饰（手表、戒指可例外），而在舞会、宴会等社交场所，则可以恰当佩戴，略加点缀，以增姿色。在饰物的佩戴上，应考虑到以下因素：

（1）饰物种类繁多，佩戴方法多样，在选择佩戴饰物时应是起到锦上添花、画龙点睛的作用，切不可画蛇添足。饰物的佩戴应讲究整体的效果，要和服装相协调。

（2）饰物的佩戴应与自身的特点相适应，如体形、肤色、脸型、发型、年龄、气质等。

（3）饰物的佩戴必须考虑所处的季节、场合、环境等因素，这些因素不同，其佩戴方式和佩戴取舍也不同。

酒店员工除手表外一般不能佩戴比普通客人高级的饰物，以免挫伤客人的自尊心。比较特殊或比较昂贵的首饰，如结婚戒指、亲人遗留下的饰物等有特殊纪念意义的首饰，须经上级领导同意后，方可佩戴。酒店服务员一般不可佩戴耳环、手镯、项链、别针等饰物。酒店规定，在前台服务台等“一线”的员工尽量不要戴眼镜，在其他岗位上均不能戴有色玻璃眼镜。

5. 着装的注意事项

人们穿着的服装大致分为便服与礼服两种。一般休闲在家、外出旅游、运动娱乐时穿便服；而正式的场合如宴会、会见、婚丧等，则应当穿礼服。近些年，由于人们对工作形象的注重，也使得员工在工作中必须穿工作服装。

便服着装较为随便，以宽松舒适为佳，人们可以根据自己的特点和喜好选择衣物。但在接待客人时，穿短裤、穿内衣、穿睡衣或赤脚等，都是失礼的行为。

礼服是最为讲究的服装。我国没有严格的礼服、便服之分，但出入正式场合，尤其是参加外事活动，男士应穿西装、中山装或民族服装，女士最好穿套装、套裙、长裙或旗袍，皮鞋一般男士为系带黑皮鞋，女士为船口鞋。无论什么服装，必须整洁、干净。上衣要熨平整，裤子要熨出裤线，皮鞋要上油擦亮。

穿西装时，必须打领带，袖口、裤脚不可卷起，衬衣下摆塞入裤内。穿西装必须穿皮鞋，袜子应以深色为宜。无论男装还是女装，都应该坚持“内衣不外露”的原则。衬衣下摆、衬衣内的套头衫领圈与袖口、内裤的松紧处及裤脚，均属于内衣范畴。如果在交际场合内衣外露，极不雅观。在任何情况下都不应穿短裤、紧身裤、长筒靴参加涉外活动。

参加各种活动，进入室内场所时，均应摘帽，脱掉大衣、风衣、雨衣等，并送往挂存处挂好。在室内不要戴黑色眼镜，在室外隆重仪式或迎送等礼节性场合，也不应戴黑色眼镜；在与别人握手、说话时一般也需将眼镜摘下，离别时再戴上。

第四节　酒店员工的个人卫生习惯

个人卫生的状况如何，直接影响着仪容仪表的“质量”，因此特别要注意个人卫生的清洁。卫生习惯看起来是生活中的小事，但却影响酒店员工的个人形象，从而也影响酒店的形象。好的个人形象会给顾客留下愉悦，美好的印象；不好的个人形象给顾客留下截然相反的印象。

（1）不做不雅观的小动作。我们很多人都可能不自觉情况下的做一些不雅观的小动作，如挖鼻孔、搓污垢、剔牙齿、掏耳朵、剪指甲、搔头发、抓痒痒、揉眼睛、提裤子等。这些小动作不仅不雅观，而且还不卫生。因此，酒店员工在与顾客交住过程中，一定要避免这些不雅观的小动作。

（2）不吃刺激性，口味重的食物。在上班时间段内，不要吃刺激性大的食物，例如葱、蒜、韭菜、辣椒、榴莲等食物。勤换内衣、勤洗澡，使身上清洁无异味。使用香水要适当，不要使用香味浓烈的香水，如果要使用香水请选用清新淡雅的香味的香水。

（3）不要随地吐痰、擤鼻涕。痰与鼻涕不仅脏，而且还是带菌的，因此，吐痰、擤鼻涕不仅不能随时随地做，而且一定要注意正确的做法，以确保卫生和礼貌。

首先，作为酒店人员，吐痰、擤鼻涕应尽量到休息室或卫生间去处理，至少应避免在顾客面前吐痰、擤鼻涕。

其次，吐痰、擤鼻涕时，应先处理在自己的手纸上，然后再扔垃圾筒或厕所里，不应直接向外吐痰、擤鼻涕，以免传播病菌。

最后，擤鼻涕时应注意不要弄出太大的响声，以免给他人带来不快。

（4）咳嗽、打喷嚏时请注意卫生，生病时尽量不与顾客接触。每个人都免不了要打喷嚏或咳嗽。但无法避免的事并不意味着我们可以毫无约束地去做。打喷嚏或咳嗽都会发出一些不太悦耳的声音，并带出一些不卫生的细菌，从而对他人造成干扰，并可能向他人传播病菌。因此，酒店员工应尽量避免在顾客面前打喷嚏，如若来不及避开时，应将脸转向一边，并掏出纸巾或手帕捂住鼻子和嘴，同时，尽量压低声音。最后，说声“对不起”。

（5）注意勤洗手，养成良好的卫生习惯。手是接触外界最多的部位，从而会带很多细菌。因此，不但饭前便后要洗手，平时也要多洗手。作为酒店员工接待全国各地乃至世界各地的朋友，比如：行李部的员工，每天帮客人接送行李，会接触很多细菌；客房部的清洁员工，每天搞卫生，同样也会接触很多细菌或病菌。这就要求我们勤洗手，搞好个人卫生。

第二章 酒店员工仪态礼仪

仪态，又称“体态”，是指人的姿态和风度。美的仪态使人愿意与之接近、与之沟通，举止得体、风度优雅的社交形象，必然受人欢迎、受人尊重。用优美的仪态表情达意，往往比语言更让人感到真实、生动。

容貌与穿着的美，在很大程度上具有先天性与物质性；而仪态美，则是一种深层次的美。在日常生活中，人们常评论一个人的行为优雅或粗俗。实际上，这就是在评论其言行举止是否符合礼貌、礼节、礼仪的要求。优美的仪态会使人不仅在心理上感觉舒服，而且在精神上也得到一种享受。

第一节　仪态与风度

仪态，又称“体态”，是指人的姿态和风度。姿态是指身体（在站、坐、行、蹲等各种形态中）所呈现的样子；风度则是一个人精神、气质、举止、行为以及姿态的外在表现，是以内在素质为基础的长期生活习惯、性格、品质、文化、道德和修养的自然流露。

一、仪态

1. 仪态是社交形象的重要组成部分

在人际交往中，人们经常会借助人体的各种姿态来表达感情，这就是通常所说的“体态语言”。它是一种无声的“语言”，传递的个人信息非常直观，在生活中被广泛地运用。从一个人的面部表情、身体姿态、手势和动作，基本上可以判断出其品格、学识、能力、性格和职业等。

美的仪态使人愿意与之接近、与之沟通，举止得体、风度优雅的社交形象，必然受人欢迎、受人尊重。用优美的仪态表情达意，往往比语言更让人感到真实、生动。

2. 仪态在社交中可以传达思想感情

体态是通过人体某部分形态的变化来传递信息、表达情感的一种无声语言，它用动作和表情汇集的词汇来象征人的心灵、寄予人的情感。据统计，世界上至少有 70 多万种表达思想感情的姿态动作。相比之下，任何语言和文字都显得逊色。良好的仪态能够传达健康、友好、关心的思想感情。

3. 仪态可以真实地反映心理活动

在人际交往中，人们通常是以话语来表达彼此的感受。但有时却会遇到这样一种情况，即本来什么都没说而别人却可以知道其想法，这就是体态语言所反映出来的信息。

在许多场合，体态语言所显示的意义要比有声语言多而且深刻。因为许多有声语言一般经过理智的思维，可以被说话的人控制与加工，往往能把所表达的意思大部分甚至绝大部分隐藏起来；而体态语言大多是发自内心深处，是难以压抑和掩盖的。

精神分析家认为，通过人们无意识的行为动作能够了解和发现人们的心理状态和性格特征。因为人的行为动作是其性格、思想和人格特性的反映，是人的大脑活动的外露。体态语言比有声语言更具有真实性和可靠性，而且具有全人类性。在人际交往中，一方面要根据对方的仪态分析其心理，然后决定与之交往的方法；另一方面，自己也应把握与控制仪态，以免私情泄露而使对方不快。例如，一边挽留客人，一边却不时地看手表，这就表明内心早已不耐烦了，这种挽留是虚假的、失礼的。

4. 仪态可以表示出关系的亲疏尊卑

在人际交往中，特定的姿态和举止可以反映出人与人之间的微妙关系。这种关系经常无法用口语来表达。掌握和处理好这些微妙之妙，对于正确、恰当地实施礼仪规范大有裨益。例如，行握手礼时，两个人握手的时间稍长、用力稍大，表示感情深厚；鞠躬时，屈体角度越大，表示尊敬程度越高；两人在行走时的距离远近，可以表明两人之间的亲密程度。

总之，良好的仪态既能给他人以美好的视觉感受，也是对他人的尊重。此外，还可以从他人的各种仪态中了解其真实的心理，从而缩短彼此之间的心理距离，促进交往的成功。

二、风度

1. 风度的定义

风度是人的全部生活姿态提供给外界的综合印象，是一个人个性、品质、修养、情趣、学识、精神境界、生活习惯等的外在表现。它可以通过人的服饰、形体、言谈、表情、态度举止等形式表露出来。

一个人的风度，是在自然成长的社会文化氛围中，经过漫长的社会生活实践逐渐形成的。它不仅表现了仪表美的外观，而且更体现了仪表美的内涵。优美的风度来自于优美的心灵，但优美的心灵不一定就自然产生优美的风度，它需要严格的培养、训练。

2. 风度的体现

（1）气质。

气质是指人相对稳定的个性特点，它是风度的灵魂。没有气质就没有风度，高雅的气质决定优雅的风度。气质决定风度的表现形式，影响一个人的行为甚至容貌，也是一个人是否具有魅力的重要因素。

气质是多种多样的。有的人性格开朗，风度潇洒大方，气质表现为聪慧；有的人性格沉稳，风度温文尔雅，气质表现为高洁；有的人性格直爽，风度豪放雄健，气质表现为粗犷；有的人性格温柔，风度秀丽端庄，气质表现为恬静。各种气质，是由每个人所处的不同环境及其心理因素决定的。

酒店员工在接待服务工作中，应该通过自己的一言一行、一举一动的外在形式反映出风度美。酒店员工的风度应是不卑不亢、落落大方、与人为善、助人为乐、克己利人。

（2）人格。

人格是指一个人的尊严、价值和品格的总和，是一个人在社会中的地位和作用的统一。优秀的人格包含如下品质：诚实、正直、自尊、乐于助人、有进取精神。人格反映的是人的内在美，心灵美是其真正依托。

酒店员工的心灵美可以体现在其所提供的优质服务上，也可以表现在以下方面：爱国、正直和诚实，不做有辱国格、人格的事，不损人利己，不弄虚作假等。通过内心的美，可以折射出做人的品质，从而受到人们的尊重和爱戴。

（3）文化教养。

风度是以个人良好的文化教养、渊博的学识、精深的思辨能力为基础的，是美的才识和智慧的显示。良好的文化教养，是构成高雅风度的内在因素，常通过语言、举止、服饰等自然转化为外在的形式。

第二节　酒店员工的举止仪态礼仪

仪态的表现形式是多种多样的。人的头部、脸、躯干、腕、手指及腿、脚等十几个主要部位，几乎都可以传情达意。人的基本体态可分为站姿、坐姿、走姿和卧姿四大类，通常呈现在公众面前的是站、坐、走三类。优美的站、坐、走的姿势，是发展人的不同质感的动态美的起点与基础，同时也是一个人良好气质与风度的展现。古语所说的“站如松，坐如钟，行如风”，就表明了对体态的严格要求。

一、酒店员工的站姿

1. 基本站姿

站姿应注意保持挺拔、典雅、大方。

酒店员工的服务站姿：

（1）女员工的服务站姿。

①垂臂式站姿（如图 3－1）。垂臂式站姿：女士将手交叉放在小腹上，右手握左手；双脚呈正八字形，抬头挺胸，目视前方。

②腹前握指式站姿（如图 3－2）。在基本站姿的基础上，两手握于腹前，两脚尖略展开，右脚在前，将右脚跟靠于左脚内侧前端，身体重心可在两脚上，也可在一只脚上，以通过两脚重心的转移减轻疲劳。

图 3－1　垂臂式站姿

图 3－2　腹前握指式站姿

（2）男员工的服务站姿。

①垂臂式站姿（如图 3－3）。

②腹前握指式站姿（如图 3－4）。

图 3－3　垂臂式站姿

图 3－4　腹前握指式站姿

在基本站姿的基础上，左脚向左横迈一步，两脚之间距离不得超过肩宽，两脚分开平行站立，两手握指于腹前，身体重心在两脚上，身体直立，注意不要挺腹或后仰。

③后背握指式站姿（如图 3－5）。在基本站姿的基础上，两臂后摆，两手在身后相握，右手握住左手手指部位，左手在上，置于髋骨处，两臂肘关节自然内收。

④单臂后背式站姿。单臂后背式站姿分为左臂后背式站姿（如图 3－6）和右臂后背式站姿（如图 3－7）。

图3-5　后背握指式站姿

图3-6　左臂后背式站姿

图3-7　右臂后背式站姿

左臂后背式站姿：在基本站姿的基础上，左脚前移，将脚跟靠于右脚内侧中间位置，两脚尖展开 90 度，成左丁字步。左手后背，右手自然下垂，身体中心在两脚上。

右臂后背式站姿：在基本站姿的基础上，右脚前移，将脚跟靠于右脚内侧中间位置，两脚尖展开 90 度，成右丁字步。右手后背，左手自然下垂，身体中心在两脚上。

二、酒店员工的坐姿

1. 基本坐姿仪态

（1）入座和起座。

坐姿应给人以端庄、文雅、稳重之感。坐姿不仅包括坐的静态姿势，同时还应包括坐的动态姿势。入座和起座，是坐不可分割的两个部分。“入座”作为坐的“序幕”，“起座”作为坐的“尾声”。

入座时，从座位左边入座，背向座位，双腿并拢，右脚后退半步，使腿肚贴在座位边，轻稳和缓地坐下，然后将右脚与左脚并齐，身体挺直。如果是女士入座，若穿的是裙装，应整理裙边，用手沿大腿侧后部轻轻地把裙子向前拢一下，并顺势坐下，不要等坐下后再来整理衣裙。

起座时，右脚向后收半步，用力蹬地，起身站立，右脚再收回与左脚靠拢。

（2）基本坐姿。

①女士基本坐姿（如图 3－8）。坐立时，头正，颈直，双目平视前方，或注视对方，嘴微闭，面带微笑；身体自然坐直稍向前倾，挺胸收腹；双腿并拢，小腿与地面垂直，双膝和双脚跟并拢；双肩放松下沉，双臂自然弯曲内收，双手呈握指式，右手在上，手指自然弯曲，放在腹前双腿上或座位扶手上。

②男士的基本的坐姿（如图3－9）。坐立时，头正，颈直，双目平视前方，或注视对方，嘴微闭，面带微笑；身体自然坐直稍向前倾，挺胸收腹；双腿分开与肩同宽，小腿与地面垂直；双肩放松下沉，双臂自然弯曲，手指自然弯曲，双手放在双膝上或座位扶手上。

图3－8　女士的基本坐姿

图3－9　男士的基本坐姿

2. 常见的坐姿

（1）女士的常见的坐姿。

①前伸式坐姿（如图3－10）。在基本坐姿的基础上，女士左脚向前伸出，全脚着地，小腿与地面夹角不得小于45度，右脚跟上，右脚内侧脚弓靠于左脚跟处，全脚着地，脚尖不可上翘。

②双脚斜放式坐姿。

左斜放式坐姿（如图3－11）。在基本坐姿的基础上，左脚向左平移一步，左脚掌内侧着地，右脚左移，右脚内侧中部靠于左脚脚跟处，右脚脚掌着地，脚跟提起，双腿靠拢斜放；两手相握平放于两腿上。

右斜放式坐姿。与左斜放式正好相反。

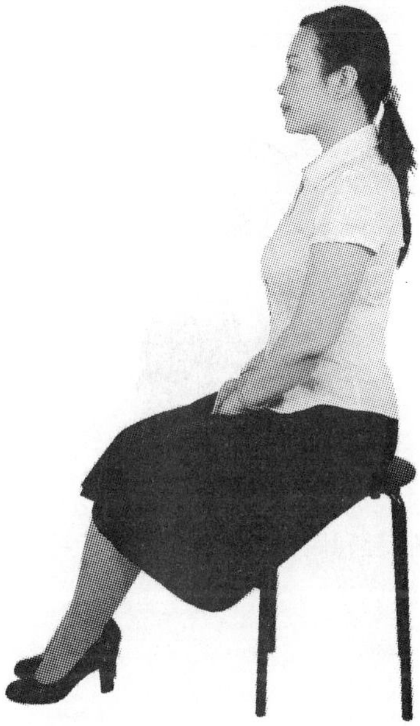

图 3－10　前伸式坐姿

图 3－11　左斜放式坐姿

③双脚交叉式坐姿。

前伸交叉式坐姿（如图 3－12）。在基本坐姿的基础上，左小腿向前伸出 45 度，右小腿跟上，右脚在上与左脚相交，两脚交叉于踝关节处，膝部可略微分开。

后收交叉式坐姿（如图 3－13）。在基本坐姿的基础上，双脚后收于椅下，两脚掌着地，脚跟提起，两腿靠拢。后收交叉式适于坐椅下为空着，沙发类椅子则不宜采用此坐姿。

左斜放交叉式坐姿（如图 3－14）。在基本坐姿的基础上，左脚向左平移，左脚掌及脚跟内侧着地，右脚在上与左脚相交，右脚掌外侧着地，脚跟提起，两脚交叉于踝关节处，两小腿成斜放并靠拢；两手相握平放于两腿上。

右斜放式交叉式坐姿。与左斜式交叉式坐姿正好相反。

图 3－12　前伸交叉式坐姿

图 3－13　后收交叉式坐姿

图 3－14　左斜放交叉式坐姿

④双脚交叠式坐姿（如图 3－15）。

在基本坐姿的基础上，左小腿起支撑作用，右腿交叠于左腿上，小腿内收，脚尖向下，交叠的两小腿紧靠呈一直线。

图 3－15　双脚交叠式坐姿

（2）男士常见的坐姿。

开膝合手式坐姿（如图 3－16）。在基本坐姿的基础上，双脚向外平移，两脚间距离不得超过肩宽，两小腿垂直于地面，两膝分开，两手相握于腹前或分别放于两膝上。

图 3－16　开膝合手式坐姿

3. 坐姿应注意的事项

坐姿中两腿两脚的摆放很重要，两臂两手的摆放也不可忽视。两臂两手的摆放有两种姿势：除两臂自然弯曲内收、两手握指放于腹前双腿之上外，还可根据坐姿的变化两手呈握指式放于一腿上。若椅子有扶手，女士可将两手重叠或呈握指式放于扶手上；也可将一手臂放在扶手上，掌心朝下，另一手臂横放于双腿上，不要把双手放在扶手上。男士则可双手掌心向下放在扶手上。若前有桌子，也可将两臂弯曲，双手相握放在桌子上。坐姿应注意的事项：

（1）无论哪种坐姿，都要求上体挺直，双肩放松。不可弯腰驼背、耸肩含胸，身体不可东倒西歪、前俯后仰，或倒、靠、趴在椅背、扶手、桌面上，或半躺半坐。

（2）两脚两腿不可过于伸出，也不可过于外展。交叉的脚也不可分得太开或上跷，交叠在上的脚和腿也不可上跷或把一小腿搭架在另一大腿上形成十字形。不可不停地抖动或晃动脚和腿；也不可将脚和腿放在椅子或沙发的扶手上，或者放在桌子或茶几上。

（3）女士两膝始终要相靠，不可分开；双臂不可交叉抱于胸前，手不可把握脚颈、抱小腿、抱膝盖、置于臀下、摊放在桌子上、扳弄手指、摆弄其他东西、抠鼻子、掏耳朵等等。

采用坐姿时应根据情况坐满凳椅的1/3或2/3。如与德高望重的长辈、上级等谈话时，为表示尊重、敬意可坐凳面的1/3；如坐宽大的椅子或沙发，不可满座，坐满2/3即可，否则会使小腿靠着椅子边或沙发边而有失雅观；若坐得太少太靠边则会使人感到在暗示随时都会离开。与人谈话时要目视对方，若对方不是对面相坐，而是有一定的角度或坐于一侧，那么上体和腿应同时转向一侧，面对对方。

三、酒店员工的走姿

1. 基本走姿

走姿是人们行走时的姿态。行走是人们生活中的主要动作。走姿能直接反映出一个人的精神面貌，性格特点等。优美的走姿属于动态美，它要求稳健、轻盈、大方、有节奏感。走姿的基本规范要求是：

（1）头正、颈直、下颌微收，目光平视前方（约 4 米处），面带笑容。

（2）挺胸收腹，直腰，背脊挺直，提臀，上体稍向前。

（3）双肩平齐下沉，双臂放松伸直，手指自然弯曲。摆动两臂时，以肩关节为轴，上臂带动前臂呈直线前后摆动，摆幅（手臂与躯干的夹角）不得超过 30°；前摆时，肘关节略屈，前臂不要向上甩动。

（4）提髋，屈大腿带动小腿向前迈步，脚尖略微分开，脚跟先触地，身体重心落在前脚掌上。前脚落地和后脚离地时，膝盖须伸直。

（5）步位直。步位即脚落地时的位置。女子行走时，两脚内侧着地的轨迹要在一条直线上。男子行走时，两脚内侧着地的轨迹不在一条直线上，而是在两条直线上。

（6）步幅适度。步幅，即跨步时两脚之间的距离，是前脚跟与后脚尖之间的距离，通常步幅是 1 ~ 1.5 脚长。

（7）步速平稳。行走的速度应当保持均衡，不要忽快忽慢。一般步速标准为女士每分钟 118 ~ 120 步，男子为每分钟 108 ~ 110 步。

行走时切忌：弯腰驼背，摇头晃脑，探颈前窜，大摇大摆，步子太大太碎，脚蹭地面，脚尖向内形成“内八字”或脚尖向外形成“外八字”步。

2. 变向走姿

（1）后退步。与人告别时，应当先后退两三步，再转身离去。退步时脚轻擦地面，步幅要小，先转身后转头。

（2）引导步。引导步是用于服务员走在前面给宾客带路的步态。引导时要尽可能走在宾客左侧，整个身体半转向宾客，保持两步的距离。遇到上下楼梯、拐弯、进门时，要伸出左手示意，并提示请客人上楼、进门等。

（3）前行转身步。在前行中要拐弯时，要在距所转方向远侧的一只脚落地后，立即以该脚掌为轴，转过全身，然后迈出另一脚。换言之向左拐，要右脚在前时转身；向右拐，要左脚在前时转身。

四、酒店员工的蹲姿

讲完站姿，坐姿、走姿，我们谈谈蹲姿。蹲姿的礼仪主要针对女性服务人员，男性的蹲姿要求应大大方方，有礼有节。而女性服务人员的蹲姿要求要注意以下几个方面：首先，蹲下时，应将自己的侧面面向人多的一边，而不是正面或背面，双腿与膝盖应并在一起；其次，蹲下时，如果领口较低，应用双手护住领口，慢慢蹲下去，上身保持直立；最后，蹲下时，切勿将臀部翘起，像坐姿一样，应保持上身的直立。

五、“手势”的礼仪

1.“手势”的礼仪

“手势”是人们日常生活中除了语言之外用得最多的表达的方式，规范的手势不但能准确表达意思，而且会快速拉近与对方之间的距离，同时也体现了个人的专业素养。作为酒店服务人员，手势贯穿在日常工作当中，并起到无声胜有声的作用。例如：请，请进，请坐，引导，递接物品等手势。

（1）“请”的手势常见的有以下三种：

①横摆式（如图 3－17）。

图 3－17　“请”的手势（横摆式）

“横摆式”手势的规范要求为：第一，五指伸直并拢，掌心斜向上方，手掌与地面成 45°，腕关节伸直，手与前臂成直线，整个手臂略弯曲，弯曲弧度以 140°为宜；第二，做动作时，应以肘关节为轴，上臂带动前臂，由体侧自下而上将手臂抬起，到腰部并与身体正面成 45°停止；第三，头部和上身微向伸出手的一侧倾斜，另一手下垂或背在背后，面向客人，面带微笑，目视来宾，表示出对宾客的尊重、欢迎。

至于用右手还是左手表示欢迎，视当时的情况来定。做手势时，必须面对客人，不得背对客人。此手势男女服务人员都适用。

②前摆式（如图 3－18）。

“前摆式”手势的规范要求为：第一，五指伸直并拢，掌心向上，手臂由体侧向体前方自下而上地抬起；第二，当上臂抬至与身体 45°夹角时，然后以肘关节为轴，手臂由体侧向体前摆动，摆到手与身体距 20 厘米处停住；第三，身体略微向前倾，头略往手势所指方向倒，面向客人，面带微笑，目视来宾。此手势男女服务人员都适用。

③双臂侧摆式（如图3－19）。

“双臂侧摆式”手势的规范要求是“横摆式”手势与“前摆式”手势的组合。

适用于站在客人的侧面，将两只手臂向一侧摆动。此手势较适合男性服务人员使用。

图3－18 “请”的手势（前摆式）

图3－19 “请”的手势（双臂侧摆式）

（2）“请进”的手势（如图3－20）。

“请进”的手势与“横摆式”手势相似，只是手臂较“横摆式”抬得较高，大约与地面呈70°角。

（3）“请坐”的手势（如图3－21）。

“请坐”的手势与“横摆式”手势更为相似。只是手臂较“横摆式”抬得较低，大约与地面呈30°角，面带微笑，面向客人。

图 3－20　“请进”的手势

图 3－21　“请坐”的手势

2. “引导”的手势

引导客人，就是为客人指示行进的方向，并带领到达目的地。引导客人时，服务人员应对客人说“您请”，然后根据客人所要到达的目的地的位置，给予正确的指引。例如：客人所要到达的目的地是直线，我们可采用“直臂式”手势，即将左手或右手提至齐胸的高度，五指伸直并拢，掌心向上，以肘部为轴，向所指示的方向伸出前臂；在指示的同时，身体要侧向客人，目光要兼顾客人和所指的方向，将客人正确引领至目的地。

3. “递接物品”的手势

递接物品时，递物品的人应双手拿物品再放在胸前递出，物品的正面示人，切勿一只手递物，如递送剪刀，水果刀等物品时应刀口向着自己，并注意与对方目光对视；接物品的人同时也应用双手接物，五指并拢，身体稍向前倾。

第三节 酒店员工的表情仪态

表情是人的思想感情和内在情绪的外露，它通过人的面部情态和姿态的变化表现出来。表情属于第一印象，在人际交往中给人的各种影响中，表情占有相当大的比重。美国心理学家艾伯特·梅拉宾在一系列实验基础上总结出一个公式：传递信息的总效果＝7%的书面语言＋38%的声音＋55%的面部表情。可见，表情对人们的交流与沟通影响巨大。

人的表情是通过眼睛、眉毛、嘴巴、面部肌肉以及它们的综合运动来表现的。脸部是人体中最能传情达意的部位，可以表现出喜、怒、哀、乐、忧、思等各种复杂的思想感情。人们常说的“察言观色”、“看脸色行事”，主要都是针对人的脸部表情而言的。在众多的表情形式中，眼神和微笑是最主要的传递信息的表情，在交往中应掌握并正确使用。

一、眼神

眼睛是心灵的窗口，能表达复杂、微妙、细腻、深邃的感情。它能如实地反映人的内心思想感情，如实地反映人的思维活动。人们通过眼睛这扇窗户，既可以丰富自己的情感，又可以捕捉、追踪、洞察对方的内心世界。眼神纯正有神，是正直坦荡的反映；眼神柔和亲切，显得平易可亲；眼神坚毅果敢，显得自强自信，具有威慑力；眼神正直敏锐，会给人可信赖之感。反之，眼神浮动游移，就显得心神不宁或轻薄浅陋；眼神呆滞无光，就显得愚笨无能；眼神狡黠多变，则显得虚伪奸诈。

一个良好的交际形象，目光应是坦然、和善、热情、乐观的。与人交往的时候，冷漠、狡黠、傲慢、贪婪的目光，都是不健康的，也是不会被他人所接受的，只能使别人在内心产生抵触情绪；左顾右盼、挤眉弄眼、用白眼或斜眼看人，也都是不礼貌的。

在友好与善意的前提下，对不同的对象，眼神能够传递不同的信息。

1. 不同场合的注视位置

注视对方身体不同位置，传达的信息会有差别，造成的气氛也有差别。不同的场合和对象，目光所及之处应有所不同。

（1）公务注视：是用于洽谈、磋商、谈判等场合的注视行为。目光注视位置在以对方双眼为底线、额头为顶点的三角形区域内。若一直注视这个区域，便给人以严肃、认真的感觉，使对方感到是要谈正事，并也就能保持主动。

（2）社交凝视：是用于各种社交场合的一种注视行为。目光的注视位置以对方双眼或为底线、唇部为顶角的倒三角形区域内。这种注视令人感到舒服、有礼貌，一种和缓的社交气氛就营造出来了。

（3）亲密注视：用于亲人之间、恋人之间的注视行为，目光注视的位置在对方双眼到胸部之间的区域内。

2. 注视方向

从不同的方向注视对方，所传达的信息也不尽相同。

（1）俯视：即目光向下注视对方。俯视一般表示爱护、宽容之意。

（2）平视：即目光与对方的目光约在同一高度平行接触。平视一般体现平等、公正、自信、坦率等语义。

（3）仰视：即目光向上注视对方。仰视一般体现尊敬、崇拜、期待的语义。

（4）斜视：即视线斜行。斜视一般表示怀疑、疑问的语义。

（5）侧扫视：即目光向一侧扫视。扫视一般表示兴趣、喜欢，或轻视、敌意态度的语义。表示兴趣、喜欢时，伴有微笑和眉毛上扬；表示轻视、敌意时，伴有皱眉和嘴角下撇。

3. 注视时间

人们的目光相互注视时间的长短，也传达出不同的信息。据心理学家实验表明，人们目光相互接触的时间，通常占交往时间的30%～60%；如果超过60%，则表示对对方的兴趣可能大于谈话；若低于30%，则表示对对方或对谈话的话题不感兴趣；如果完全不看对方，只是倾听，则表示听者或是自卑、紧张，或是心中有鬼、不愿让对方看到自己的心理活动，或者是对谈话者漠视。

在交往过程中，除双方关系十分亲近外，目光接触为1秒左右为宜。注视时间过长，会引起生理上和精神上的紧张，令人感到不自在。这是一种对他人占有空间的侵犯行为，是一种失礼行为。大多数人倾向于避开这种接触，把目光转移开，以示谦和退让，而有些人则倾向于以眼还眼。注视时间过短，甚至不看对方，使人感到漠视，也是一种失礼行为。另外，与人见面时，不要上下反复打量别人。

在人际交往中，还应注意眨眼的频率，一般眨眼的正常次数是每分钟5～8次。如果一秒钟眨眼几次，且神情活泼，往往被视为对某物有特殊的兴趣；若频繁地眨眼看人，目光闪烁不定，会给人心神不定、心不在焉的感觉。

4. 不同目光的运用

对初次见面的宾客，应微微点头，行注目礼，表示出尊敬和礼貌。

在集体场合开始发言讲话时，要用目光扫视全场，表示“请予注意”。

在与宾客交谈时，应当不断地通过各种目光与对方交流，调整交谈的气氛。交谈中，应始终保持目光的接触，随着话题、内容的变换，做出及时恰当的反应，用目光流露出或喜或惊、或微笑或沉思等会意的表达，使整个交谈融洽、和谐、生动、有趣。

二、鼻子

鼻子有表情吗？答案是肯定的。只是鼻子不像眼睛和嘴巴的表情那么多，但是鼻子同样有表情，而且不同表情有不同的暗示：

“皱起的鼻子”，通常是在对事物表示厌恶的时候；轻蔑的时候则称“嗤之以鼻”；愤怒的时候鼻孔张大、鼻翼抖动。

心理学的研究成果表明，在谈话中对方的鼻子稍微胀大时，多半表示他对你有所不满，或情感有所抑制。

听对方说话的时候摸鼻子，说明摸鼻者不相信对方所说的话，他在考虑如何应对。作为酒店服务人员应注意的是不要在客人面前流露出这样的表情，这会使你的服务大打折扣。

三、嘴巴

嘴巴和眼睛一样，是人的五官中最能反映人内心情感的器官。嘴巴除了能吃饭，说话之外，嘴巴的表情反映人内心的情感变化。正如作家托尔斯泰所说的：“嘴不善于装假”。

嘴角向上翘，多代表友好，善意的意思；嘴角下撇有鄙视之意；咬紧下唇有忍耐，下定决心的意思；生气时嘴唇会发抖；委屈时撅起嘴巴，所以说不经意间嘴巴就把你内心活动反映出来。作为酒店服务人员除了要注意自己的语言表达外，更要注意自己的表情与举止，要评价服务水平的好坏，是由多方面的因素决定的。酒店行业一直秉持“笑迎天下客”的服务宗旨，迎接来自五湖四海的朋友，由此可见，微笑在服务行业的重要性。接下来，我们来谈一谈微笑在酒店服务中的重要作用。

四、微笑在酒店服务中的重要作用

除了眼神，笑的表情也是非常重要的。笑有很多种，包括有大笑、狂笑、暗笑、苦笑、干笑、微笑等。其中，微笑是最美好的形象，最具吸引力。微笑给人一种善意、礼貌、热情的感觉。能拉近与客人、朋友之间的距离，能够快速地与他人架起一座沟通的桥梁。俗话说“面带三分笑，礼数已先到。”

著名的希尔顿酒店集团的董事长康纳·希尔顿管理酒店的秘笈是：他每天至少与一家酒店的服务人员接触，问得最多的一句话是：“你今天对客人微笑了吗?”希尔顿酒店是先以微笑冠于全球，而后才以酒店规模居于环球前茅的。由此可见，希尔顿酒店集团不仅拥有处于领先地位一流的硬件设备，而且还拥有简单、易行、不花成本且行之有效的经营法宝——微笑。这不正是我们酒店行业所追求的吗?

1. 微笑在酒店服务中的作用

（1）微笑反映酒店员工的职业道德与素养。

微笑是人们内心喜悦情感的自然外露，它是自信的表现，是礼貌的表示，是真诚、热情、友好、尊敬、赞美、谅解的象征。

微笑服务实际上就是表现酒店员工有较高的礼貌修养。只有酒店员工对自己从事的职业有了肯定的认识，从心灵深处具有微笑服务的意识，在服务的过程中对其从事的职业有较深刻的情感和情绪体验，认识到微笑服务的意义和作用，从业人员才能以强烈的责任感和饱满的热情，全身心地投入到工作中去，自觉地为客人提供微笑服务。

（2）微笑是良好服务态度的重要外在表现形式。

微笑是服务态度中最基本的标准，它能使人时刻保持良好的工作情绪，以提供周到细致的服务。

酒店员工只有深刻理解宾客在旅游或商务活动过程中的某些畏难心理，充分理解客人对酒店员工的信任之后，才能产生一种同情心、责任感，才能为客人着想，才能体谅客人的感受，才能对客人多一份理解、多一份同情、多一份人情味，从而才能有一种发自内心的、甘心情愿的服务意识，主动为客人提供微笑优质服务。只有这样，“微笑 + 舒适 = 一流的服务”的实践才可能得以出现成效。

（3）微笑会拉近与客人的距离，使客人感到宽慰。

微笑能迅速地缩小彼此间的心理距离，创造出和谐、融洽、互尊、互爱的良好氛围，在交流与沟通中起着润滑剂的作用。有分寸的微笑，再配上优雅的举止，对于表达自己的主张，争取他人的合作，会起到不可估量的积极作用。

故　事

刚毕业，刘英应聘到深圳一家很有名气的四星级酒店做餐饮部服务员。有一天晚上，一个港商模样的人单独要了一间房，指名道姓要刘英为他调送一杯咖啡。当时，刘英正为其他几位贵宾服务，忙得脱不开身，等她将咖啡送到港商的房间时，已经迟了20分钟！刘英小心翼翼地将咖啡放在桌上，面带微笑地说：“先生，首先感谢您对我的欣赏与信任。由于暂时没能抽出身来，耽误了您的时间，我感到非常的抱歉！”港商显然被激怒了。他指了指表，大声地说：“这一杯咖啡用得着这么长的时间吗?!”

刘英知道今天遇上麻烦了，她没有多解释，只是在接下来的时间里，更加投入地为顾客服务，动作十分麻利，语言也特别温柔。港商一点也不领情，仍旧摆出怒气冲冲的姿态。虽然刘英有些委屈，可她始终挂着一脸甜美的微笑。

港商临走时问刘英：“有意见簿吗?”刘英心里一沉，知道顾客要投诉她了。刘英虽然感到心里难过，但她仍然面带微笑，双手呈上意见簿并对顾客真诚地说：“请允许我为您莅临我们酒店表示感谢，更为我今晚

> 的服务不佳表示深深的歉意，我会欣然接受您的批评！”顾客似乎没有听见刘英说的话，他在意见簿上写了一些字，然后直接交给了大堂经理。
>
> 一周后，刘英被升为餐饮部经理。酒店号召员工们学习刘英良好的服务态度。后来，刘英得知，那晚板着面孔刁难她的港商就是酒店的老总……
>
> **微笑，在酒店服务中是一种特殊的“情绪语言”。它可以在一定程度上代替语言上的更多解释，有时往往起到无声胜有声的作用。**

2. 微笑训练

（1）对着镜子训练。

对着镜子微笑，首先找出自己最满意的笑容，然后不断地坚持训练此笑容，从不习惯到习惯微笑，并以此笑容去为客人服务。

（2）情绪记忆法。

将生活中自己最好的情绪储存在记忆中，当工作需要微笑时，即调动起最好的情绪，这时脸上就会露出笑容。

（3）视顾客为“上帝”、“财神”。

“上帝”和“财神”的到来，均可给企业和个人带来经济效益。只有当服务人员内心深处真正有了“顾客就是上帝，顾客就是财神”的观念时，才能在服务中形成一种条件反射，一见他（她）就笑。

（4）借助一些字词进行口型训练。

微笑的口型为闭唇或微启唇，两唇角微向上翘。除对着镜子找出最佳口型进行训练外，还可借助一些字词发音时的口型来进行训练。如普通话中的“茄子”、“切切”、“姐姐”、“钱”等，当默念这些字词时所形成的口型正好是微笑的最佳口型。

第四章

酒店员工的语言艺术

酒店员工接待客人，自始至终离不开语言。服务态度的好坏，职业道德水平的高低，首先要从酒店员工的语言上体现出来。语言表达有口头语言和书面语言两种形式。酒店员工的口语表达尤其重要，必须熟练掌握一定的技巧。

语言是人类交往的工具，是文明的标志。它是人们传递信息、交流思想感情的媒介或符号。酒店员工接待客人，自始至终离不开语言。服务态度的好坏，职业道德水平的高低，首先要从酒店员工的语言上体现出来。语言表达有口头语言和书面语言两种方式。酒店员工的口语表达尤其重要，必须熟练掌握一定的技巧。

第一节　酒店员工的交谈礼仪

一、口头语言的特点

口语表达，通俗地说就是说话。要把话说得好、说得巧，说出人服，言到事成，并不是一件容易的事。只有掌握说话这门艺术的特点和规律，掌握一定的表达技巧，才能使口语表达具有强烈的感染力和征服力。

1. 表述性

在日常生活和工作中，我们经常与家人、朋友及同事关于某一件事情做沟通。要达到良好的沟通首先需要我们能把所要沟通的事情讲清楚。要在一定的时间内把一件事情讲清楚还需把握以下几个方面：

（1）我要讲给谁听；

（2）我要讲什么；

（3）我要讲的重点是什么；

（4）我要达成什么目的。

2. 准确性

口头语言是人类社会最直接、最便利、最频繁的交际工具。但在面对面的谈话中，内容、音义瞬间即逝，不能像书面语言那样可以反复理解。因此必须用词准确简洁，以便于理解和进一步交流反馈。

在接待工作中首先要明确自己的身份和地位，明确自己的工作任务和岗位职责。在说话时适当考虑措辞，说话尽量客观，具有针对性。

3. 通俗性

口语表达应具有通俗易懂，朴实自然的特点，这是由口头交际方式决定的。这种风格特征的语言，简单明了，生动流畅，亲切自如，容易表达真情实感，能够使双方在较短的时间内加深了解，从而使表达收到最佳的效果。如果口语没有这些特点，可能结果会大相径庭。让我们一起来看下面的例子：

案　　例

一个秀才到街上去买柴，他对卖柴的人说：“荷薪者过来！”可那个卖柴的人只是个农夫，根本听不懂秀才的语言，甚至连“荷薪者”是哪三个字都不知道，但他听懂了“过来”两个字，于是就挑着柴来到了秀才跟前。于是秀才就向他打听价钱，开口问到：“其价如何?”卖柴的农夫琢磨半天，也没弄懂秀才在问些什么，但幸运的是，卖柴人听懂了“价”，于是就告诉了秀才价钱。秀才扒拉扒拉柴说：“外实而内虚，烟多而焰少，请损之。”这意思就是说：“你的柴虽然外表是干的，但心里面是湿的，这样燃烧起来火焰就会小，而且会浓烟滚滚，请你减些价格吧。”可这一次，卖柴人费了很大劲，还是半字未懂，无奈之下，只好挑着柴离去了。

上面的例子让我们领悟到要使表达通俗易懂，我们在用词方面要注意少用文言词、行话、术语、方言等各种生冷怪僻的词语，而要多用朴实的其本词、常用语、口语词，以及一些为人们所喜闻乐见的成语、谚语和格言。总之，要讲对方听得明白，便于理解的话。这样，人们在工作生活中才能交流自如，沟通顺畅。

4. 灵活多变性

大多数情况下交际是同步的，表达者可以直接观察交际对方的种种反应及各种突变，在表达中随机应变、灵活调整，从而达到调节交际气氛或强化表达感染力的目的。表达中出现失言或口误的情况下，可根据具体情况或适当时机巧妙加以纠正，也可以沉稳地装出若无其事的样子继续下去。在表达中，注意语言的艺术性，恰当运用语间、语调和语气。比如：你接待的是一位老人，你需要采用关心、柔和、声调略低的声音；如果接待是一位企业家，你需要干脆利落，言简意赅、声调略高的声音。再比如：你碰到的是一位说话语速较慢的客户，而你说话较快，这时你就需要将语速放慢，尽量让你与客户调整到一个频率上。

二、交谈的礼仪

交谈是人们沟通信息、增进了解、交流思想和表达感情最直接、最快捷的途径。中国人讲究“听其言，观其行”。在人际交往中，不注意交谈的礼仪规范，如用错一个词、多说一句话或不注意词语的感情色彩等，很可能导致交往失败或影响人际关系。所以，在交谈中要遵从一定的礼仪规范，注重礼仪、礼节。

1. 创造良好的交谈氛围

人的交际活动存在于一定的环境和氛围之中，谈话气氛和谐与否，会直接影响谈话的效果。创造一个愉快融洽的谈话气氛，可以从以下几个方面入手：

（1）积极创造谈话环境。

创造一个舒适、安静、整洁的环境，对交谈氛围的形成是有益的。一般情况下，谈话的参与者要主动、积极地适应环境。如有可能，应提前布置交谈环境。例如，办公室、会客室、客房等处，在交谈开始前应进行整理，根据谈话的主题安排灯光、摆设等。

（2）态度要诚恳。

交谈的主体是人。交谈参与者的态度、心情和仪态，对交谈氛围的影响是至关重要的。进行交谈时，态度要认真、诚恳。这不仅是尊重他人，更重要的是只有双方在认真的交谈中寻找到共同点之后，了解才有可能深入。比如，一方娓娓而谈，另一方则心不在焉，或翻阅书报，或看表、打呵欠，正常的交流很快就会中止。

（3）寒暄要热情、大方。

交谈一般是从问候与寒暄开始的。成功的寒暄，可以迅速缩短双方之间的感情距离，调节气氛，增进交流。

（4）距离要适中。

无论两人交谈还是多人交谈，交谈距离以能够较容易地听清谈话的内容为宜。盲目接近，会使谈话者心理上感到压抑或局促不安，进而破坏谈话的气氛。

人人都有一个把自己圈住的心理上的个体空间。一般情况下，每个人都不愿让他人侵犯自己的空间。双方关系越亲密，人际距离就越短。心理学家们认为，45 厘米以内为亲密距离，45～119 厘米之间是私人交往的距离，120～210 厘米之间为社交、工作业务时的人际距离，210 厘米以外为一般距离。这种划分只是大致范围，并非固定不变的。

在人际交往中，每个人都应根据双方的关系及环境等因素，考虑自己保持什么样的人际距离是恰当的，以避免侵入对方心理空间，引起对方不快。如双方不是很熟悉，就不要侵入对方的“亲密距离”，更不可动手动脚，否则，就被视为“越礼”。

2. 选择恰当的交谈内容

交谈是信息双向流动的过程，只有交谈双方找到一个共同的话题时，才能使谈话趋向成功。选择交谈话题与内容的最基本标准，就是双方都感兴趣。因此，对交谈内容的选择，应注意以下几点：

（1）避免以自我为话题中心或沉默寡言。

交谈时最忌讳一方自以为是、夸夸其谈、炫耀自己，完全忽视他人。如果听者始终找不到机会参与谈话，心理上就会产生抵触情绪，交谈便会中止。为了促进双方的沟通，在谈话中应尽量使对方多开口，借以了解对方，挖掘双方的共同点，找出双方共同的话题。

与自吹自擂相反，有些人因为性格内向或缺乏自信，交谈中往往沉默寡言，很少说话，使对方听不到有关的意见与看法，结果使交谈陷入僵局，引起所有参与者的不悦。因此，在交谈时既不能一个人垄断话题，也不要放弃谈话的机会。

（2）谈论对方感兴趣的内容。

在交谈中，应随时注意对方的反应，观察对方的表情、体姿，判断其对谈话的关注程度，并经常征询对方的意见，给予对方谈话的机会。如果一旦发现对方对话题不感兴趣，应立即停住并转移话题，调整谈话的内容和方式。交谈中不要涉及个人隐私、敏感问题，否则谈话会陷入难堪的局面。

（3）谈吐要文雅，使用礼貌用语。

话题应尽量避开粗俗的内容，如黄色内容、讹化谣言等；也不要使用粗俗或不雅的口头语。这些会使人感到格调低下。交谈中应使用文明的语言，谈论健康的话题。

（4）谈话内容应以友好为原则。

在交谈中，交谈双方可能会因对问题的不同看法而发生争论。有时争论是有益的，但争论也容易导致友谊破裂、关系中断。因此，应防止或避免无意义的争论，尤其是不冷静的争论。一旦争执起来，如果对方无礼，不要以牙还牙、出言不逊、恶语伤人，也不要旁敲侧击、冷嘲热讽。应宽容克制，尽可能地好言相劝，再寻找新的话题。

3. 聆听的艺术

交谈是一种交流思想、信息的双边或多边活动，交谈的过程是一个合作的过程。交谈的人不仅要讲，也需要听。让我们来看看下面的例子：

案　例

小玲是个勤快的化妆品销售员。每当她看到顾客走进她们的化妆品店的时候，她总是很热情地迎上去，不辞劳苦地给顾客介绍，可是很多时候，即使她讲得口干舌燥，顾客却还是离她而去，导致小玲每个月的销售额一直不高。而小玲的同事小丽——一个不善言辞的销售员，销售额却一直却不错。这是为什么呢？小玲经过仔细的观察发现，每当有顾客走进店的时候，小丽只是微笑地对顾客说一声“欢迎光临”，之后就在顾客不远的地方静静地站着，当看到顾客拿起某种化妆品她才走过去，温和地问顾客想买用于哪方面（洗面、补水、护肤等）的化妆品，问顾客的皮肤情况，要什么功能的，并根据客户本身的情况给一些专业的推介……然后用心聆听顾客说话。在整个过程中，小丽很少说话，只是很用心地倾听顾客的心声，到最后，顾客总是主动地掏出钱包，开心地付款。从以上案例，小丽成功的秘诀在于认真的聆听。其实，有礼专注的聆听，对说话者来说是一种尊重和鼓励，可以使对方感觉到自己被重视。

（1）要专注。

在听别人说话时，应该目视对方，以示专心。要真正了解对方，语言只传达了部分信息，还应注意说话者的神态、表情、姿态以及声调、语气等非语言符号的变化，以便全面、准确地了解对方的思想感情。同时，以有礼专注的目光表示认真倾听，对说话者来说这是一种尊重和鼓励，可以使他感觉到自己谈话的重要性和必要性。

（2）要会心。

在交谈时，如果面无表情、目不转睛地盯着说话者，会使说话者怀疑自己的仪表或讲话有什么不妥之处而深感不安。因此，倾听者要与说话人交流目光，根据情况，适当地点头，微笑、做手势或适时插入一点提问，以表示自己在注意倾听，形成心理上的某种默契，使谈话更为投机。

（3）要虚心。

不要随便打断别人的发言，即使不同意对方的观点，也要等对方讲完。在发现发言人因某一问题表述不清楚而感到拘束、不安时，倾听者可以作简短插话，为对方“解围”，以引导对方继续讲下去。

（4）要耐心。

倾听时，可能会出现发言过长、乏味或发言内容不是自己兴趣所在的情形。此时，应当控制自己的情绪，不要表露出厌烦，也不可打断对方的发言而插话，致使他人思路中断、意犹未尽。这也是一种不礼貌的表现。当然，遇到这种情况，可以设法巧妙地转换话题。

三、交谈的语言艺术

1. 言辞礼貌，平等互敬

谈话时，在心理上、语调上，都要体现出对对方人格的尊重，把对方作为平等的交流对象。如果装腔作势、以势压人，这不仅不礼貌，而且会使对方产生反感。

在口头表达中，应尽量使用礼貌用语，谈到自己时要谦虚，谈到对方时应尊敬。运用敬语与自谦语能显示出个人的修养、风度和礼貌。敬语包含尊敬语、谦让语和郑重语三方面的基本内容。说话者直接表示自己对听者敬意的语言叫尊敬语；说话者利用自谦，直接地表示自己对听者敬意的语言叫谦让语；说话者使用客气、礼貌的语言向听者间接地表示敬意则叫郑重语。敬语的最大特点是彬彬有礼、热情又庄重，体现了对听者的敬重。使用敬语时，一定要注意时间、地点和场合，语调也要甜美、柔和。

2. 措辞准确，表达灵活

在交谈中，如果词不达意、前言不搭后语很容易被人误解，达不到交际的目的。在语言的措辞上，要针对不同的对象、不同的性别和年龄、不同的场合灵活地使用不同的用语，以利于沟通和理解，从而避免矛盾的产生或使矛盾得到缓解。因此，表达思想感情时，应做到口音标准、吐字清晰，说出的词句应符合规范，避免使用似是而非的语言。另外，应去掉过多的口头语，以免语句割断。还有，语句停顿要准确，思路要清晰，谈话要缓急有度，从而使交流活动畅通无阻。

在交谈中，灵活地使用谦谨语和委婉语是沟通思想感情、使交际活动顺利进行的有效手段。谦谨语是谦虚、友善的语言，它能充分表现说话人尊重听话者，常常是以征询式、商量式的语气表达的。委婉语是用好听的、含蓄的、使人少受刺激的词来替代对方有可能忌讳的词语，以曲折的表达方式来提示双方都明白但又不必点明的事物。

3. 语言生动，机智幽默

说话不仅是在交流信息，同时也是交流感情。许多复杂的情感往往通过不同语调、语速和语气表达出来。生动的语言能使气氛活跃、感情融洽。在交谈中要创造出一种和谐的信息交流的气氛，这就需要随机应变，凭借机智抛开或消除障碍。幽默是一种艺术，常被用于化解尴尬场面和增强语言的感染力。幽默中含有理解，幽默产生的诙谐情趣能使人感到轻松愉快，让人们在笑意中去领悟真正的含义。当然，机智幽默不是耍小聪明或“卖嘴皮子”，它应使语言表达入情入理，体现一定的修养和素质。我们来看一下下面的例子。

案　例

小芳是客房部楼层的一名接待员，今天她接待一位常住酒店的老顾客林先生。林先生一出电梯，就开始发牢骚。

林先生：你们的房价太贵了，上个月我住同一间房，价格是打完折580元/天，今天是1080元/天，你们这是“宰人”呀！

小芳：连忙接过林先生的行李，接话道：我也觉得贵了点，不过现在广交会期间，市内的酒店都涨价了，不光我们一家呀。

林先生：你们这是叫趁火打劫呀！

小芳：林先生，您别生气，涨价也是有原因的。我已经两个星期都没休息了，天天还加班，因为接待任务重，酒店客房爆满；广交会期间，物价也有所上涨；因此酒店的经营成本增加，所以，房价也会上涨。

林先生：那也贵。

小芳：是呀！各行各业都有淡季旺季，这也是我们这个行业的旺季。只有旺季才会给酒店带来利润，也是酒店发展的源泉。一年也就有两个月有广交会呀！

林先生：如果月月有会议，那就麻烦了。

小芳：我也不希望月月有会议呀，那样我就见不着您了。

林先生：为什么？

小芳：我担心我会累趴下了。这一句话，逗得林先生哈哈大笑。

林先生：还是你口才好，说不过你。

一段短短五分钟机智幽默的沟通交流，化解客人内心怨气。由此可见，酒店服务人员的语言艺术在酒店经营中的重要作用。

4. 举止文雅，姿态得体

在交谈过程中，谈话与举止相辅相成。一个具有良好修养和高雅气质的人，他的优秀的内在素质会通过仪态、举止显示出来。欲和别人谈话要先打招呼；有事要找正在谈话的人，不要超前旁听，应等待他把话讲完；遇到有人想同自己谈话，可主动与之交谈；谈话中一度冷场，应设法使谈话继续下去；谈话进行中因故急需退场，应向在场者说明原因，表示歉意后方可离开。

在交谈中，要有得体的表情相配合，适当的手势相辅助。手舞足蹈、举止轻狂或者唾液四溅等，都是极不礼貌的行为。所以，在谈话中，不应当有无意义的体态或举动，以免给人以轻浮失礼之感。

第二节　酒店员工礼貌用语与礼貌修养

一、称呼语

礼貌是文明服务的起码要求，是人与人在交住接触中，相互表示敬重和友好的行为规范。它体现了时代的风尚与人们的道德品质，体现了人们的文化层次和文明程度。对于酒店而言，它是酒店深层文化的重要表现，它同员工的知识结构，修养有着密切的关系。在酒店服务的过程中，遇到的第一个问题就是：怎样得体地称呼别人，来表示出对他人的尊重。称呼语随说话者之间的相互关系而变化。一般来说，称呼别人时态度要热情、谦恭有礼，用语要确切、亲切、真切，称呼时要主动、适当和大方。

称呼语主要包括尊称和泛称，尊称是指对客人尊敬的称呼，泛称是指对人的一般称呼。具体说，称呼的用词主要有敬称、谦称、美称、婉称等。

1. 敬称

(1) 人称敬称。通常人称敬称有您、您老、您老人家、君等词，多用于对尊长、同辈的称呼，这些都表明说话者的客气与谦恭。

(2) 职业称谓。在比较正式的场合，习惯于用职业称谓，带有尊重对方职业和劳动之意，也暗示谈话与职业相关。此类称谓通常有师傅、大夫、医生等。具体称呼时，在这些表示职业的称谓前冠之以姓氏。

(3) 职衔称谓。对职务显赫者、专业技术人员，在各种交际场所流行职务（职称）称谓，如书记、厂长、主任、主席、工程师、教授、经理等，并在前面冠之以姓。还有“老板”一词，在市场经济中涉及各行各业，不仅是企业，连行政部门的下属也有对上司称之为“老板”的。

(4) 通称。对一般成年男子称“先生”，对已婚女子称“夫人”，对未婚或不明婚姻情况的女子称“小姐”，这些称呼也可冠以姓名或职衔。“同志”曾被广泛使用，但由于有政治色彩，这一称呼逐渐被淡化。

(5) 姓名称呼。通常在正式场合称呼比较熟悉的同辈为“老 + 姓”，对有地位的人、知识分子等老年男性称“姓 + 老”，长者对小辈称“小 + 姓”。

(6) 家属称谓。对别人家属的敬称，使用最广的是令、尊、贵、贤、台等敬词。如称对方父亲为“令尊”或“令尊大人”，其母亲为“令堂”或“令堂大人”，称其兄弟为“令兄”或“令弟”，称其妻为“贤内助”，称其子女为“令郎”、“令爱”等。

2. 谦称

敬称是尊人，谦称是抑己，是表示对他人尊重的自谦词。

(1) 谦称自己。最常用的是我、我们。沿用古人的自谦词有愚、鄙等，称自己的见解为“鄙见”、“愚见”、“随见”，称自己的作品为“拙著”、“拙文”，称自己的住房为“寒舍”、“斗室”、“敝斋”、“陋室”。

（2）谦称自己的家属。称呼比自己辈分高的或年岁大的亲属时，前面冠以“家”字，如“家父”、“家母”等；同辈冠以“愚”字，如“愚兄”、“愚弟”；小辈冠以“小”字，如“小儿”、“小女”等。

（3）从儿辈称谓。从说话人的子女或孙辈角度来称呼听话人，如称呼幼儿园的女老师为“阿姨”等。

3. 美称

美称，多用于书面语，常以“贤”来构成，如“贤弟”、“贤侄”、“贤婿”等。美称对方的子女可用“公子”、“千金”。

4. 婉称

一般用“阁下”尊称长者、有一定职衔者。

在人际交往中，应记住别人的名字。给人起绰号，不论公开或私下称呼，都是非礼的行为。友人、恋人、夫妻间的昵称，在正式场合不宜称呼。此外，还应坚决杜绝对他人的蔑称、贬称。

恰当使用称呼，体现了社交中的基本礼貌与个人素质，是社交语中的“先行官”。

二、问候语

问候语，多用于相识者见面时互相致意，或者用于交谈的导入阶段。它可以打破双方的界限，缩短距离，是人际关系发生、发展的起点。中国传统的问候语，往往以对方现今状态为话题，如“还未休息啊”、“吃饭了吗”、“出去呀”等。现在比较通用的问候语有“您好”、“您早”、“早上好”、“下午好”、“晚上好”、“早安”、“晚安”、“见到您很高兴”等。

对熟悉的客人可以适当地寒暄。寒暄语类似问候语，语意内容相对来说更为具体。它经常是针对对方或环境作为交谈的开始，如“雨下得真大啊”、“很高兴认识您”、“今天天气不错”、“您气色很好”、“您是哪里人”等。在寒暄时，应当避免谈及对方的敏感问题，如婚姻、收入、个人经历等纯个人之间的话题。

问候语一般不强调具体内容，只表示一种礼貌。一般情况下，下级、年轻的、晚辈、学生、服务员应主动问候上级、年老的、长辈、老师、顾客等。被问候人要作出回应。

三、答谢语

在人与人交往中，相互帮助和支持是高尚品德的反映，也是文明礼貌的具体表现。当接受他人的帮助或恩惠而表示口头上的谢意时，会使对方感到自己的行为价值已被认识和承认，继而产生一种自豪感，为自己的行为与道德情操而感到骄傲。

表达谢意必须心诚、清晰。“谢谢”是最简单、最直接的答谢语。说“谢谢”时，应当有明确的称呼，通过称呼被谢人的姓名，使道谢增强针对性。如果要谢的是几个人，最好是向他们一一道谢。在道谢中，应目视对方，面带微笑，目光诚恳。如果对方对道谢感到茫然，应当解释道谢的原因。为避免语言单调和谢意表达不深刻，可以根据具体情况适当地赞美和解释。

四、致歉语

在日常生活或工作中，如果自己的言行给他人带来麻烦和不便，或者在交往中言行举止有所失礼，应当立即向对方表示愧疚之情，并请求原谅与宽恕。这就涉及到致歉语或道歉语。

最基本的致歉语，就是“对不起”。此外，常见的致歉语还有“请原谅”、“很抱歉”、“给您添麻烦了”、“请别介意”、“不好意思”、“实在过意不去”等。

运用致歉语，应当发自内心、抱有诚意。一旦出现过失，无论事情大小，都应从内心真正承认自己确实错了，并产生自责与愧疚之心。在致歉时，语调缓和、目光真诚、迅速及时表达歉意。切忌致歉时敷衍了事或者口服心不服、虚伪的致歉，那只会加深双方之间的不和谐与裂痕。其次，应当注意致歉适度适时。致歉的目的是让人明白歉疚之意，从心里谅解和宽恕自己。因此，致歉时应注意对方的反应，不可过分夸张，以免使人感到有失诚恳而不被人接受；也不可废话连篇或反复提出，以免引起更大的不快。

五、请求语

在生活或工作中，人们可能会有求于人。在向他人请求、拜托时，礼貌用语的作用尤其显得重要。

首先，应当明白求助者与受求助者之间的尊卑关系。求人帮忙，要恰当使用敬语，以对方为尊贵，自己则态度谦卑、言辞恭敬。常用词语有“劳驾”、“拜托”、“请多关照”、“请您费心”等。

其次，应意识到因为自己的请求，往往会给对方增加麻烦，使对方有所付出。因此，在请求以前应先致歉，如“对不起，请问……”“很抱歉，拜托您……”等。请求时，语气应谦恭，不可用命令或支配的语气，也不可强词请求，更不可因为遭到拒绝而态度突变。

最后，还应考虑受请求人的情况。有时有的事是受求人确实无法办到的，答应则自身陷于困境，不答应又可能伤害请求人的情面，往往处于两难境地。因此，请求人应尽量采用迂回和委婉的表达方式，避免直来直去地提出请求，以给双方都留有余地。

六、赞美语

赞美是一种能引起对方好感的方式，它能创造出一种热情友好、积极肯定的交往气氛。赞美对方，能够很自然地赢得对方同样友好的回报。赞美对方应注意做到以下几点：

（1）要真心诚意。

赞美别人应发自内心，要真心实意、诚恳坦白，不能言不由衷或人云亦云。赞美要明确具体，符合实际。

（2）要因人而异。

赞美女性时多用“漂亮”、“年轻”、“活泼”、“有气质”，赞美男性多用“有魄力”、“有才华”、“有风度”、“有前途”、“有主见”、“精干”，对年龄大的人赞美他的健康、学识、经验、精力、成就，对同辈人可赞美他的精力、才干、业绩、风度，等等。

（3）要注意场合。

赞美要考虑时间、地点、环境。一般情况下，在多人在场时赞美对方，对于拉近与对方的关系十分重要。

（4）要选择角度。

赞美要避免无的放矢，不能把缺点当优点恭维。赞美时，不要夸奖对方已被人多次赞美的、明显的优点，而要注重其尚缺乏自信之处。要欣赏对方那些不为别人所知，但却颇为自得的事去赞美。

除了以上几种礼貌用语外，常见的还有祝贺语、慰问语、辞别语等，它们各有其语境。任何一种礼貌用语，都应体现出对他人的尊重与关心。在交际谈话中，适时、准确地使用礼貌用语，对人与人之间的交往和沟通是非常重要的。

第五章

酒店员工的基本礼节

注重礼仪，讲究礼节、礼俗，是精神文明发展的客观要求，也是社会生活中不可缺少的要素。作为酒店员工，必须了解人们交际活动中所应遵循的基本礼仪礼节。这既是员工个人素质的体现，又有助于提高服务质量，树立酒店良好的企业形象。

注重礼仪，讲究礼节、礼俗，是精神文明发展的客观要求，也是社会生活中不可缺少的要素。人们在长期的交往中，逐渐形成了相互表示尊重、敬意、亲善和友好的行为规范与惯用形式，这就是现代的公众基本礼仪礼节。由于国度、地域、场合和交际对象的不同，它的内容与形式也有所不同。作为酒店员工，必须了解人们交际活动中所应遵循的基本礼仪礼节。这既是员工个人素质的体现，又有助于提高服务质量，树立酒店良好的企业形象。

第一节　见面礼仪

人们在刚开始与他人见面时，常以一定的礼仪动作、姿态来表示对他人的欢迎、尊敬、感谢和友好。正确、合乎规范地施行见面礼仪，有助于双方交往的正常开展。不同民族、不同信仰的人，其见面礼仪也不相同。下面是几种常见的见面礼仪介绍。

一、握手礼

握手礼是一切场合中最常使用、适用范围最广泛的见面礼节。握手作为人们日常交往的基本礼仪，在应该握手的场合若拒绝或忽视了别人伸过来的手，就是失礼。

据说，握手礼起源于原始社会的摸手礼。传说当人们路遇陌生人时，如果双方都无恶意就放下手中的东西，伸出双手让对方抚摸掌心，以示友善。后来此礼节沿袭至今就成为了现在的握手礼。现代的握手礼表示致意、亲近、友好、寒暄、道别、祝贺、感谢、慰问等多种含义，是世界各国较普遍使用的社交礼节。

1. 握手的次序

主要根据握手人的社会地位、身份、性别和各种条件来确定。

一般地说，握手的基本规则是：上级在先，长辈在先，女士在先；而下级、晚辈、男士、客人应先问候，见对方伸出手后，再伸手与之握手；在上级、长辈面前不可先伸手。

若一人与多人握手时，最有礼貌的顺序应该是：先上级、后下级，先长辈、后晚辈，先主人、后客人。若男女初次见面，女方可以不与男方握手，互致点头即可。若接待来宾，不论男女，女主人都要主动伸手表示欢迎，男主人也可对女宾先伸手表示欢迎。若一方忽略了握手的先后次序，先伸出了手，对方应立即回握，以免发生尴尬局面。

2. 握手的方式

标准的握手方式如下所述。

握手要用右手，而不得用左手。不宜左右手同时与他人握手，也不能越过他人交叉握手。为了表示更亲切、更尊敬，我国在双方右手相握后，一般左手再搭在对方伸过来的右手上。握手时不能戴手套（女士戴薄手套是允许的）。握手时应掌握力度，时间以三五秒为宜。男士与女士握手，一般只轻握对方的手指部分，不宜握得太紧太久。握手后切忌用手帕擦手。

如果握手时掌心向下，则显得傲慢、居高临下，是一个“控制式”的握手方式；握手时掌心向上，表示谦卑与恭敬，是“乞讨式”的握手方式；双手去握对方的手，既可表示更加尊重、亲切，也可以表示更加感激、有求于人之意，是“手套式”的握手方式；握手过于无力，显得漫不经心，给人一种毫无生命力之感，是“死鱼式”的握手方式；握手过于用力，让人觉得有失文雅，是“蛮横式”的握手方式；若握手时轻轻触动一下对方的指尖，给人清高冷漠的感觉，是“抓指尖式”的握手方式。无论采用哪种握手方式，关键要看握手者要表达的意蕴。一般以标准的握手方式为好。

二、致意礼

所谓致意，是指向他人表达问候的心意。礼貌地致意，会给人一种友好愉快的感受；反之就会被看作是没有教养、不友善的表示。常见的致意礼有点头礼、挥手礼。

1. 点头礼（颔首致意）

点头礼即颔首致意，这种礼节一般用于同级或同辈之间。主要用于在同一场合已多次见面或者仅仅有一面之缘的朋友之间。

在施行其他礼节十分不便的情况下，如在路上行走、在公共场所与熟人相遇、双方距离远而双方无须停足谈话、手中有其他杂物不便于施行握手礼，这时仅仅以点头微笑示礼则显得十分方便和快捷。

另外，如遇长者、贤者、女士时，应礼貌地点头致意、略举右手或手触帽檐答应。

2. 挥手礼

挥手致意也是社交中常见的礼仪。

挥手致意时，双方应举起右手并点头致意。男性如果戴帽子，应脱帽或将帽檐向上轻掀一下，以示致意。距离较近，应相互打招呼；距离较远，仅作微笑和挥手动作即可，不可大声叫嚷地招呼对方。

一般来说，行致意礼时，男性应先向女性致意，年轻女性应先向年长男性致意，下级应先向上级致意。当然，长者或上级，也可以主动向晚辈、下级致意，以示谦虚随和，这样反而会使受礼者对行礼者更尊重与亲近。

三、注目礼

注目礼原为军人施行的特殊礼仪，现已成为社交场合较为广泛使用的礼节之一。

行礼时双目自然凝视对方，并随对方的行进而转移。注目礼一般不单独使用，而是与介绍、握手、点头、举手等礼节同时使用，以示敬重。

根据不同场合和不同对象，目光所及之处应有所差别。根据实验表明，双目凝视对方眼鼻之间部位，可预示良好的社交气氛；双目注视对方额头至两眼间（即上三角形区域），可营造严肃的社交气氛；目光扫过对方眼睛以及下巴以下部位，可形成亲密接触的气氛。

目光是内心深处情感的自然流露，让目光准确地交流思想、传递信息、表达情感，以获得最佳的社交效果。

四、鞠躬礼

鞠躬即弯身行礼，它是我国传统的礼仪之一，也是有些国家常用的礼仪。在当代国际礼仪中，日本、韩国等国最为盛行。在我国，鞠躬礼应用范围广泛，主要用于旅游服务、演员谢幕、演讲、领奖、举行婚礼和悼念活动等。

行鞠躬礼时，要心诚，身体采取立正姿势，双腿不要叉开或向前弯曲，双目注视受礼者，面带微笑，身体上部向前倾斜，视线也随鞠躬自然下垂，随即恢复原态。戴帽者行鞠躬礼时，须先脱帽，用右手握住帽檐中央，将帽取下，右手垂下，行礼。受礼者如是长者、贤者、宾客、女士，还礼时可不鞠躬，而用欠身、点头、微笑致意，以示还礼，其他人均应以鞠躬礼相还。对于信奉佛教的宾客，在施行鞠躬礼的同时，可用双手合掌致意。

男性行鞠躬礼时，双手放在裤线的稍前处；女性则将双手放在身前下端，端庄地搭在一起。行鞠躬礼上身的倾斜角度可以在15°～90°之间。一般来说，角度越大，表示对被问候人越尊敬。

五、介绍礼

介绍是双方互相了解、建立关系的一种语言交际过程。在这个过程中，必须遵守一定的礼仪规范。

在社会交往中，如果招待很多客人，其中有互不相识的，介绍的责任应由招待的主人来承担。在为他人介绍时，需要注意介绍的顺序、称呼和内容等。目前国际上公认的介绍顺序是：把男士介绍给女士，把年幼者介绍给年长者，把声望低者介绍给声望高者，把地位低者介绍给地位高者，把客人介绍给主人，把晚到者介绍给早到者，把未婚者介绍给已婚者。为他人介绍时，最好先说“请让我来介绍一下……”“请允许我向你介绍一下……”之类的导入词。为双方介绍完后，介绍人不能马上离开，以免双方因初次相识而感到尴尬和不便。

集体介绍时，可按座次顺序，也可首先从贵宾开始介绍。介绍的内容要简明扼要，包括被介绍者的工作单位、职业和身份等。对被介绍人的称呼，为体现尊重应采用“先生”、“小姐”、“太太”、职务、职业等尊称。介绍时，介绍人应当伸手示意，手掌微上翻，以表示尊重。除女士与年长者外，介绍完毕以后，一般应起立、微笑、握手致意，并说“您好”、“幸会”、“久仰”之类的客套话。如果介绍是在宴会桌或会谈桌上进行，被介绍的双方可以不必起立，只需微笑点头即可。

六、拥抱礼与亲吻礼

这两种礼节是西方国家流行的见面礼。

1. 拥抱礼

在西方社会，拥抱同握手一样，是一种重要的见面礼节。无论私人生活中的交际，还是政府的正式外交场合，都可以见到这种见面礼。

正确的拥抱姿势为：两人相距20厘米站立，然后双方都右臂偏上、左臂偏下，右手扶在对方的右后肩，左手扶在对方的右后腰，按各自方位，两人头部及上身都向左相互拥抱，则礼节性的拥抱到此完毕。如果为了表达亲密的关系还可以保持原手位不变，双方头部与上身都向右拥抱，再次拥抱完毕。礼节性的拥抱双方身体并不贴得很紧，拥抱时间也很短，更不要用嘴亲吻对方面颊。在涉外交往中，应尊重交往者的民族习惯。

2. 亲吻礼

亲吻礼是用嘴唇或面颊接触他人以表示致意的礼节。依照双方关系的亲疏程度，亲吻的部位与方式也不尽相同。长辈只吻晚辈的额头，同辈如朋友、同事、兄弟姐妹之间只是脸颊相贴，情侣与夫妻之间才亲吻对方嘴唇。

亲吻礼必须稳重、自然。涉外交往中，年轻女子一般不宜与男外宾行亲吻礼，应主动行握手礼。当然，当外国年长宾客出于尊重行亲吻礼时，也应大大方方地以礼相待。

3. 吻手礼

吻手礼是流行于欧美上层社会的异性之间的一种交往礼节。行吻手礼时，男女双方相距一步左右，双方须注目而视，然后女性将手轻轻向左前方抬起60°作下垂状，男子轻轻将其提起，略俯身低头，在手背面轻吻一下，缓缓将手放开，礼毕。

七、名片礼

名片是公众交往的一种重要工具，它具有介绍的功能，起着沟通与联络的作用。人们在交往中对名片的制作、递送、接收、保管、索要等，都应遵守一定的礼仪规范。

1. 名片的制作

名片上一般印有单位名称、本人姓名、职务、联络电话、地址等。国外习惯于将姓名印在中间，职务用较小的字体印在姓名的下面。国内则习惯在名片正面的左上方印出单位及职务，右下方印有办公地址、电话、传真、邮编等，正中间用稍大的字体印姓名。另外，一般情况下名片的制作按企业、单位的统一标准来制作。名片的制作要求简约大方、清晰明了，勿过于花俏。特殊行业除外，比如美容院、广告公司、花店等行业。

2. 递送本人名片，应当彬彬有礼

将本人名片递送给对方时，应面含微笑，注视对方，以右手或双手的拇指与食指分别捏住名片上端的两角送呈对方。如果站立递送，应走向对方，上身呈 15°的鞠躬状；如果是坐着，应起立或欠身递送。与此同时，可致礼貌语，如“请多关照”、“请多指教”或是“希望今后保持联系”等。同时向多人递送本人名片时，可由尊而卑或由近而远递发。如果互递名片，姿态同上，只是用右手递送自己的名片，左手接受对方的名片。

3. 接受他人名片时，应当毕恭毕敬

当他人主动将名片递给自己时，一定要表现出自己的恭敬、重视之意。应起身站立，迎上前去，用右手或双手将对方的名片郑重其事地接过来，并道声“谢谢”。接过名片后，应认真仔细地从头到尾轻声念一遍，以示尊重。最后，应将对方的名片收藏于自己的名片包或上衣左胸内侧口袋里，并随之递上自己的名片。在接受他人名片时，最忌讳用左手去接，或是接过来之后看也不看随手乱丢，这是对他人极不尊重的表现。

在接受他人名片之后，不递上自己的名片是非常失礼的。如果自己没有名片或没带名片，应当向对方表示歉意并说明理由，如“很抱歉，我没有名片”或“对不起，今天忘带名片了”等。

第二节　电话的礼仪

随着社会的发展，科技的进步，电话在我们的工作生活中起着非常重要的作用。可以说，我们的工作和生活每天都离不开电话。以前，我们要表达与亲友的思念之情，可能需要写一封长信再加上几天甚至十几天的路程才能传达给亲友；如果一个单位与另一单位联系可能需骑三个小时车才能到达，而现在，一个电话就可以解决。所以电话加快了工作与生活节奏，给我们提供很多方便。随着电话的广泛使用，电话礼仪越来越受关注与重视。作为酒店服务人员应具备哪些电话礼仪呢?

（1）接听电话尽量在“三声”内接起，如“三声”无法接听，接起电话后，应表示道歉。

（2）接打电话都需要礼貌用语，例如，早上好，客房部；下午好，商务中心。

（3）接打电话应口齿清晰，说话言简意赅。切勿一面吃东西，一面讲话。打电话时应把控时间，在与客人、同事沟通前需将自己要表达的事情整理好，以免电话中讲话无重点，啰嗦冗长，又表达不清。

（4）接打电话应注意语音、语气和语调。

（5）接听电话时，涉及到人名、地名、时间、数字等事项，应主动重复，做好记录。

（6）打电话时应注意“时间”。除特殊情况（叫醒服务，临时通知等），不要在晚 11 点后，或早上 7 点前给客人打电话。

（7）接打电话，应注意道别。例如：“再见”，“谢谢，我们再联系”等。

手机因其体积小，功能多，便于携带，已成为我们工作生活离不开的通讯工具。手机礼仪除了有电话礼仪的共性外，它还有其自身独特的礼仪。接下来，我们就来谈谈酒店服务人员应注意的手机礼仪。

（1）在工作场所，不能打私人电话，如有来电，应简单扼要结束通话。

（2）电话不能露在体外，例如不能挂在身上，脖子上、裤腰上，更不能拿在手上。

（3）慎重选择手机的铃声，包括来电铃声和彩铃。另外，手机铃声的音量避免过高。

（4）手机的短信应言简意赅，避免发没完没了的短信。

（5）在工作场所内，切勿用手机对有兴趣的事或人随意拍照，摄像。

（6）在电梯、客房、待客等情况下，不能接听手机。

（7）在工作场所，不能用手机上网、玩游戏、上 QQ 和 MSN 等聊天工具。

第三节　网络的礼仪

网络已成为21 世纪人们日常工作生活交流的主要沟通工具。有研究数据显示，到2010 年8 月全球已有互联网用户 18 亿，而中国互联网用户有4. 2 亿，超过全球用户总量的20%。互联网因其信息传输快速，传播范围广、信息数据全、成本低、效率高、强烈的感官性，沟通性强等特点会被越来越多的用户所使用。因此在 21 世纪作为服务行业最有代表性的酒店行业，使用网络交流与沟通必将成为重要的沟通方法。这就要求我们酒店从业人员在使用网络时，要具备基本的网络礼仪。

首先，谈谈网络邮件的礼仪：

（1）收件人力求准确无误。

（2）发送邮件时一定要有主题。

（3）所添加的附件要提前预览，保证无误，并且一定是可读文件。

（4）在撰写内容时，应遵照普通信件或公文所用的格式和规则。邮件正文要简洁，不可长篇大论，以便收件人阅读。用语要礼貌，以示对收件人的尊重。要有称呼，问候，主旨，结束语以及感谢或祝福语。最后需署名。

（5）接收和回复电子邮件应及时，以免耽误重要邮件未阅读和处理，不能及时回复的事宜应告知对方。

（6）定期整理邮箱，对于垃圾邮件和无价值的邮件，要及时删除。而对于重要邮件要及时保存。

其次，谈谈使用 QQ 和 MSN 的礼仪。

截至 2010 年底，QQ 在全球的注册用户已超过 6 亿，而 MSN 的注册用户也超过了 3 亿大关。由此可见，QQ、MSN 等沟通方式将取代传统的沟通方式而成为主流。

使用 QQ 和 MSN 要注意哪些礼仪：

（1）进入聊天空间，要打招呼，可以用问候语或者是表情符。

（2）在工作时间交流，要有时间观念，力求言简意赅，直奔主题。

（3）使用动漫等形象要正确表达自己的意思，选择要准确无误，以免引起对方的误会。

（4）网络沟通要尊重他人的隐私，不要将对方的个人资料等进行随意转发或下载。

（5）不要在空间内转发或发表有关色情、暴力、反动的内容，也不要随意发表和转发一些没有依据的不实言论。

（6）要懂得“自我保护”，保护自己的隐私，保守秘密，无论是商业机密还是国家机密都不能泄密。

第四节　拜访的礼仪

相互拜访，可以交流信息、沟通思想，增进友谊。因而拜访是社交活动的一项重要内容。为了使交流在一种和谐、欢愉的气氛中进行，拜访时应遵从一定的礼仪规范。

1. 拜访的时间应事先约定

拜访应事先约定，以免吃“闭门羹”，也利于主人安排时间和准备待客。拜访一般应避免吃饭和午休的时间。晚上不宜过晚拜访，而且谈话时间不宜过长，以免影响主人休息。如果因急事或无法预约而直接拜访，则应向主人致歉并说明原因。

2. 拜访时仪表要整洁

整洁的服饰仪表反映来访者对主人的尊重。因此，头发应整齐干净，衣衫整洁，女性应适当化妆，鞋袜干净无异味。不可赤膊、赤脚或穿背心、拖鞋拜访。入屋后，要脱下帽子、墨镜、大衣、围巾等。

3. 拜访言行要文雅礼貌

上门拜访，可携带小礼品，以增进感情。至门前，应先轻声敲门或按门铃，自报姓名。开门后，不可贸然闯入，应问好并简短说明来意，待主人邀请后才可进入。进屋后，应向所有相识的人打招呼，并向陌生人点头致意。主人请入座，应道谢，并按主人指引的座位入座，不可见座就坐。

主人敬茶，拜访者应欠身双手相接，并致谢。喝茶时忌讳边吹边喝。喝茶应细品，不可一饮而尽。在征得主人同意后方可吸烟，且不可乱弹烟灰，烟头应捏灭后放入烟火缸内，不可让它自行熄灭。接敬烟时，要致谢，即使不吸烟也应致谢。在拜访中，不要东张西望，也不要随便走动。对于主人的隐私，不要随便打听。告别时，向主人说告别语及感谢语，如“打扰了”、“谢谢了”等。对其他家庭成员和客人，也应致告别语。

第五节　待客的礼仪

待客是一门艺术，它注重礼仪礼节，讲究细致、周全。如果待客稍有不恭敬之处，会造成不良影响。

1. 给客人留下良好的第一印象

接待客人，应提前进入迎接地点，先收拾整理好会客场所，准备好水果、饮料、食品、烟具和茶具等。如果素不相识，应了解其外貌或准备好迎接用的告示牌。

2. 待客注意礼节礼貌

迎接客人应致热情诚恳的欢迎词。客人有随身携带的物品，应帮助接下并放在适当的地方；若客人奉送的礼物，主人应双手接下并表示感谢。

3. 待客得体周到

客人进入室内，主人应热情招待。客人脱下的衣帽，应帮助放置。热情为客人倒水敬烟。敬烟时，应用手指轻弹出几支让客人自取，不要用手指取烟递给客人。为客人点火，最好一个个点烟，打一次火最多不可超过两人次。

与客人交谈，举止大方，不应烦躁或厌倦。不能当着客人的面看表、收拾房间、吵嘴、教训孩子等。客人离开时，应将客人送至门口并且目送客人走远。切忌客人刚出门就很响地关门。

第六节　馈赠的礼仪

馈赠，即送礼。虽然人际关系不能靠物质手段来维系，但是一件适宜的礼品作为情感的象征和媒介，可以在联络感情、密切关系、增进友谊上发挥巨大的作用。在馈赠礼品时同样应遵循一定的礼仪。

一、馈赠礼仪常识

1. 要考虑送礼对象的爱好、兴趣和忌讳

送礼不要盲目，不能根据自己的好恶来选择礼品。送礼前要分清对方的身份、性格、爱好和习惯，做到有的放矢。送礼时还要注意忌讳，中国人送礼讲究成双成对、吉祥如意，应避免奇数。礼品的品种也不可犯禁忌，如国人送礼不可送钟、梨（因谐音为“送终”、“送离”）；不可给作为一般同事、朋友的异性送内衣、戒指、项链等物品，否则容易引起误会。送鲜花时，应注意花语的不同含义。

2. 要考虑送礼的原因和目的

礼品的选择要因事而异，考虑送礼的目的，尽量使送的礼品恰如其分。送礼不可太贵重，过于贵重的礼品容易使对方产生不安，使其总觉得背负“人情债”，这样就事与愿违了。国人送礼倾向于考虑受礼者的实际，

以实用性为基础，兼顾艺术性、趣味性、针对性和纪念性，礼品多为食品、文具、服饰、鲜花、书籍和工艺品等。

3. 要注意礼品的包装

精美的包装既能体现送礼者的诚意，又可使礼品更具艺术性，以免给人俗气的感觉。礼品上可以写上自己的祝辞与签名。礼品上的价格标签应取下，送出有价格标签的礼品是失礼的。另外，对于食品类的礼品，一定要注意保质期。

4. 要注意送礼的时机和场合

一般来说，春节、中秋、端午、生日、结婚、生子、圣诞节、情人节、母亲节、父亲节等都是送礼的最好时机。一般将礼品送至受礼者家中，且在与受礼者相见或分手道别时，起身双手捧送，目视对方说明送礼原因、表达心愿。过时送礼、事后补礼是应避免的。忌讳将礼品放在角落处，而不直接送给受礼者；也不能在受礼者面前过多说明礼品的贵重或用途，令人感到俗气。

中国人一般收下礼品后，应向送礼人道谢，但不可当面打开礼品。否则，将是失礼。

二、花语

1. 我国的花语

牡丹——富贵	梅花——坚强刚毅
荷花——纯真高洁	兰花——正气
水仙——尊敬	秋海棠——苦恋
芍药——离别	红玫瑰——爱情

百合花——百年好合　　木棉——敬重
红蔷薇——初恋　　向日葵——光明自由
紫藤——热情　　蓝紫罗兰——诚实
萱草——勿忘我　　枳——希望
蓟——严肃　　丁香——坚贞不渝

2. 西方花语

刺玫瑰——优美　　白茶花——天真
红茶花——天生丽质　　白百合花——纯洁
薄荷——有德　　红郁金香——宣布爱情
大丽花——不诚实　　杜鹃——节制
万寿菊——妒忌、悲哀　　野葡萄——慈善
蓝紫罗兰——诚实　　墨桑——生死与共
鸡冠花——爱情　　四叶丁香——属于我
白丁香——念我　　紫藤——欢迎
野丁香——谦逊　　水仙——尊敬和自爱
樱花——青春　　红菊花——我爱
牡丹——拘谨和害羞　　橄榄——和平
红康乃馨——伤心　　黄郁金香——爱的绝望
白菊花——悲伤　　桂花——光荣
黄康乃馨——轻蔑　　杏花——疑惑
柠檬——挚爱　　石竹——奔放和幻想
兰花——热情　　垂柳——悲哀
墨菊——追念　　凌霄花——母爱

第六章

酒店前厅服务礼仪

前厅服务始终贯穿着客人在酒店居留的全过程，员工的言行举止、待人接物会给客人留下深刻的印象，体现了酒店服务质量的高低，影响酒店的总体形象。因此，对前厅员工的素质要求和礼貌礼仪服务有较高的要求。

前厅，是指进入酒店大门后到酒店客房、餐厅之前的公共区域。前厅部是负责销售酒店产品、组织接待工作、调度业务经营和为宾客住店提供服务的综合性服务部门。前厅部的业务范围通常包括接待、订房、问讯、行李、总机等职能部门，为客人提供登记、接待、订房、分房、换房、问讯、电话、订票、留言、行李、退房等各项工作。前厅部作为酒店的销售窗口，管理控制着酒店的经济效益。

前厅部处于酒店接待工作的最前列，是每一位客人抵离酒店的必经之地。前厅是酒店最先迎接客人以及最后恭送客人的窗口，是带给客人第一印象及留下最后印象的服务环节。前厅服务始终贯穿着客人在酒店居留的全过程，员工的言行举止、待人接物会给客人留下深刻的印象，体现了酒店服务质量的高低，影响酒店的总体形象。因此，对前厅员工的素质要求和礼貌礼仪服务有较高的要求。

第一节　前厅部员工的基本素质要求

1. 员工必须品行端正、诚实、正直

酒店前厅部是赢得客人好感的重要阵地，任务重大。它的运转和管理水平，直接影响着整个酒店的经营效益和对外形象。前厅部的工作种类多，有些会涉及到价格、金钱以及酒店的经营秘密，如果员工没有良好的修养、端正的品行，就很容易发现并利用酒店管理中的某些漏洞，利用岗位之便，为个人牟取私利，损害客人和酒店的利益，从而直接影响酒店的服务质量，有损酒店的声誉和形象。因此，除规章制度的监督制约以外，还必须加强前厅部员工的品行修养。品行的修养在于自觉，要自觉地按照社会公共准则和职业道德要求不断来完善自我，力求表里

如一，“诚于中而形于外”。酒店员工应自洁自律、廉洁奉公，自觉抵制各种精神污染。

2. 员工应具有良好的服务意识

前厅是酒店和宾客之间的桥梁，是酒店管理系统中的中枢神经。这就要求员工应通过自己的细心观察，以自己的不懈努力，在第一线为客人提供优质服务。树立“一切以宾客为中心”的服务意识，做到“眼里有活，手勤干活”。能设身处地站在宾客的立场为宾客着想，热情适度，耐心周到，真诚服务。对待客人，应一视同仁，不应以貌取人。

3. 员工要有敬业乐业的精神

勤业精业，是职业道德的关键环节，也是敬业乐业的落实。忠于职守、认真负责、精益求精，是勤业精业的具体要求。

根据职业道德的规范，前厅部员工对前厅部的工作，诸如任务、目标、地位、范围、岗位职责等要求要有较为全面正确的认识，对本职工作要有责任心。要自觉维护酒店利益。在服从指挥的前提下，要有一定的灵活性和创造性。对客人的要求要敏感，反应快，及时上报或向同事准确传达信息。遇到突发事情，要保持理智和清醒，使事件得以妥善解决。

4. 员工应有较丰富的知识

前厅部是酒店业务活动中心，也是客人接触酒店最多的部门。酒店的客人来自四面八方，性别、国籍、职业、年龄、受教育程度、职务等不尽相同，这要求前厅部员工平时注意积累经验，有较强的适应能力和应变能力，具备相应的技能技巧。同时员工还应该对历史、地理、宗教、通信、交通、金融以及本土的风景名胜和国外的一些风俗习惯等方面的知识，有不同程度的了解和掌握。

5. 员工要有较强的口头语言表达能力

前厅员工大多数时间花在与客人的沟通上，因此员工运用语言的机会相对来说比较多。前厅部员工在汉语表达上要能做到以普通话为标准，发音准确，音调适中、音质好，表达流畅，用词准确简洁，便于理解和进一步交流反馈。在接待宾客时，语言不能生硬呆板，不能只局限于机械地回答，应具有幽默性。前厅员工在与客人交谈时，运用生动幽默的语言，不仅能打破僵局、缓和气氛，便于处理问题，而且能使客人觉得酒店员工有较高的文化修养，从而使感情易于融洽。

此外，还应学习一至两门外语，并使其中一门外语达到一定水平，以应付工作中不时之需。如果因酒店接待的需要，还应掌握诸如闽南话、广东话等常用的方言，以利于在接待港、澳、台人士和华侨时的相互沟通。

6. 员工应精神饱满、举止得体

前厅部员工因工作的需要，要练好站立服务的基本功。在工作岗位上，要注重仪表仪容及仪态，按照酒店的规定着装，保证服装的整齐干净、仪态的规范与优美，整体形象要有一种清新、大方和亲切的感觉。

第二节　前厅部各岗位服务礼仪

一、门卫服务礼仪

门卫是一个酒店的“门面”。门卫服务客人于酒店正门外，代表酒店对客人的抵离表示迎送，是酒店服务的第一个环节，也是最后一个环节。

来宾对酒店服务人员的素质、服务质量往往就是先从这里开始获得第一印象的。可以说门卫的形象在某种意义上体现着酒店全体人员的精神面貌，影响着整个酒店的服务质量和服务效果。

门卫迎送员分两班工作，每班次三人。一人站于外车道负责到酒店车辆的接待工作；一人站立于客人候车处负责离店车辆的接待工作；另一人在门厅内休息，随时待命。门卫在岗时，着装要整齐，穿迎宾服装，包括迎宾制服、迎宾帽、白手套、皮鞋等，仪容要端庄大方，精神要饱满，站立要挺直。走路自然、稳重、雄健，面带微笑，全神贯注。

1. 恭候迎宾

（1）注意疏导车辆，保持酒店大门前交通畅通。

宾客乘坐的车辆抵达时，负责外车道的门卫迎送员要主动热情相迎。凡来酒店的车辆停在正门时，待车辆停妥后，必须要上前为宾客开启车门，迎接客人下车。一般应一手拉开车门，一手挡住车门框的上沿，提醒客人不要碰头。但注意有两种宾客是不能遮挡的，一是信仰伊斯兰教的，一是信仰佛教的。因其教规、习俗所致，不能为其护顶。

案　　例

以注重服务细节著称的法国巴黎丽思大酒店，在客人乘坐出租车到达酒店时，酒店的迎宾员不仅替你开车门、送上问候，而且还不动声色地抄下出租车车牌的号码。这一举动是为了方便如果有客人将行李遗忘在出租车上，能够在最快的时间内找到。

（2）宾客光临，热情问候，不要以貌取人。

无论什么人，都要一视同仁，主动上前彬彬有礼地亲切问候，表示热情的欢迎。问候客人要面带微笑，热情地说：“您好，欢迎光临！”并躬身

15°致礼。对常住客人切勿忘记称呼他的姓氏，如“史密斯先生”、“布朗小姐”等。微笑、点头、问好要同时协调进行。

为了使每个宾客都能听到问候语，应不厌其烦连续多次重复，做到每人一问。接待团体宾客时，应连续向宾客点头致意，躬身施礼。如遇到客人先致意，要及时鞠躬还礼。

使用问候语，对外宾用外语，对内宾说普通话。问候时要语言清晰，目视宾客，不得东张西望和注意力不集中。并且要求笑容常在，笑而无声、笑不露齿，微笑自然、大方、真诚。

（3）接迎宾客时，体贴关怀。

对于老、弱、病、残、幼之列的宾客，拉开车门后，应先问候，征得同意后再搀扶其上下车，以示关心。对不愿被搀扶的宾客，不必勉强，但要多加注意，随时准备采取应急措施。

贵宾车辆来酒店，首先应热情陪伴贵宾进大厅，并尽快告知总经理，好让总经理前来拜会。

遇到下雨天时，要主动为宾客撑伞，以免客人被雨淋湿。

（4）帮助处理行李。

遇到车上装有行李的情况，应立即招呼门口的行李员为客人搬运行李，协助行李员装卸行李，并注意有无遗漏的行李物品。如暂时没有行李员，应主动上前帮助客人将行李卸下，并携行李引导客人到接待处办理登记手续，行李放好后即向客人交接及解释，并迅速到行李领班处报告后返回岗位。

要注意的是应尊重宾客的意愿。凡宾客自己要提的物品，不要过分热情地去强行要求帮助提携。

（5）牢记车牌号和颜色。

门卫要牢记常来本店客人的车辆号码和颜色，以便提供快捷周到的服务。

2. 开门迎客

酒店大门如非自动门或旋转门，要为客人开启大门，将客人迎进大厅，并说："您好，欢迎光临我们酒店。"站的位置要在离门 1 ~ 1.2 米之间，拉门时向前跨一步，身微前倾，伸手拉门，退回原处，眼睛注视着来客，微笑地向客人打招呼，并做一个"请"的手势。拉门时应精神集中，以防出意外。

3. 送客离店

（1）叫车服务。

遇到客人需要乘坐出租车，应帮助联系。当出租车司机不懂外语时，应尽量帮助翻译。如暂时没有车，应先安慰客人，再设法多方联系。尽量当着客人面打电话联系，办事要使客人感到真实可信。

当候车人多而无车时，应有礼貌地请客人按先后顺序排队乘车。载客的车多而人少时，应按汽车到达的先后安排客人乘车，不要擅自有意或无意打乱正常秩序，以免造成不必要的误会或麻烦。

散客离店时，负责离店的门卫，应主动上前向客人打招呼并代客人叫车。待车停稳后，替客人打开车门，请客人上车。如客人有行李，应主动帮客人将行李放上车，并与客人核实行李件数。待客人坐好后，为客人关上车门，但不可用力过猛，不可夹住客人手脚。

当团队客人、大型会议、宴会的与会者集中抵达或离开时，要提高工作效率，尽量减少客人的等候时间。

对重点客人车辆抵达或离店要先行安排，重点照顾。

车辆即将开动时，门卫站在车的斜前方 1 米远的位置，上身前倾 15°，双眼注视客人，举手致意，微笑道别，可说"再见"、"一路平安"、"一路顺风"、"谢谢您的光临，欢迎您再来"、"祝您旅途愉快"。

（2）特殊服务。

由于住店客人把物品遗忘在出租车上的事时有发生，于是有的酒店推出一项特殊服务。当客人刚坐进出租车，门卫会将一张写有客人乘坐的出租车车牌号的酒店名片递送到客人手中。这样客人即使丢失了物品，也能根据所提供的车牌号尽快找回，同时也为酒店进行了公关宣传。

4. 日常执勤

（1）认真接待住店宾客的来访者。

遇到住店宾客的来访者，要礼貌地询问情由，不可态度生硬地把来访者拒之门外。然后，通过总服务台查核来访者欲见的宾客是否住在本店。如果宾客尚未到达或已经离店，要给予明确的答复；如宾客尚在本店居住，可打电话到客房通知有客来访，由住店客人决定是否同意见面。

对要进客房的来访者，需客气地请其出示有关证件和办理登记手续。对无证件者安排在门厅等公共场所会客，并做好解释工作。要做到既按规定行事，又尊重来访者。

（2）遇到宾客问询，应礼貌地予以回答。

如接到电话寻人，要表示乐意帮助，并问清被寻者姓名、性别、年龄、特征等情况，复述一遍，必要时作好笔录。对特征基本相符的宾客，要悄声询问，不可贸然认定。如果经努力仍找不到时，则应客气地明确答复通话人，不得含糊其辞或不作答复。

（3）在岗值勤时，要有高度的责任感。

执勤时，注意力要集中，随时观察哪位宾客需要帮助。见宾客有欲询问的样子时，就要迅速作出反应，主动上前关心，不可视而不见。同时也应配合安全部人员注意观察出入酒店的人员动向，如遇到形迹可疑的人，应引起警觉，及时通知有关部门，不要麻痹大意。

二、行李员服务礼仪

行李员站立于酒店大门两侧，代表酒店迎接客人；同时又是大厅的侍应生，主动为客人服务，回答客人的各种问询，向客人介绍酒店的情况；在服务过程中，还要成为酒店的推销员和保安员。

行李员的主要工作是：为到酒店和离店的客人运送行李进出酒店，为住店客人递送包裹、报纸、信件、电报、电传等，为本店其他部门派送文件、报表及短时间的欢迎牌、指示牌等，并挂酒店旗及各种旗帜，看管行李专梯。

1. 帮卸行李

（1）向抵达的客人微笑点头，表示欢迎。

（2）帮助客人卸送行李。

行李员把行李卸下来后要清点行李件数，并记下客人所坐车辆的号码、所属单位及特征，以便万一有差错，即可据此迅速为客人查清行李下落。然后搬运行李到前厅登记处，请客人核实行李件数。同时要尊重宾客的意愿，凡宾客自己要提的物品，不要过分热情地去强行要求帮助提携。

（3）爱护行李。

对于客人的各种行李物品要轻拿轻放，不可抛掷和用脚踢。对贵重易碎的物品，切忌毫不在乎地随地乱丢或叠起、重压，应加以爱护。

当进出客人多时，行李摆放应留有间隔，并及时挂上行李牌，切勿搞错行李。如遇到团队行李，应先将它们集中在某一角落并点清件数。然后根据总服务台分配房间的名单，逐一核对写上房号，并分别送到房间交给客人；如客人不在，则交给楼层服务员。如团队行李不能及时运走，应集中起来，用网罩盖好，妥为看管。

2. 引客入店

（1）引导客人到总服务台登记处，办理入住手续。

引领客人时，要走在客人左前方两三步处，随着客人的步子徐徐前进。遇转弯或人多时，要微笑面向客人示意，以体现对客人的尊重。宾客在登记时，行李员应以正确的站姿侍立在宾客身后约 2 米处等候，看管好宾客的行李并随时接受宾客的吩咐。

（2）护送行李进入客房。

待客人办妥入住手续后，应主动上前从接待员手中领取房间钥匙，与宾客一起将行李送进客房。陪同宾客乘电梯时，如是自动电梯，应侍立一旁，以手挡住电梯门边框，以免夹挤客人；要礼让宾客先入电梯，不得自己先行。在电梯里，行李员应尽量靠边侧站立，并将行李尽量靠边放置，以免碰到客人或妨碍客人通行。到达所需的楼层时，应示意请宾客先走出电梯。

陪同宾客到楼面（层）时，应先与该楼面（层）的客房服务员取得联系。开门后，先开总开关，然后请客人进入。将行李全部放好，并当面向宾客交待清楚，核对行李件数，将钥匙交还给客人，如在白天，还要为客人打开窗帘。然后向客人扼要介绍室内设备、设施及使用方法，询问客人是否还需要其他服务，并告诉客人有事可找服务员。最后，礼貌告别，及时退出，以免给宾客造成等待要小费的印象。离房前，应微笑地说："先生（或小姐、夫人等）请好好休息，再见！"面对客人，后退一步，再转身退出房间，将门轻轻拉上。注意，不能因用力过猛或随意关门的响声，造成宾客不快。

若开门后发现房间未整理或客人对房间不满意，则要立即向客人致歉，并立刻与前厅联系，为客人换房。

行李员要把自己所送行李的房间和每个房间的行李件数记录下来，进行行李登记。

3. 寄存物品

（1）当宾客来到行李寄存处要求寄存物品时，应首先确认客人的身份，礼貌地问清行李中是否有贵重物品和易碎物品。如有这类物品，可用建议的口吻介绍客人把这些物品存放在酒店的保险箱内。

（2）要主动提示宾客把行李上锁，未上锁的应当着客人的面用封条将行李封好，对寄存的易碎物品上要挂上"小心轻放"的标牌，以示对客人行李物品的重视和负责。行李应有秩序地码放好，以免客人领取时拿错。

（3）在宾客取出行李时，要当面把行李件数点清楚再交给客人，确保无误。同时把寄存卡的上、下联订在一起存档。非经上级同意，不可接受长期保管的行李。如客人遗忘物品，应立即交给主管处理。

（4）经常清洁、保养行李车和行李网罩等设施工具，保持工作场所环境的卫生、整洁。

4. 送客离店

（1）行李员接到搬运行李的通知，在进房前无论房门是关着还是开着，均要按门铃或敲门通报。在问清宾客共有多少件行李物品后，小心提携并负责运送到车上。如客人跟行李一起走，客人离开房间时，行李员要将房门轻轻关上，尾随客人到大门。

（2）安放好行李后，不要立即转身离去，而应向宾客作好交待。待宾客准备启程时，躬身施礼，致感谢光顾和告别语，如“祝您旅途愉快”、“欢迎再次光临”，与客人告别。关上车门，注意不要让宾客的衣裙被车门夹住。门要关得恰到好处，不能太轻而关不上，太重而惊吓客人。

车辆启动时，应面带笑容，向客人挥手告别，目送客人离去。

三、问讯代办员服务礼仪

问讯代办员的工作主要是：回答宾客有关酒店各种服务设施及酒店所在城市的交通、游览、购物等内容的询问，代客对外联络，代办客人委托事项，收发保管客房钥匙，处理客人信函、电报和安全会客。

问讯代办员在工作时间内应始终坚持站立服务：站姿端正，精神饱满，面带微笑，思想集中，语言流利，应变能力强。办公桌陈放着电话、电脑、灯具及各类表格，物品繁多，须特别讲究工作环境的整洁，须做到无灰尘、无脏迹。装饰点缀的盆景鲜花应常保鲜艳。

1. 问讯

（1）酒店的客人来自全国乃至世界各地，在陌生的城市、陌生的环境，客人必然会有很多情况需要了解，很多问题需要询问，涉及面很广。为准确回答客人的问讯，问讯员必须具有较高的素质，掌握较丰富的知识，熟悉业务，明确自己的职责，掌握大量的信息，同时要准备好最新的问讯资料以备客人的咨询。

（2）问讯代办员要热情接待每一位中外宾客，必须有耐心，做到有问必答，百问不厌，用词得当，简洁明了。对酒店的设施、各部门的服务时间、具体位置、市内交通、旅游景点、商业区等情况应详细回答清楚。本职业务要熟悉，不能说“也许”、“大概”之类没有把握或含糊不清的话。对于不确定的事情，要搞清楚再回答。

如多人同时问讯，应先问先答、急问快答，根据宾客的具体情况作出反应，避免怠慢。

（3）在接待宾客问讯时，要做有心人，要热心作好宾客的参谋，为他们提供游览景点、往返路线、风味小吃、购物场所等信息。

（4）在任何情况下都不得讥笑、讽刺客人，不得与客人争辩，决不允许言语粗俗、举止鲁莽。在宾客因误解、不满而投诉时，要以诚恳的态度耐心听取宾客的意见，不得中途打断，更不能回避、置之不理。

（5）如果是外国客人，为了防止语言不通而给客人带来的不便，应根据具体情况为客人准备向导卡，其正、反面分别用外文和中文标明酒店的地址、电话和客人要去的地方。这样，客人外出时，只要向出租车司机或行人出示卡片，就不致迷路。

2. 查询

（1）酒店经常会接待非住店客人的查询，如查找住店客人的有关情况。问讯员应按有关规定做好来访者的登记、接待工作。对来访者要本着助人为乐的服务精神给对方提供方便，要注意自己说话的语气、态度等。

首先问清来访者的姓名、与住店客人的关系等，然后打电话到被查询住客的房间。经客人允许后，才可以让来访者上楼层找住店客人。如果住店客人不在房间，为确保客人的隐私权，不许将住客的房号告诉来访者，更不可以让来访者到房间找人。

（2）接受来电查询，应热情帮助解决，件件要有结果、有回音。如不能马上回答，对来电的客人应讲明等候时间，以免对方久等而引起误会。对住店客人的来电，要认真接待，并帮助办理有关事宜。比如，客人要求预约出租车，应作好书面记录，并把房号、姓名、时间告知车队。

（3）接受房号查询要迅速问答。来电查询如一时查找不到，可对来电的宾客说一声“请再等一会儿”，以免对方等候多时得不到回音，误以为置之不理。如查无此人，要用委婉的语气作出明确的答复，表现出服务态度耐心、周到。

3. 客房钥匙的分发

客房钥匙的分发须严格控制。问询员可直接把钥匙发给熟悉的贵客、长住客人、酒店的常客。对于不熟悉的客人，问讯员应有礼貌地询问客人的姓名，然后与钥匙架存放的卡条、在店客人的名单、客房状况或电脑终端核对；证明无误后，才能把钥匙交给客人。如遇疑问，还可以请客人出示房卡，以供核对。

4. 客人信件处理

要把信件、电报、邮件准确而迅速地交给住店客人，递送时要微笑招呼，敬语当先。对离店客人的信件要及时按客人留下的地址批转或退回原地，时时处处体现对客人认真负责的精神。

5. 留言

（1）如来访者要求会见某位住店客人，问讯员首先应了解来访者的姓名以及是否与住店客人有约在先；然后问讯员应通过电话，将某人来访的消息告诉住店客人，经客人同意后，才能将房号告诉来访者。如住店客人不在房间，可根据情况在酒店的公共场所寻找被访客人。如仍无法找到被访客人，可向来访者建议是否愿意留言。决不能未经客人许可，便将来访者直接带到房间找人，或将住客的房号告诉来访者。

（2）认真填写访客留言单，留言单一般由三种不同颜色的纸张填写三张。交领班检查后，开启客房的留言灯，将访客留言单的第一联放入钥匙、邮件架，第二联送电话总机，第三联交信件或行李员送往客房，将留言单从房门底下塞入客房。客人可通过三种途径获知访客留言的内容。如客人了解到留言内容，应及时关闭留言灯。

留言传递要迅速、准确。对于访客留言，有些酒店规定问讯员要每隔一小时打电话到客房通知客人，使客人最迟也可以在回店后一小时之内得知留言的内容。

6. 代办服务

（1）为客人代购各种机票、船票、车票、戏票，要按宾客的要求办理。如有困难或情况发生变化，要及时征求宾客的意见，要让宾客自己决定，服务人员不要自作主张。

（2）代客人修理物品时，不要怕麻烦，大小生意，一视同仁。在无法满足客人要求时，不要随意编造原因，致歉态度要诚恳，以求对方谅解。要尽量帮助宾客排忧解难，不得在宾客面前说“不行，我没有空”或者“不行，这事我从来没做过”。

四、预订员服务礼仪

预订员主要是接受客房预订、办理预订手续。预订员工作时，要仪表整洁、仪容端庄，精神饱满，注意坐立、行走的姿态。热情接待宾客来电、来函、电传、电报、网购或上门等各种形式的预订。要保持工作场所的清洁卫生，文件物品不得任意堆放，废纸不要随地丢弃，要给来访宾客留下文明办公、环境整洁的良好印象。

1. 订房服务

宾客电话订房，要注意听电话的方式，敬语当先，礼貌待客。电话响三次之内接听，以充分体现效率。接到电话时，必须报“我是××酒店订房处，有什么需要我帮忙的吗”，声音友好亲切。宾客问及有关酒店的服务项目、房价等内容时，订房员要耐心回答，抓住机会向客人推销。报房价时，要先报豪华房的现行房价，然后再报低一点的普通房价。及时记录宾客的要求，并向宾客复述一遍，防止差错或遗漏。如因客满而无法接受预订时，要表示歉意，不要含糊其辞，避免误解和影响酒店声誉。

2. 落实预定

在客人订房时，要确认客房信息的准确性，以免客人所订的房已订出或在住。

接受宾客订房后，要讲信誉，不能任意更改原定契约。在宾客到来前要落实好预定的各项要求，与其他有关部门默契配合，加强协作，谨防差错。

3. 妥善解决问题

由于某种原因出现重复排房等问题时，要保持头脑的清醒，分析原因，妥善解决。不能在宾客面前与其他相关人员争执，更不能对抱怨的宾客无礼。凡是酒店方面的责任，要内部协调、灵活处理，尽量满足宾客的要求，并表示歉意；若是属于宾客的责任，也不能责备宾客，而应把客人当“上帝”，另外设法安排。

4. 推销客房、热情而不失分寸

推销客房时，讲话不仅要有礼貌，而且要讲究艺术性。当客人犹豫不决时，要懂得察言观色，正确分析客人的心理活动，想方设法消除客人的疑虑，以留住客人。

案　　例

小刘是三亚某酒店前厅部的一位客房预订员，一天，一位先生来到预订中心订一间有海景的蜜月房，他说自己与太太是来当地来度蜜月的，在三亚共住三晚，希望小刘为他安排一间环境好的房间给他。当时时值旅游旺季，海景房已于三天前全部订完，这一点小刘非常清楚，不过她还是认真查看了电脑预订资料。最后她对这位先生说："先生，非常抱歉，因为最近是旅游旺季，再加酒店又接待了两会议团，所以房间比较紧张，今天的海景房已全部预订或入住，您看帮您订一间能看到山景的房间如何?"这位先生想了想说："度蜜月我还是觉得海景房比较舒服。"说到这，这位先生正打算转身离去。这时小刘接着说："先生，不如这样吧，您今天先住一晚山景房，明天我们有客人退房，我立刻帮您和您太太转到海景房，这样，您既享受到山景房的静谧，又享受到海景房的浪漫，您看如何?"小刘诚恳地说。这位先生听了小刘的建议，觉得很有道理，再加上走得也累了，最后就接受了小刘的建议。第二天中午，小刘就帮这位先生换了海景房。

当客人犹豫不决时，要懂得察言观色并正确分析客人的心理活动，站在客人的角度为其提供最优的解决方案。这是作为酒店一线接待与销售人员所应具备的。

五、接待员服务礼仪

接待员主要是接待住店的宾客，包括有预订的团体、散客以及无预订的散客，为他们办理住店手续，并负责分配客房。在岗位上，接待员要做到仪表整洁、仪容端庄，精神饱满。要保持工作场所的卫生整洁，桌上办公用品堆放整齐，给宾客留下环境整洁、办事有效率、讲文明礼貌的良好印象。

1. 热情问候

客人到总台时，要主动热情地问候每一位宾客：双目注视客人，点头致意，面带微笑，上半身略微向前倾，说“您好，欢迎光临”或“请问，您预订过房间吗”。如果是团体接待，应主动向陪同询问该团的团号、人数、房数、是否有订餐、报账单位的名称，然后以最快的速度找出此团有关的信息。团体客房要严格按照合同办理，一般不允许任意增减房间。

2. 接待有礼

（1）听清宾客的要求后，请其填写住宿登记单，并尽量按宾客的需要为其安排房间。当客人问有什么样的房间或房价时，接待员要把酒店房间的种类及设施档次向客人介绍，然后推销房间。推销房间时，先推销标准间或中等价格的房间，然后再根据客人的反映或要求推销高档或低档房间。

（2）有较多客人抵达而工作繁忙时，要按先后顺序依次办理住宿手续，做到办理一个、接待下一个、招呼后一个。对另一个预约的客人说：“谢谢您的预约。”对后一个客人则说：“对不起，请您稍候。”使客人感到不受冷落。对中外宾客要一视同仁，不能厚此薄彼。当知道客人姓氏后，要尽早称呼，以示对客人的尊重。

（3）在不失礼的情况下，仔细查看宾客的证件，与登记单核对无误后，要迅速交还证件，并表示感谢。

（4）如当天客房已满，要耐心向客人解释，热情向其推荐其他酒店。要当着客人的面打电话与其他酒店联系，尽量设法解决，并欢迎客人下次再来，如说：“下次光临，请先预订，我们一定为您保留。”对原已预订过房间的客人，一定要保留好房间，不能随意把房间租让给他人，以免预订过房间的客人到达后无房居住，造成不良影响。

案　例

阿花是2010届的酒店管理专业的应届毕业生，毕业后直接进入当地的一家五星级酒店做前厅接待员。一天，她在上班时，接待了一个通过网络团购的客户。当时，正是中午用餐时间，只有她一人当班。她一边帮一个散客在做登记住房，另一边，这个团购客户在大声催促她“小姐，快点呀，天好热，赶快安排房间，回房间洗个澡。”阿花快速把手上的散客处理好，接着到电脑上查询今天团购的记录，然后让这个客人拿出自己的团购号，并让他提供团购号对应的密码。这个客户总共团购了两间房，但是她发现电脑系统没有预留这两个房间，为什么会这样呢？她快速查询这几天工作记录，发现这个团购的客户没有来电预约，这可怎么办呢？此时，这个客户就大声嚷嚷起来，快点，快点……这时，阿花问“这位先生，请问你之前有来电预约以吗”？什么，还要来电预约，我订房的时候没人跟我说，客人说。阿花说：先生，网上团购客房是要提前与酒店预约的，因为你之前没来电预约，所以，暂时没有预留你的房间。阿花话还没说完，客人就勃然大怒，什么没我的房间，我的客人都到了，没有我的房间，我不管，你马上帮我安排。这时，过往的客人停下脚步看个究竟。此时，大堂副理正好路过，上前了解情况，得知情况后，大堂副理先与客房部联系一下，找到两间刚办理退房的客房，然后对这位先生说：先生，房间我们已为你安排好，但是这次的事情责任不在我们，因为团购客房是需要提前预约的，请您下次一定要记得。这次正好有两间客房刚办理退房，但是房间卫生还没搞好，请您谅解。听到这里，客人也有些不好意思。旁边的阿花心里觉得好委屈，无故被客人骂了一通。

客人走后，大堂副理安慰阿花说：以后碰上这种情况，是你权力范围内解决不了的，要及时与你的主管沟通，让她想办法帮你解决。否则，事情也解决不了，还造成不好影响，又影响自己的心情。阿花听后点点头。

（5）“住宿通知单”、“欢迎卡”填好后，连同钥匙牌交给客人，并告诉客人：“您的房间是×××号，这是房间钥匙，这位服务员马上陪您去，祝您愉快！”将钥匙给客人时不能从台面上一扔了之，而应将钥匙递送给客人，态度热情，有礼貌。

（6）重要宾客住进房后，总台接待人员可在部门经理授意下用电话探询宾客的意见，使其感到饭店的关心和重视。可以说：“这个房间您觉得满意吗？若有事请尽管吩咐，我们乐意为您效劳。”

（7）将客人填写的住房登记卡上的内容及所安排房间的价格等情况输入电脑，并手工填写住宿登记本，以备存档查阅。

六、电话总机话务员服务礼仪

电话总机是酒店内外通讯的主要枢纽，主要工作是：转接市内电话，承办国内外长途电话业务，为客人提供问讯服务、联络服务、叫醒服务、通知紧急和意外事件等。

在日常服务中，话务员虽然不与通话人直接接触，但通过声音的传播，仍可反映酒店的服务水平，树立酒店的良好形象。话务员是通过声音来传递信息的，要力求通过声音给宾客带来愉悦之感。话务员必须在总机铃响三声之内应答电话，与客人通话时，必须礼貌、友善、愉快，且面带微笑。发音要准确、清晰，保证客人听得懂、听得清。音色要柔和，悦耳。语言要简练，用词要得当，避免说一些生涩的语言。语调不能过高、过重，以免使对方觉得生硬、尖刻、冷淡；也不要语气过轻、语调过低，使人觉得无精打采，不负责任。语速要快慢适中，根据不同的通话对象，恰到好处地掌握说话速度。

1. 敬语当先

电话总机话务员要熟练准确地自报家门，并自然亲切地使用问候语。要注意说好开头几句话，坚持敬语当先，如“您好，××酒店，我能为您做什么吗”。接内线时也可以说：“您好，请讲。”坚持“您好”开头，“请”字在中，“谢谢”结尾。

2. 耐心服务

话务员转接电话必须要有耐心。首先必须认真聆听完客人讲话再转接，并说“请稍等”。如果客人需要其他咨询、留言等服务，应对客人说：“请稍等，我帮您接通××部门。”

为宾客接听电话，如对方要接听电话的客人不在时，铃响半分钟后（五声），必须向客人说明：“对不起，电话没有人接，请问您是否需要留言？”如需代客留言，一定不要怕麻烦，认真倾听，并作记录，复述一遍，及时转告。或将需要留言的电话转到前厅问讯处。如果电话占线，则告诉对方说：“对不起，线路紧张。”

对于“代客拨号”、“电话查询”等业务，应做到不怕麻烦，努力使宾客满意，不可说“我没空”、“我不知道”之类的话。即使做不到，也应主动向客人作出解释并致歉。

所有给酒店管理人员的留言，一律由话务员清楚地记录下来，并尽快将留言转达给酒店管理人员。

3. 问讯服务

店内外客人常常会向酒店总机提出各种问讯，因此话务员要了解酒店内外常用的信息资料，尤其是酒店各部门及当地有关机构的电话号码，以便正确、快速地回答客人的问讯。

话务员从事的是一项机要工作，切记不能外泄酒店内部的信息和宾客的私人情况，更不能偷听他人的电话，这是礼仪礼节的起码要求，也是酒店的组织纪律。每个话务员都应自觉维护酒店的声誉。

接到打错的电话，不要态度生硬、讽刺挖苦，也不要等对方说出实质性的内容，然后再告诉对方错了。应该态度亲切地告诉对方："对不起，这里是××酒店，可能您的号码拨错了。"

接受投诉要虚心。当通话人对酒店服务质量有意见，进行电话投诉时，要以虚心的态度仔细聆听，并安慰客人，向客人致歉，向客人保证会将其意见及时转告有关部门，不可中途挂断电话。

4. 叫醒服务要准时

住店客人如来电要求在某时提供叫醒服务，话务员要当即做好记录。到了时间，应通过电话叫醒客人。在按客人房间的电话铃时，注意不要为图省事而按个不停，一般为五分钟左右一次。如多次提醒仍无人接听，就应该通知客房服务员实地察看，搞清原因。切忌不能大意误事，耽误了宾客的行程。

七、场站接待服务礼仪

场站接待服务是指在机场、火车站、长途汽车客运站、客运船码头接送客人的服务，它是一项争取住客的重要工作。接送人员要注意仪容、仪表、礼貌和语言，制服要讲究，保持整洁。迎送宾客要注意不可误接、误送或误时。

1. 接客服务

（1）每天晚上在预订处取得第二天抵达酒店客人的名单，了解是否有"VIP"客人或需要照顾的客人，了解除预订房外还有多少房间可接待散客，掌握第二天抵达酒店客人的姓名，以及其所乘交通工具、班次、抵达时间。

（2）充分做好接待准备工作，按每批抵达客人的情况，向交通部门订好车，如大客车、旅行车、小车、货车等并将客人到达的准确时间转告交通部门。需进入站台迎接的，要到站台迎接；需在场站服务台迎接的，即在服务台迎接。所用酒店标志要新颖、醒目。

（3）客人抵达时，要主动迎上去，并向客人说："您是××先生/小姐吗？我是××酒店的迎宾员，我叫××，欢迎您光临！您有托运行李吗？请将行李牌给我，我们帮您领取。"若需过边防海关的，请客人先过边防海关。若不需过的，要先引领客人到车上就座，等候行李；若客人要自己领取可随客人意愿。

（4）客人行李领出后要请客人清点行李；客人自领行李，领出后要帮客人提运。客人表示行李已无差错时，可关好车门，送客人到酒店。回店途中，照顾好客人中的老年人、伤残者、小孩等。

（5）若是一人迎接多批客人，手续办好一批先走一批。若是两人迎接的，一人先跟第一批客人的车；若有"VIP"客人的，先跟"VIP"客人的车走；无人跟客人的车，要交代司机照料客人；第二人跟最后一批客人车走。到达酒店时，交代前厅和总台工作人员照顾好客人，送客人到房间。

（6）若有团体客人抵达，迎宾员将客人的行李牌收齐，让客人先乘车回酒店，然后帮客人领取行李；也可按客人要求办理。注意，接待团体客人时，客人上车后要点齐人数，行李上车后要点齐行李件数。场站若有未预订房间的客人想入住本酒店，如果酒店还有房间，要安排客人乘酒店专门接零散客人的车辆回酒店。

2. 送客服务

（1）到总服务台了解需要送走的客人名单，以及所乘交通工具、班次等情况。向交通服务部门订车，了解飞机、火车、船舶准确离开的时间，并与客人商订离开酒店的时间。清点行李，照顾重点客人、老年人、伤残者、小孩等。需要到站台欢送的，要到站台欢送。

（2）送客路上要征求客人对酒店的意见，欢迎宾客下次光临。

八、收银员服务礼仪

收银处负责酒店收款、保管客人贵重物品、为离店宾客办理结账手续，是客人离店前所接受的最后一项服务。要求工作环境卫生、整洁，工作台上不应杂乱无章，各种用品陈放要井井有条。工作人员要仪表整洁、仪容端庄，精神饱满，态度和蔼可亲，随时准备接待来宾。

1. 结账

（1）收银员要热情接待每一位中外宾客，笑脸相迎，亲切问候。宾客来结账时，首先向宾客收回钥匙牌，并询问楼层服务员有无未报总台的费用。问清后，将客人在店内的各种费用一次性结清。收付款项清点准确，动作要娴熟、迅速，尽量不让宾客久等。在人多排队时，应打招呼，表示自己会加速办理。

（2）收银工作要细心，收款当场点清，交付找零和开具收据要说明，住店日期要当场核对，收款数目要当面说清，不能有丝毫含糊，避免客人有多收费的猜疑。

如有客人提出一些酒店无法接受的要求，要婉转地予以解释。工作中一定要按照酒店规定的程序和要求进行，时时想到“把方便让给客人，把困难留给自己”。

（3）结账完毕，应向客人道谢告别，给客人留下彬彬有礼的深刻印象，以使客人产生亲切感，吸引客人下次再来。

2. 外汇兑换

（1）外币兑换员要热情接待每一位宾客，笑脸相迎，亲切致意，了解客人的需要，迅速主动递上兑换单，请宾客填写。在人多排队时，要向等候的人群打招呼，并在细心、严格、不出差错的前提下，抓紧办理。

（2）收到款项要准确清点，并与兑换单及时核对。若有不符，立即当面说明。动作迅速，符合规范。对兑换的外币如有疑点，要认真甄别，既不要以假当真，也不能把真当假，不可武断草率处置。避免与宾客产生误会或争执。在服务中万一与宾客发生纠纷，要妥善处理，不要在柜台前当着众人面争论不休。

（3）兑换外币要细心，收款当场唱清，交付钱和单据要言明，收付两清，干净利落。服务完毕后，向宾客致谢，表示欢迎下次再来和乐意为宾客服务。

（4）严格执行国家的外汇政策，自觉遵守职业道德，不以权谋私，不做违犯纪律、有损人格和国格的事情。

3. 保险箱服务

（1）酒店前台收银处设有安全保险箱，免费为客人寄存贵重物品。如住客需用，可划定某保险箱归该客人于住店期间使用。当客人要使用保险箱时，要热情问候，向客人表示欢迎。先请客人填写登记卡，并在电脑上查看房号与客人填写的是否一致。取出安全保险箱记录卡正卡，请客人填写，并请客人签名，经手人也要在卡上签名。根据客人登记时所需的大箱或小箱，确定所给箱号，并取出保险箱，请客人存入贵重物品。当着客人的面用两把钥匙将保险箱锁好，一把客用钥匙交给客人保管，总钥匙由收银员自己保管，并礼貌提醒客人注意其钥匙的保管与安全。

（2）当客人要求中途开箱时，请客人出示保险箱钥匙。然后，取出安全保险箱记录副卡，请客人填写、签名，经手人签名。取出登记正卡，与原签名核对无误后，方可给客人开箱。

（3）如客人将保险箱钥匙遗失，而又要取物时，必须在客人、当班的收银员以及酒店保安人员在场的情况下，由酒店工程部有关人员强行将该保险箱的锁作破坏性打开，并做好记录，以备查核。

（4）当客人取消保险箱时，请客人出示保险箱钥匙，当着客人的面用两把钥匙将保险箱打开，请客人取出其贵重物品。然后收银员要再检查一遍保险箱，以防有遗留物品。请客人在记录卡正卡的终止栏内签名，核对签名，收回该保险箱的客用钥匙，锁上该保险箱。最后，将卡片存档，以备查核。向客人道别，表示欢迎下次再来和乐意服务。

九、大堂副理服务礼仪

大堂副理也称“大堂值班经理”，是酒店与客人之间密切联络的纽带。他的工作包括：协调酒店各部门的工作，代表酒店处理日常发生的事件，帮助客人排忧解难，并监督问题的处理。

1. 讲究形象

作为酒店对客服务的代表，大堂副理应保持良好的形象：精神饱满，面带微笑，思想集中，坐姿、站姿和走姿都要自然得体；出言谨慎，口气婉转，态度诚恳，谦逊有礼。在任何情况下，不与宾客争辩，做到骂不还口，打不还手。

2. 礼貌待人

有宾客前来，应主动上前或起立，彬彬有礼地问候；然后请宾客就座，再慢慢细说。对外宾能用英语或其他外语交谈，对内宾要说普通话，不能讲方言。

对宾客提出的问讯，要给予全面详细的答复，使对方感到可信、满意。自己能答复的问题，决不借口推脱给其他部门解答。对确实不了解、没把握的事，不要不懂装懂，更不能不负责任地自以为是。

接待宾客要百问不厌，口齿清楚，用词贴切，简洁明了。办事态度踏实、认真，考虑问题周到，能“急宾客所急”，愿把困难留给自己，把方便让给宾客。接待结束，要主动先向宾客致谢，做到自然、诚挚。

3. 善于分析

在接待宾客投诉时，首先要热情相待，耐心听取，冷静分析。即使对方情绪激动，甚至蛮不讲理，也不能受其影响而冲动。要心平气和，善解人意，逐步引导，充分尊重投诉者的心情。要显示出自己有文化、有教养、有风度，并且有能力帮助客人处理好事情。

在听取客人的投诉时，应同时做好必要的书面记录，表示酒店方对事情的重视，避免客人误认为在敷衍了事。在宾客陈述的过程中，不要随意插话，也不得打断对方的讲话。让其在平静的气氛中发泄，以便缓和矛盾，也可使投诉者获得心理平衡。

对宾客的投诉，除表示理解、同情、重视、关心外，要迅速根据实际情况作出必要的查核，拿出妥善解决的办法。在处理问题时不能主观武断，不得轻易表态，不要简单回答“是”或“非”，更不可擅自作不合实际的许诺，以免酒店遭受不必要的名誉和经济损失。

要善于察言观色，适时地用征询、商量、建议性的口吻与宾客交谈。要善于分析问题、判断是非，即使在对方欠理的情况下，也不要让其丢失面子。

大堂是人来人往的公共场所，为不影响其他宾客的正常活动，对大声喧嚷、粗暴无理的投诉者，可另择场所单独接待。

4. 沉着冷静

大堂作为酒店的重要窗口，大堂副理如遇突发紧急事件，要沉着、冷静、果断，及时向有关方面通报信息，尽快求得指示和协助，在礼貌服务中体现出优质、高效。

大堂副理对外是公关形象，接触面广，沟通联系多；在与酒店内部各部门的协作中，也应注意搞好人际关系，团结互助，友善谦让，共同配合。

十、商务中心文员服务礼仪

商务中心是指专门供客人使用，为其提供打字、传真、复印、翻译、会议记录等专项服务的商务设施。商务中心的办公室既是服务场所，又是接待客户的地方，一定要做到环境卫生整洁、整体布置井然有序，使客户有舒适、方便和信赖感。

商务中心文员在岗时，除按照规定程序服务外，在礼仪礼貌服务上还应做到：

1. 注重个人仪表

商务中心文员在工作岗位上，要仪表整洁，仪容端庄，仪态大方；工作时间要精神饱满，精力集中；在客户面前，注意自己的坐、立、行走姿势。

2. 工作主动热情

要主动地接待客户，微笑问候，敬语当先，尊重客户的意愿。尤其是对一些有特殊要求的客户，不得有不耐烦的表现。讲究职业道德，注重信誉，确保质量，按规定收费，代客保密。如同时接待多位客户时，应按先后次序受理，同时向等候的宾客打招呼致意。要忙而不乱，有条不紊。

3. 办事认真，讲究效率

商务中心文员承办电传、传真、打字、复印、翻译、快递等各项业务时，要做到准确、快捷、细心、周到，杜绝差错。

代客发电传时，要浏览客户的电传底稿，有不清楚的地方要询问明白，并请客户重抄或经客户同意后代为改正。代发的电传应留下复制件以便查询。代客发完电传后，要把通报时间、发出时间及操作人员工号填写在挂号单上，并请客户到收银处付款。代收电传时，应检查有无收报人地址和姓名，将电文连同发来电传的时间记录小心撕下，填上经手人工号；然后将电传送到客户房间或打电话请客户到商务中心领取，并请客户在电传登记簿上签字。代客发传真时应仔细核对对方的地区号和传真号，以防错发；传真发毕应将发送时间及操作人员工号填写在账单上，并请客户到收银处付款。代客打字、复印、进行口头或书面翻译时，应讲究效率，力求准确，避免差错。

客户如果对服务有不满时，商务中心文员应耐心解释，不应置之不理。解释时说话态度要谦和，语气要委婉。

十一、电梯员服务礼仪

现代酒店均使用电梯，电梯员应使宾客在搭乘电梯时感到安全可靠、心情愉快而满意。电梯驾驶员由于和乘客靠得很近，要特别注意自己的个人清洁卫生，不能有汗味，当班前不能吃有刺激气味的食品。

1. 主动服务

在停靠楼层迎接宾客时，电梯员应站立在门外一侧，随时注意是否有宾客来搭乘电梯。看见宾客来临，驾驶员应先步入电梯，对着梯门侧身站立，一手按住梯门，同时用手势示意（可用“曲臂式”），并说“您好，请进”、“请问到几楼”等礼貌用语。

对老弱病残的宾客，要主动搀扶其进出电梯，并帮助提携行李物品，与前来迎送的其他服务人员交接后，再继续电梯运行操作。

2. 安全第一

在关电梯门时，双眼注视反光镜，耐心地等候赶来搭乘电梯的宾客，关梯门之前要举手示意。要注意最后入梯乘客的安全，等宾客站稳后再启动。

在电梯运行过程中，速度要适中。电梯每到一个楼层面，在开门前，要主动报楼层数，以免差错发生。停靠楼层后开门前要举手示意，等电梯停稳后再开门。对中途搭乘的宾客要报告电梯上、下行方向。

当电梯满载时，要彬彬有礼地对在梯外等候的宾客说：“对不起，已满员了，请稍候。”并迅速返回接客，不忘说一句：“对不起，让您久等了，请进。”

电梯运行中如发生故障，使电梯中途停驶或到楼层后梯门一时打不开时，电梯驾驶员一定不要在宾客面前流露出急躁的情绪，应一方面耐心地安慰宾客，另一方面尽快用电话与总机取得联系，尽快排除故障。

十二、酒店商场服务人员礼仪

无论是星级酒店，商务型酒店还是经济型的酒店，酒店内都配有商场。只是因酒店大小不同而商场的大小不同，有商场就得有服务人员。接下来，我们就来谈谈商场服务人员的礼仪：

商场一般设在酒店的一楼大堂内，高星级酒店除了有日常用品的商场外，还有一些国内外大品牌的商品门店，作为高星级酒店接待的来自世界各地的客人，因此，对酒店商场服务人员要求也相对较高。

首先，商场服务人员应具有酒店服务人员基本的礼节礼貌。例如，客人进门后的问候，问询客人的需求，给客人耐心导购，客人购买后的售后服务介绍等服务。

除此之外，还要求商场内的服务人员还要会一两门外语，以接待外国来宾。

最后，我们谈谈商场服务人员在服务过程中应避免的行为：

（1）以貌取人。

（2）对客人视而不见，不理不睬。

（3）工作时与同事闲聊，或做自己的私事，无暇顾及客人。

（4）服务态度差，没有工作热情。

(5) 强势推销商品或欺骗误导客人购物。

(6) 客人购物后，没有感谢或送别。

(7) 与客人发生争吵。

提到与客人争吵，笔者就有亲身经历。

案 例

一次，笔者入住一家酒店，入住后在酒店商场内闲逛，在酒店转角处有一家瓷器工艺品店，随后进入里面看看。当时店内还有一家三口，有个大约三岁的小男孩，小男孩活泼好动，四处玩耍，小孩的父母正在与一名店员在看一个水晶饰品。突然听到“咣当”一声，一个瓷瓶打碎了，当时小朋友也被吓坏了，立刻大哭起来，小孩的父母马上跑上前去看看孩子伤了没有。这时，一名店员走过来……

店员：大声地说道，这么贵的花瓶打碎了，你们做家长的也不看好自己的孩子，这样只能你们赔了，否则就要扣我们的工资了。

小孩的家长：他们意识到是自己的小孩造成的，也没与他争辩。只是说，小孩打碎也不是故意的，赔偿能否给个优惠。

店员不耐烦地说，这个瓷瓶不打折的。

小孩的家长：这不是特殊情况吗？还生气地说，一点都不人性化，找你的经理来。

店员：经理休假了。

小孩的家长：找你们酒店经理来。

这时，另一名店员拨通了酒店经理的电话，三分钟后酒店经理来到店里。首先，了解了一下情况，接下来，请客人一家坐下来，慢慢沟通。最后，按照进货价让客人作出了赔偿。客人对酒店经理的处理意见非常满意，同时，对刚刚与其争吵的店员进行了投诉。

作为旁观者，有深切的体会。如果这家酒店的服务人员的态度都像这位被投诉的服务员一样，相信，这家酒店的客人只会越来越少。因为：第一，服务人员服务态度差；第二，没有用礼貌用语；第三，处理事情不人性化；第四，就是处理突发事件没有具体的可操作或参照性的流程。

十三、保安人员服务礼仪

酒店想为客人提供家一样的感觉，就必须使酒店像家一样的安全。因此，酒店保安部是担负着保护客人人身和财产安全的重任。这就要求酒店保安部员工要有过硬的专业能力，除此因酒店又是一个服务性行业，又要求保安人员要有一定服务意识与规范。

酒店保安部员工的服务礼仪如下：

（1）仪表整洁，精神饱满。

酒店的员工因岗位不同，工装的款式也不同。保安部员工的工装就非常有代表性。因保安部保卫整个酒店的安全，所以工装的设计款式就显得很有威严。再戴上一顶大盖帽，与军警的服装极为相似，有一种震慑的力量，同时又给人一种安全感。因此保安部员工在着装时，一定要穿戴整齐，穿工装时扣子一定要扣好、腰带一定要系好、工号牌是工装的重要部分、工装要勤洗、皮鞋一定要保持干净，发型清爽利落。发型要求：前发不遮额、侧发不掩耳、后发不触领、勤剃胡须、保证睡眠，总之给人稳重干练，健康挺拔，眼前一亮的感觉。

（2）热情迎客，礼貌用语。

保安部员工因岗位的不同会分布在酒店不同的角落，有的岗位是直接面对客人，例如，前厅部保安，停车场保安、餐饮部保安，这就要求保安人员要正确使用礼貌用语、要有正确的服务意识、要有热情的服务态度，要有乐于奉献的精神。

（3）业务娴熟，尽职尽责。

对于酒店服务人员，熟练掌握自己的本职工作是根本。只有熟练掌握自己的本职工作，才能为客人提供优质周到的服务，要坚守只要在岗我就尽职尽责干好我的本职工作。

（4）高度警惕，机智勇敢。

防患于未然，时刻保持高度警惕性这是对保安人员最基本的要求。将可能发生的事故及时控制，将潜在的风险及时解决，多一份用心、多一份警觉，这样才能为客人提供一种安心、踏实的感觉。在遇到风险时，光靠勇敢是不够的，还要灵活应变，有勇有谋。

（5）尊重隐私，保守秘密。

对于星级酒店，经常会接到一些重要特殊的接待任务。例如，接待国际政要、明星大腕、重要团体等。作为保安人员一定要保守秘密，泄露秘密有时会带来无法估量的损失。在接待重要人物时，酒店往往安排 24 小时贴身安保。作为值班保安人员与客人接触得多，对客人的了解也多，这就要求保安人员要尊重对方的隐私，这也是基本的职业道德。

第七章

酒店客房服务礼仪

宾客在酒店的日常生活服务大部分是由客房服务员承担的。要提高客房服务的水平和质量，给宾客提供舒适、温馨、安全、安静、清洁的居所，客房服务员就必须要十分注意礼仪礼节。

酒店客房部又称房务部，是酒店的一个重要部门。其工作重点是管理好酒店所有的客房，通过接待服务，加快客房周转。客房是酒店一切经济活动的枢纽，带动了酒店的各种综合服务设施：宾客住进客房要到前台办理手续，交房租；要到餐饮部用餐、宴请；要在商务中心进行商务活动；还要健身、购物、娱乐等。因而客房是酒店的主体，是酒店存在的基础，在酒店中占有重要的地位。酒店客房服务水平的高低不仅是衡量酒店等级水平的标准，而且直接影响客房的销售和整个酒店的经济效益。

宾客在酒店的日常生活服务大部分是由客房服务员承担的。要提高客房服务的水平和质量，给宾客提供舒适、温馨、安全、安静、清洁的居所，客房服务员就必须要十分注意礼仪礼节。

第一节　客房部员工的基本素质要求

1. 品质优良，为人诚实，具有高度的自觉性

客房部的工作有许多是由服务员个人独立运作的。如果思想意识不健康，追求物欲，经受不住考验，那是不可能做好客房服务工作的。在打扫房间卫生时，大多数客人都不在房间，这就要求员工有高度的自觉性，凡事应自觉遵守酒店的有关规定办理。

不打私人电话；不与同伴闲聊；不可翻阅客人的书报、信件、文件等资料；不可借整理房间之名，随意乱翻客人使用的抽屉、衣橱；不可出于好奇心试穿客人的衣物、鞋帽等；不可拿客人的食物品尝；不可在客人房间看电视、听广播；不可用客房的卫生间洗澡等。这些都是服务工作中的基本常识，也是客房部工作中铁的纪律，应自觉遵守。

2. 责任心强，作风踏实，善于与同事合作

客房部的服务工作劳动强度大，而且与其他部门相比，更多的时候是不与客人直接打交道，这就要求客房员工有踏踏实实工作和吃苦耐劳的精神。在日常大量琐碎的工作中，不盲目攀比，以高度的责任心从事本职工作，时刻注意客房安全，严防火灾、盗窃和刑事案件的发生。

客房的维修、保养等需要通力合作，不少酒店按照服务规程，要求清扫客房时应两人同行、结伴互助。这就需要客房部员工具有与同事合作的能力，以营造一个和睦相处、分工明确、配合默契、心情愉快的内部工作场景，提高效率，使工作顺利完成。

3. 动手能力强，身体素质好，工作效率高

客房部工作相对来说较为繁杂，体力消耗大，客人要求标准高。因此，要求服务员的操作动作敏捷，有充沛的精力，有较强的动手能力。

客人对客房的要求是舒适、整洁、安全。而要做到舒适、整洁，最基本的要求就是搞好清洁卫生，这是客人最爱挑剔、最为讲究的。清洁而符合规范的房间，是礼貌服务的物质依托。而要保证客房能够达到舒适整洁的标准，就要求客房部员工付出巨大的努力，在辛勤的劳动中提高工作效率，否则是不可能胜任这一工作的。

第二节　客房部各岗位服务礼仪

一、客房楼层接待服务礼仪

客房的接待服务，是酒店服务的主体。客人入住酒店后，绝大部分的

接待工作是在楼层完成，而楼层接待工作又主要是由楼层台班员来完成的。楼层台班员负责本楼层的接待工作，掌握标准房间状态和客情动态，保证工作和宾客来往信息的准确传递和沟通，保持楼层安静、清洁，保障客人生命财产和酒店的安全。

优良的楼层接待服务，不仅需要整洁、舒适、安全和具有魅力的客房，而且还需要主动、热情、耐心和周到的服务。

1. 迎客准备工作

（1）楼层服务台接到前台开房（预订房）通知单后，当班台班员要做到“七知”、“四了解”。“七知”：知道客人到店的时间、知道客人国籍和身份、人数和团体的名称、知道客人生活标准和收费办法、知道其接待单位。“四了解”：了解客人的意见和要求、了解风俗习惯和生活特点、了解客人的活动日期、了解客人退房、离店的时间。

（2）清理好房间，为客人准备好各种生活用品。对贵宾房还应按接待规格，准备相应的鲜花、水果及总经理名片等。

（3）检查房内设备和用品，保证客人居住期间设备工作正常、用品完整无缺。

2. 迎宾迎接工作

（1）接到来客通知后，楼层接待员要站立在电梯口旁，恭候宾客的到来。宾客一到要致欢迎词：“××先生（小姐），您好，欢迎光临！”并行15°的鞠躬礼。节假日迎宾时，应对每一位宾客致以问候，如“新年好！欢迎光临”、“圣诞快乐！欢迎光临”等。对新婚的宾客，也要说些祝福的吉利话，如“祝你们新婚愉快，欢迎你们来到我店”。一定要记住，温柔的话语和笑脸可以使宾客忘掉旅途的劳顿，产生“宾至如归”之感。

（2）对客人手中的行李物品（没有行李员的酒店）要主动帮助提携，但要察言观色，不要硬性坚持把宾客手中的东西拿过来。另外，对老、幼、病、残宾客要及时给予照顾和帮助。

（3）引领客人要在客人左前方约1.5米，按客人的步幅前进，直至预订的房间门口。来到客房前，先敲门三下，如无异常，再用钥匙开门。开门后侧身一旁，请客人先进房，随后才进。

（4）如果是重要客人，在宾客进入客房后，要随即送上茶水和毛巾。端茶送水要根据宾客的生活习惯和时令特点。在送茶递毛巾时，必须使用托盘和毛巾夹。形成“客到，微笑到，茶到，香巾到，敬语到”的入门系列配套服务。

（5）待客人坐下休息后，要根据不同客人的具体情况介绍房间设施及使用方法，介绍酒店的各种设施，如餐厅、商场、邮电服务、美容厅、健身房等，帮助客人熟悉环境。介绍要热情、及时、详细。还要征询客人是否在房内用餐，以便及时通知餐饮部。

（6）在问清宾客没有其他要求后，应立即退出客房，不可无事逗留，以免影响宾客休息。走时说上一句“有事请吩咐”，或“如有需要，请打××号分机，我随时恭候”。退出房间时，应先后退一二步，再转身走出，同时把门轻轻拉上。

（7）有的客人到达楼层后，由于旅途的劳顿，急于休息。这时服务员要随机应变，灵活机动地简化某些服务环节。

3. 住客的日常服务与礼仪

（1）以高度的警惕性，确保住客生命和财产的安全。

随时注意往来和进出客房的人员。尽量记住客人的姓名、特征等。对不熟悉的住客，一定要其出示出入证才能为其开门，一定要与登记住宿的姓名、性别、特征相符。

有关住客的姓名、身份、携带的物品等不得告诉他人，尤其对重点客人的房号和行踪更不能随意泄露，以防意外。

未经客人同意，不得将访客引入客房内；客人不在或没有亲自打招呼、留下亲笔书面指示的情况下，即使是客人的亲属、朋友或熟人，也不能让其拿走客人的行李和物品；对出现在楼层的陌生人，必须走近询问，必要时打电话给保安部处理。

客人外出要跟房，检查房内设施是否完好并工作正常，检查房内物品是否齐全，留意有无火灾隐患或其他不安全因素。对客人进出情况及跟房情况进行详细记录。

当班期间，钥匙随身携带，保管好客房钥匙。

（2）会客服务。

宾客接待来访者，要及时根据宾客的要求，备足茶水。来访时间超过酒店规定，应提醒来访者并让其离开住客房间。访客走时，应热情相送，并注意来访者是否在没有主人陪同下带走贵重物品。来访者离开楼层时应在来访登记本上写明离开时间，当班台班员签名。

（3）叫醒服务。

客人提出叫醒要求时，一定要记录客人姓名、房号、叫醒时间，并切记实施。如要求叫醒的时间在下一班，则交班时一定要特别强调，以免耽误客人。

（4）住客要求洗衣时，要做到“五清一主动”。

“五清一主动”：房号要记清、要求要写清、口袋要掏清、件数要点清、衣料破损、污渍要看清；主动送客衣到房间。比如：收到客人衣物，发现口袋有遗留物品或钱应及时送还客人。根据客人填写的洗衣单仔细核对，并告知客人送衣时间，提醒客人是否要加快。

（5）为宾客及时提供各种周到的服务。

逢到宾客生日时，要上门祝贺，送上蛋糕；经常为宾客提供擦皮鞋之类的小服务；及时向宾客传递邮件和书报杂志；为宾客洗烫衣物时，不遗忘，不耽搁收取时间，不搞错，不弄脏；宾客如有身体不适，要主动询问病情，提醒客人是否需要诊治。要尽量满足宾客提出的一切正当要求，最好能在宾客想到之前。

（6）在工作中要着装整洁，举止大方，态度和蔼。

有事要进入客房时，进房前一定要先敲门并予以通报，这是酒店的规定，也是客房服务员必须养成的良好习惯。严禁接连不断地在门上敲打，要有节奏地轻敲，每次一般为三下。轻敲一下后如没有人答应，稍等片刻再缓敲两下。待客人同意后方可慢慢开门进入，并用温柔的语调对客人说："对不起，打扰您了。"需进入宾客房间与宾客说明事情时，应简明扼要，不能拖延逗留时间。事毕，马上离开并轻轻把门关上。

工作时，注意"三轻"，即走路轻、说话轻、操作轻。动作要敏捷、轻稳、讲究效率，尽量减少出入客人房间的次数。要养成"眼里有活儿"、"眼尖手快"的好习惯。

不要与别人闲聊或大声说话；搬运物品要轻拿轻放，保持肃静；夜晚讲话要轻声细语，不能影响客人休息。不要在走道上奔跑，以免造成紧张气氛。宾客有事召唤，不能高声回答，若距离较远，可用点头来表示自己马上就会前去服务。

在过道内行走，应沿墙边地带行走，不要并行，更不能搭肩搂腰。对迎面而来的宾客要礼让在先，主动站立一旁，为宾客让道。与宾客往同一方向行走时，不要抢道先行。在工作中，如宾客挡道，要客气地示意打招呼，请求协助。平时遇到宾客外出或回房间，都要微笑点头示意或问候、打招呼，切勿视而不见，不予理睬，这是对客人不尊重的行为。

在工作期间，不可与其他服务员聚在一起议论宾客的仪表、仪态，更不得议论客人的生理缺陷或给宾客起绰号。不要向客人打听年龄、收入、婚姻状况等私人情况。如有宾客在交谈，不要上前插话，或以其他形式进行干扰，更不能趋前旁听。不应当着宾客来访朋友的面要求付账取款。

不得先伸手与客人握手，不抱客人小孩；与客人不要过分亲热；与宾客交谈要"请"字当先，"谢谢"收尾，注意文明礼貌。

（7）妥善安顿酗酒宾客。

宾客酗酒现象在酒店时有发生，遇到这种情况，应立即通知上级和保安人员，必要时可协助保安人员将其制服，以免扰乱其他住客或伤害自己。通常应尽量将醉酒客人安置回客房休息，但要注意房内动静，及时采取措施避免客房家具受到破坏。如果在楼层走廊遇到醉客回房，切忌单独搀扶客人进入房间和帮助客人解衣就寝，以免客人酒醒后产生不必要的误会。

(8) 做好防火工作。

要坚守岗位，不串岗、不睡觉、勤巡逻。注意观察，尤其对饮酒过量的客人要特别注意。查房时，注意客人使用的电器有无拔出插座、电源开关是否关闭等。劝说客人不要将易燃物品带入客房，酒店可代为妥善保管。认真检查设施运转状况，发现问题及时报告或处理。小火灾要自己扑救，大火灾要及时报警。发生火灾时，要保持沉着冷静，一方面扑救，一方面通知楼房客人，并组织带领客人从消防通道逃生。

(9) 要有自我保护意识。

客房服务员绝大多数都是女性，在工作中还要有自我防护意识。对客人既要彬彬有礼、热情主动，又要保持一定的距离。被客人唤进客房，要让门大开，对客人关门要保持警惕。客人邀请坐下，要婉言谢绝，更不要坐在床上。尽量找借口拒绝客人邀请外出。下班后不得到客人房间串门。

(10) 对待客人的投诉，不得辩解。

工作中若发生差错，要诚恳地道歉，求得宾客谅解，不得强词夺理，推卸责任。

对于客人的投诉，应先认真耐心听取，然后表示理解。即使责任在宾客一方，也要以谦和的态度做说服工作，尽量消除误会。对投诉过的宾客，不要敬而远之，另眼相看，仍应热情地为其诚意服务。

4. 送客服务

得知客人的离店日期后，客房服务员要以自己的工作来帮助宾客做好离店前的各项准备，使其感受到热情的关照。

(1) 接到客人退房通知后，应仔细检查客人所有委托代办的项目是否已经办妥，各种账单是否结算、付清。利用宾客临行前到客房服务的机会，查看房间内的各种主要配备用品有无损坏或短缺；若有损坏或短缺，应婉转询问，请客人退回或赔偿。

(2) 宾客离店前，在可能的情况下，应主动征求客人意见，以便不断改进服务工作。征求意见时要态度诚恳，认真记录，但注意不要过多耽搁客人的时间。

（3）送别客人时，应主动协助行李员提送客人的行李物品。要诚恳、真挚地向客人表示感谢，送客至电梯口，代客按铃，并热忱道别。

（4）客人离开房间后，应迅速入房仔细检查。如客人有遗忘的物品应立即交还客人；如果已经来不及，应交送客房部办公室登记保存。同时还应检查房间小物品有无缺少，如有应妥善处理。

二、客房楼层清洁服务与礼仪

客房清洁服务是酒店提供给住客的基本服务。客房的舒适、美观、清洁，需要通过客房的整理和清扫来实现，而客房清洁员承担了这一重任。

1. 清洁卫生的标准和要求

客房清洁卫生要做到“七无”、“六洁”、“两消毒”、“一干净”。

“七无”是指无六害、无积尘、无异味、无蛛网、无污渍、无卫生死角。

“六洁”是指室内环境清洁、床上用品清洁、家具设备清洁、卫生间清洁、工作间、储物室、行李室清洁、职工工作服清洁。

“两消毒”是指茶具饮具消毒、卫生间洁具消毒。

“一干净”是指员工个人卫生干净。

2. 住房的整理

（1）客房服务员进房打扫卫生，通常在客人外出后进行。但为礼貌起见，开门前必须轻轻敲门。敲门的规范动作是：用右手的中指和食指关节轻轻敲三下门，若无回音，过五秒钟再敲三下；第二次敲后仍无回音，便可开门进房。但若敲门后听到房间内有客人的问话声，应立即报上自己的身份。进入房间后应说明来意，征得客人同意后方能搞卫生。若开门后发现客人正在卫生间或正在睡觉，或正在穿衣服，则应立即道声“对不起”，马上退出房间，轻轻将门关上。打扫房间卫生时，要一直开着房门。

（2）当房门上挂着“切勿打扰”的牌子时，尽量不要敲门，更不得擅自闯入。如正值清扫、整理房间的时间或有客人交代需尽快办理的事项，可通过电话方式向客人征询意见。但如果客人到下午还未开房间，里面也无声音，应立即报告上级。

（3）整理房间。

在客房内工作，将客人的文件、杂志、书报稍加整理，打扫后放原处，不得弄错位置，更不得擅自翻动宾客的物品，也不得向客人索取任何物品，自觉维护人格和国格。

除扔在垃圾桶里的东西外，即使是放在地上的东西也只能替客人作简单的整理，千万不能自行处理。女性用的化妆品，稍加收拾，但不要挪动其位置；即使化妆品用完了，也不得将空瓶、纸盒扔掉。

客人放在床上或搭在椅子上的衣服，如不整齐，要挂在衣柜里，睡衣或内衣也要挂好或叠好放在床上。客人洗过的衣物如挂在空调出风口、窗帘杆、落地灯架或床头灯架上，应取下来挂到卫生间浴帘杆上。

整理卫生间时，要注意一些细节：发现客人用过的牙膏盖没拧上，要为客人拧紧；梳子脏了，应为客人洗刷干净；将客人的化妆品摆放整齐等。

在服务过程中不得在客房内看电视、听音乐。除发生意外情况，不要使用客房的电话。凡打到客房内的电话，一律不要接听。客人请坐、给小费或赠送物品时，要婉言谢绝，并致谢意。

不要将工作车放在靠近房间门的一侧，以免影响客人进入。

房间清理完离开时，应环视一周，确认完好后离开。若客人不在，要切断电源锁好门；若客人在房，要礼貌地向客人道歉：“对不起，打扰了。”然后退出房间，轻轻关上房门。

三、公区卫生保洁员服务与礼仪

房务公共卫生是一项复杂、细致、专业性很强的工作，它包括大堂、公共卫生间、楼层走廊和楼梯的清洁，这项工作由公共卫生清洁员来承担。公共卫生清洁员要身穿工作识别服，工作中要保持精神饱满、表情自然、手脚利索。

1. 讲究个人卫生

公共卫生清洁员要讲究个人卫生，做到“五勤”、“三要”、“五不”和“两个注意”。

“五勤”，即勤洗澡、勤理发、勤刮胡须、勤刷牙和勤修指甲。

“三要”，即工作前后要洗手、大小便后要洗手和早晚要漱口。

“五不”，即宾客面前不掏耳朵、不剔牙、不抓头皮、不打哈欠和不掏鼻孔。

“两个注意”，即在上班前注意不要饮酒、注意不吃如韭菜、大蒜、大葱、海鲜之类有强烈异味的食物。

2. 公共卫生区的清洁

（1）工作中要提醒客人留意，给客人带来不便时，要使用“请当心”、“劳驾”、“打扰您了”、“多谢”等礼貌用语。

（2）在大堂，用尘拖清扫浮灰时，要随时留意周围走动的行人，见宾客走来要主动让道，不要妨碍他人的活动。

（3）清除烟灰缸、废纸杂物，次数要勤，操作要轻，动作要规范。若有宾客在旁，要微笑点头示意，礼貌问候，说声“您好”。保证扶手净亮，楼梯无烟头、纸屑和灰尘。

（4）在雨天揩拭大理石地面积水、在高处清洁楼梯扶手等，要注意过路宾客的安全。有条件的要设置示意牌，文明施工。在清洁公共厕所时，同样需设置示意牌。

（5）要与各楼层做好协调工作，发现污点及时清洗，做好记录。

（6）要遵守店纪店规，不得离岗，也不要与其他清洁员或服务员在工作时间一起聊天、大声谈笑。

3. 公共卫生间的清洁

（1）宾客进卫生间，应该主动问候，“请”字当头。留意宾客的需求，服务意识要强，及时向宾客提供安放随身物品的方便。

（2）一待宾客用厕完毕，迅速示意何处洗手，领先一步拧开水龙头，调节好水温，提供香皂或皂液，给宾客净手。宾客洗净手后，用夹子递上小方巾或纸巾，让宾客擦干手，或开放干手机，方便宾客烘干。

（3）根据宾客不同的需求，可适时递上梳子、指甲钳等供其使用。见宾客双肩落有头屑时，可帮助刷去。

（4）宾客离去时，要送到门口，主动拉门，礼貌道别，说声“请慢走”。

（5）不要向宾客索要小费。卫生间内无宾客时，不要懒散，不能随处靠坐，更不得在内吸烟、看书。

第八章

酒店餐饮服务礼仪

餐饮服务是由餐饮部工作人员通过手工劳动来完成的。特别是餐厅服务人员，每天需要直接与宾客接触，其服务态度、业务水平、操作技能等都直观地反映在宾客面前，其举手投足、只言片语都有可能让宾客产生深刻的印象。

酒店餐饮部是向宾客提供食品、饮料和相应各种服务的部门，餐饮的收入目前约占酒店总收入的1/3强。特别是现在，许多酒店将餐饮作为招徕客人和行业竞争的重要手段。餐饮部所管辖的范围已由原来意义上的各类餐厅扩展至酒吧、茶座、舞厅、卡拉OK厅等，已不再是传统观念中仅仅是作为提供“吃”的单一场所，而是能够提供包括交际活动、休闲娱乐活动在内的综合性多功能配套场所。餐饮经营的成功，直接影响着酒店客房和商品销售，起到互为促销的作用。因此，餐饮部在酒店中占有举足轻重的地位，在酒店的发展中能够发挥重要作用。

餐饮服务是由餐饮部工作人员通过手工劳动来完成的。特别是餐厅服务人员，每天需要直接与宾客接触，其服务态度、业务水平、操作技能等都直观地反映在宾客面前，其举手投足、只言片语都有可能让宾客产生深刻的印象。而每位服务人员由于年龄、性别、性格、所受教育程度及其职业培训程度等方面的不同，导致了为宾客提供的服务也不尽相同；另一方面，同一服务员因在不同的场所、不同的情绪、不同的时间，其服务方式、服务态度等也会有一定的差异。宾客在餐饮时要享受到主动、耐心、周到的服务，在生理上、心理上的需求能够得到极大的满足，餐饮部服务员的礼貌礼节服务显得十分重要。

第一节　餐饮部员工的素质要求

作为一名合格的餐饮服务人员，应具有正确的服务意识、良好的仪容仪表、熟练的专业知识、丰富的工作经验、恰到好处的接待客人的能力。这就对服务人员的素质提出了更高的要求。

1. 要有敬业乐业的精神

酒店餐饮服务质量的提高，需要有一支相对稳定的专业队伍。这就要求从事餐饮服务的人员，必须充分认识到餐饮服务工作与其他工作一样，都是社会生产和生活的一部分，是酒店经营运转中不可缺少的部分。只有热爱自己从事的专业，热爱工作，在实践中逐步培养对专业的浓厚兴趣，才能在本职工作岗位上端正工作态度，潜心钻研服务技能技巧。养成良好的职业道德和礼仪礼貌，是餐饮部服务人员的基本素质。

2. 树立自觉遵守纪律的观念

餐饮部通常由采购、厨房、餐厅、宴会厅和管事等五个部门组成，组织机构庞大，人员众多，分工细致，工序长，工作繁忙，而且人、财、物集于一体。这就要求餐饮服务人员必须树立自觉遵守纪律的观念，自觉执行酒店、部门的各种规章制度，这是统一协调做好工作的前提和保证。不可自行其是，使整个服务工作因某个环节出差错而导致全局混乱。

3. 具有良好的形象

由于工作环境和性质的需要，酒店餐饮服务人员应注意自己的形象，注重仪容仪表。酒店餐饮服务人员应按规定着装，服装整洁，佩戴工牌标志上岗。在修饰上，着淡妆，切忌浓妆艳抹、矫揉造作、主次不分。

讲究个人卫生，要勤洗澡、勤理发、勤刮胡须、勤刷牙、勤剪指甲。上班前不要喝酒，不要吃韭菜、大葱、大蒜、海鲜等有强烈异味的食物。工作前后要洗手，大小便后要洗手。在岗不要抽烟，按规定梳理头发。上岗时，不得佩戴夸张的饰物，除结婚戒指外，尽量不配戴多余饰物，不要抹指甲油。

站姿要挺拔、端正，给人优美之感，切忌东张西望、东倒西歪、含胸挺腹、上下不稳等。坐姿要文雅、稳重，给人温和、端庄、雅观之感，切忌前俯后仰、摇腿跷脚、弓背驼腰等。走姿要潇洒、自然、大方，给人轻捷、欢悦、洒脱之感，切忌摇肩晃脑、步履蹒跚、横冲直撞等。神态要安详、自然，笑容可掬，给人热情洋溢、充满活力之感，切忌神情不安、脸色阴沉、有气无力、心不在焉等。

4. 熟练运用专业操作技能

酒店餐饮服务的每一道工序、每一个环节，都有特定的要求和操作标准。许多工作目前还只能靠手工，如托盘、摆台、上菜、分菜等。要胜任工作，就必须努力学习，懂得各种服务的规范、程序和要求，勤学苦练，熟练掌握餐饮服务的基本技能，才有可能为优质服务奠定基础。

各种菜肴是食品的重要组成部分。中国烹饪经历代的经验积累，产生了众多的不同风格的菜系，它们是中国烹饪的精华，其烹饪技艺也是中国文化的重要组成部分。作为一名合格的餐饮部员工，对主要菜系应该有一个基本的了解，这对于更好地向客人提供服务，无疑是大有裨益的。

5. 讲究各种服务礼节

酒店餐饮服务中的礼节，依约定俗成的习惯和各种通行惯例而成的很多，并且是很有讲究的。无论是问候、迎送还是操作等环节，无不有礼仪礼节贯穿于其中。服务人员学习和掌握各种服务礼节，做到自然、礼貌地待客，这对于改进和提高服务质量有着积极的意义。要做到这些，餐饮服务人员应做到“眼勤、嘴勤、手脚勤”。

眼勤，就是要眼观六路，耳听八方。根据宾客的往来、进餐程度、举止行为，准确判断宾客的要求，及时主动提供服务。

嘴勤，就是要做到对于用餐宾客有问必答、有呼必应，主动向客人介绍和询问有关情况。同时，根据当时的具体情况，适时地向客人介绍一些名菜的典故，增加客人的兴趣，也能显示出员工的一定文化素养。

手脚勤，就是要经常在自己负责的餐桌周围自然地走走看看，及时地端茶、擦桌、收盘、送菜等。

6. 掌握文明语言运用的技巧

在酒店餐饮服务工作中，服务人员对客人的热情欢迎、礼貌接待、主动服务、周到照顾等许多方面都要通过语言来表达。作为服务人员，要讲究语言艺术，掌握文明语言运用技巧，语言要力求准确、恰当，说话要注意完整、合乎语法，要依据场合多用敬语，要注意语言、表情和行为的一致性。使用语言时，音调柔和，吐字清晰，亲切生动，简练明确，谦虚谨慎，委婉灵活，稳重大方。在尽量讲好普通话的基础上，再学习和运用一至两门外语，以利于工作的开展。

7. 具有健康的体魄

餐饮服务人员的工作，看起来并非体力劳动，实际上却是“日行百里不出门，穿梭奔忙脚不停”。无论是站立、行走、托盘等，都需要一定的功力，需要相当的腿力、臂力和腰力的有机协调结合。所以，不但要有任劳任怨的吃苦精神，还要有健康的体魄，才能胜任此项工作。

第二节　餐饮服务礼仪

一、餐厅服务员的礼仪礼节

餐厅是宾客用膳的主要场所。餐厅提供面对面的服务，其特点是时间长、需求多。餐厅服务人员有领台、值台、账台、走菜服务员。要使宾客在享用美味佳肴的同时，又感受到主动、热情、耐心、周到的满意服务，需服务人员掌握娴熟的服务技巧和具备良好的礼貌、礼节。上岗前，全体服务人员都应做好仪表仪容的自我检查，要做到仪表整洁、仪容端庄，站姿优美、规范，精神饱满。每个服务人员必须坚守岗位，随时准备向前来的宾客提供规范的礼貌服务。

1. 领台员服务礼仪

（1）热情问候。

当宾客离餐厅约 1.5m 处时，应面带笑容，拉门迎宾，热情问候："您好，欢迎光临！"或"小姐（先生），晚上好，请问后面还有人吗？（以便迎候指引）"或"您好，请问，您预定过吗？"同时用靠门一边的手平伸指向厅门，请宾客入门。

如果是男女宾客一起进来，要先问候女宾，然后再问候男宾。见到年老体弱的宾客，要主动上前搀扶，悉心照料。如遇雨天，要主动收放客人的雨具。假如宾客戴着帽子或穿有外套，应在客人抵达门口处，协助拿衣帽，并予以妥善保管。对女士应说："我们可以帮您拿外套吗？"对男士应说："我们可以替您拿帽子和大衣吗？"

（2）领位服务周到。

对已预订的宾客，要迅速查阅预订单或预订记录，将客人引到其所订的餐桌。如果客人没有预订，应根据客人到达的人数、客人喜好、年龄及身份等选择桌位。同时还应考虑到餐厅的平衡，避免某些餐桌太繁忙。

对单独光顾的客人，要为其寻找合适的位置，如靠近窗户的座位。对重要宾客，要引领到本餐厅最好的位置。夫妇、情侣来就餐，可以引领到比较安静的角落处入座。服饰华丽、容貌漂亮的女士来就餐，可以把她引领到餐厅比较醒目的地方，这样既可以满足宾客心理上的需要，又可为餐厅增添华贵的气氛。对于全家人或亲朋来聚餐的宾客，可以把他们引领到餐厅的中央餐桌就餐。年老体弱的宾客来就餐，应尽可能安排在出入比较方便的地方。对于明显生理缺陷的宾客，要注意考虑安排在适当的位置。

如果宾客要求一个指定的位置，应尽量满足其要求；如被占用，应做解释、致歉，然后再带到其他被认为满意的位置去。

靠近厨房出入口的位置往往不受人欢迎，对那些被安排在这张餐桌就餐的宾客要多说几句抱歉的话。在用餐高峰，餐厅内已无空位时，应对前来的宾客表示歉意，并及时安排客人先在休息室稍等。一旦有了空位，要马上重新整理好餐桌，并及时引领客人入座。

在引领客人入座时，领台员应说："请这边来。"如果桌子需要另加餐具、椅子时，尽可能在客人入席之前布置妥善，不必要的餐具及多余的椅子应及时撤走。为儿童准备特别的椅子、餐巾、餐刀等也应在这个时候完成。

招呼客人接听电话时，要快步走到客人右侧，轻声告知，不要在远处高声呼喊。客人离开时，留心照看好客人留放在座位上的物品。

（3）主动告别。

客人用餐结束来到餐厅门口，主动问好。将宾客送至餐厅门口时，要友好话别，诚挚地说："再见，欢迎您下次再来。"躬身施礼，目送离去。

2. 值台员服务礼仪

（1）拉座服务。

宾客走近餐桌时，值台员应以轻捷的动作，用双手拉开坐椅，招呼宾客就座。顺序上应该先主宾后主人，先女宾后男宾。在大的团体里，则应先为年长的女士服务，然后再为其他女士入座服务。可能的话，把女士安置在面对餐厅内侧的座位上，避免面对墙壁。当两对夫妇在窗边用餐时，应安排女士们坐在面对室内的位置，除非客人自己另有要求。

招呼宾客就座时，要和宾客配合默契。待宾客屈腿入座时，轻轻推上坐椅，推椅动作要适度，使宾客坐好、坐稳。如有儿童用餐，要主动调整坐椅，方便儿童入座。如有宾客需脱外衣或安放随带物品时，要主动协助。

（2）餐前准备服务。

客人入座后，送上毛巾和茶水。先送毛巾，后端茶。毛巾、茶都要用托盘端送，递送时要从主宾开始由右向左依次进行。递送毛巾时要礼貌地招呼客人，以便引起宾客的注意。递茶时切忌手指接触茶杯杯口，动作要轻缓。使用玻璃水杯时，要尽量先套上杯托，以免宾客烫手。

就餐时，取出餐布放在客人的腿部。如是中餐，对不习惯用筷子的外宾，及时换上刀、叉等餐具。

（3）点菜和推介服务。

客人坐稳后，要注意宾客要菜单的示意，适时主动送上菜单。递菜单给宾客时，菜单要从宾客的左边递上。对于夫妇，应先递给女士；如果是团体，先递给主人右手的第一位客人。如果主人表示为其全体成员点菜，菜单也要分发下去一部分。

递送的菜单要干净、无污迹。应双手递送菜单，态度要谦恭，切不可随意把菜单往宾客手中一塞或往桌上一扔就一走了之。

宾客点菜时，不要催促宾客，要耐心等候，应让宾客有充分的时间去考虑或商量决定。必要时，请酌情给予推介。

值台员应对菜单上客人有可能问及的问题有所准备。对每一道菜的特点要能予以准确的答复和描述：哪些菜是季节性的，哪些是特制的，每道菜需要准备的时间以及菜的装饰，菜的销售情况等等。当宾客一时不知决定什么菜为好时，应热心为其当好参谋，主动推荐本餐厅的特色菜、时令菜、创新菜等供宾客选择。介绍时要讲究说话方式和语气，不要勉强或硬性推荐，以免引起宾客反感。

记录客人点菜时，应站在客人的左侧。注意站立的位置，身体不能紧靠餐桌，手不能按在餐桌上。同宾客说话时要始终保持微笑，上身略微前倾，思想集中，听清宾客所选择的菜肴、点心、水果和饮料，并及时作好详细的记录。当主人表示客人各自点菜时，服务员应先从坐在主人右侧第一位客人开始记录，并站在客人的左侧按逆时针方向依次接受客人的点菜。为了避免差错，在宾客点完后，应重复一遍作核对，以免差错和事后的纠纷。

如客人点的菜在菜单上没有列出，不可一口回绝，而应尽量满足其要求。可以礼貌地说："请允许我马上和厨师长商量一下，尽量满足您的要求。"如宾客点出的菜已无货供应，不得简单地说一声"卖光了"。而应礼貌地致歉解释，求得宾客的谅解，并婉转地建议宾客点其他的菜。

要与厨师密切配合，协调好关系，在对客服务中不得相互推诿，更不得在宾客面前争执，暴露内部矛盾。

（4）斟酒服务。

斟酒要严格按照规格和操作程序进行。斟酒时，打开酒瓶盖或饮料盖，站在客人的侧后。倒酒时从右侧倒，注意不可站在同一位置为二位客人同时斟酒。

斟酒时先倒烈性酒，后倒果酒、啤酒、汽水、矿泉水。倒香槟酒或其他冰镇酒类，要用餐巾包好酒瓶再倒，以免酒水滴落在宾客身上。

斟酒的浅满程度，要根据各类酒的要求来斟。中餐常要斟满杯，以示对客人的尊重；西餐则有所不同，斟白酒一般不要超过酒杯的3/4，这样能让客人在呷一口之前有机会闻到杯内白酒的芳香；红酒一般只斟2/3杯，因为红酒杯比白酒杯大，一次不宜斟得过满；斟香槟酒要分两次斟，第一次先斟2/3杯，待泡沫平息下来，再斟至2/3或3/4杯即行；斟啤酒或其他发泡酒时，因其泡沫也较多，斟的速度要慢。

斟酒的顺序是先斟给主人右边的一位，再按逆时针方向绕桌斟酒，主人的酒最后斟。斟酒时，瓶口不要碰到杯口，以防把杯子碰坏或将杯碰翻；但也不要拿得太高，过高酒水易溅出。当偶尔操作不慎将酒杯碰翻或碰碎时，应向客人致歉，立即调换，并迅速铺上抹布，将溢出的酒水吸干。宴会中斟酒时，应由宾客选择用哪一种酒，值台员不得自作主张。如有酒水溅洒在宾客身上，要及时递送毛巾或餐巾协助擦拭；但如果对方是女宾，男值台员不要动手帮助。

（5）餐间服务。

在客人就餐服务过程中，要眼观六路、耳听八方，眼睛应始终注意到餐厅的每一位客人。发现宾客在需要帮助时表现出来的各种迹象（手势、表情、姿势等），应上前询问，并随时迅速应答宾客的招呼。

如客人将烟叼在嘴上，两手在摸口袋时，应及时主动上前帮其点火。但要掌握好火苗的位置与大小，切不可烧及宾客的鼻子、胡子等。点烟时，不要用同一根火柴去为三位宾客点烟。如客人在进餐时起身或张望，表明客人有事求助或询问，服务员应主动迎上去给予帮助。如客人将壶盖抬离壶口或将茶壶拿起时，应主动加茶水。

当客人要求帮助，而服务员正在给其他桌上的宾客服务时，应对客人打手势或点头微笑，表示自己已经知道，使宾客放心。

如有宾客的物品，尤其是女宾的物品，不慎掉落到地上，应立即帮助其拾起，双手奉上，不可视而不见。

宾客间谈话，不可侧耳旁听；在客人低声交谈时，要主动回避，更不能随便插话。

宾客有事招呼时，要迅速上前服务，不得漫不经心，但也不要紧张地跑步前去询问。

在服务中，如需与客人交谈，要注意适当、适量，不要滔滔不绝、喧宾夺主、乱发议论。要顺着客人的意思讲，不要与客人争辩。

如宾客不慎把餐具掉落在地上，应立即上前取走，随后为其更换干净的餐具，决不可在宾客面前用布擦一下再给宾客使用。

对已有醉意的宾客要注意观察，给予特别关注，要以礼相待，掌握宾客的心理。在发生意外情况时，要保持头脑冷静，及时向主管反映，以便妥善处理。对酒醉客人收找现金时，尽量当着除醉客以外的人进行。

（6）结账服务。

宾客示意结账时，不要用手直接把账单递送给宾客，而应尽快把账单放在垫有小方巾的托盘（或小银盘）里递到宾客面前，请客人核对。为了表示尊敬和礼貌，放在托盘内的账单正面朝下，反面朝上。宾客无意离去时，切不可催促，要求宾客提前付款结账。宾客付账后，要表示感谢。

如宾客要直接到账台向收银员付款结账，应客气地告诉其账台的确切位置，听其自便。

（7）送客服务。

在宾客用餐完毕，起身离座时，应及时主动上前为其拉开坐椅，方便行走。宾客出门前应提醒其不要遗忘随身物品。值台员要准确地将衣帽物品取递给宾客，并热情帮助穿戴，并借此机会了解宾客对饭菜是否满意、服务是否周到等等。假如有什么令客人不满意之处，应向客人解释并表示歉意。

客人离店时，要热情道别，说一声“再见，欢迎再次光临”的问候语，欢迎宾客下次再来。

3. 走菜服务员服务礼仪

（1）走姿自然。

走菜时，要注意自己行走的姿态，宜轻松自然。走菜途中，切忌私下品尝菜点，这是严重的违纪和不文明的行为。

（2）忙而不乱。

走菜工作紧张、繁重和劳累，因此要倍加注意忙而不乱、不出差错。走菜途中，要注意前后左右的行人和地面是否湿滑，避免碰撞和跌倒导致翻盘而发出巨大声响，惊吓到正在用餐的宾客。要注意自己的个人卫生，不要满头大汗出现在宾客面前。热时不能解开领口、敞开衣领、挽起袖子，甚至卷起裤脚。

（3）严遵上菜规则。

上菜要严格按照上菜规则进行。掌握好上菜时机和遵循一定的上菜程序，并根据宾客的要求和进餐的快慢灵活掌握。

上菜要从宾客的左边上，最好在陪同或翻译之间进行，不要在主宾之间进行，以免影响来宾用餐。

摆菜要讲究造型艺术，注意礼貌，尊重主宾。酒席中的头菜，其看面要对正主位，其他菜的看面要朝向四周。比较高档的菜或有特殊风味的菜，要先摆在主宾位置上，在上下一道菜后再顺势撤摆在其他地方。

每上一道菜要报菜名，并简单扼要地介绍其特点。注意，说话时切不可唾沫四溅。

分菜时，高级宴会按照先男主宾、后女主宾（一般酒席宴会按照先女主宾后男主宾）、再主人和一般来宾的顺序逐次分派。分菜要注意将菜肴的优质部分分给主宾或其他宾客，要掌握好分量，分派均匀。

添菜时，应征求客人的意见，如客人谢绝，则不必勉强。每道菜上完第一轮后，待有客人吃完时再上第二轮。如不上第二轮，则将菜盘内的菜稍作调整放在桌上，让客人需要时自取，待下道菜上来前撤下。

宾客若打听菜点的原料或制作方法时，要热情介绍；如自己也并不了解，可在请教厨师后给宾客一个满意的答复，并对宾客偏爱本店的佳肴表示感谢。

客人祝酒或发表讲话时，应停止上菜，但要及时斟酒，以便干杯。

（4）撤餐礼貌。

在撤换餐具时，要注意客人是否吃完（西餐可看刀叉是否已合拢并排）。如无把握，应轻声询问，切不可在客人正在吃时撤餐具，那是很不礼貌的。上、撤餐具要轻拿轻放，动作要优雅利索。

餐毕，桌上仍剩余一些菜肴，宾客表示希望带走时，应为其提供食品袋，并代为包装，方便宾客带走，决不可见此而嘲讽宾客小气。

餐毕后的清扫工作，必须在所有宾客全部离去后进行，不可操之过急。当着还没用完餐的宾客打扫环境卫生是不文明、不卫生的失礼行为。

二、中餐服务礼仪

1. 客人订餐

（1）服务要主动，态度要热情，面带微笑，语言亲切。

（2）服务员询问客人用餐时间、订餐内容、座位时要准确，复述客人姓名、房号、用餐人数与时间要清楚。

（3）做好记录，提前安排座位。

（4）电话订餐或订座，电话铃3响内接听；繁忙时请客人稍候，并表示歉意。

（5）接听电话态度要和蔼，语言要清晰。

（6）预订准确，安排适当，等候客人到来。

2. 迎接客人

（1）客人来到餐厅，领位员主动问好，微笑相迎。

（2）对常客或回头客能称呼姓名。

（3）协助客人存放衣物，按顺序引导客人入座。

（4）订餐订位客人按事先安排的座位引导。

（5）客满时请客人在门口或休息室稍候，安排好休息座位，告知客人大致等候时间。

3. 餐前服务

（1）客人来到餐桌，值台服务员要仪容整洁、仪表端庄、面带微笑地迎接客人，拉椅请客人就座。

（2）台面台布、口布、餐具、茶具整洁干净。

（3）客人坐下后，主动问好，双手递上菜单，询问客人用何茶水。上茶、斟茶服务要规范，递送餐巾、香巾要主动及时，服务周到。

4. 开单点菜

（1）客人点菜，服务员应态度热情、主动推销。

（2）服务员熟练掌握餐厅菜肴品种、风味、价格。

（3）对客人的问题有问必答。

（4）推销意识要强，针对性强。

（5）点菜单一式三份，分送收款台、传菜间各一份。

5. 上菜服务

（1）各餐桌按客人点菜顺序先后上菜。

（2）无先到后上、后到先上现象发生。

（3）客人点菜后，20 分钟内开始上菜，除甜品、水果外，45 分钟内出齐。

（4）需增加准备时间的菜肴事先告诉客人大致等候时间。

（5）上菜遵守操作程序，使用干净托盘，掌握上菜节奏与时间。托盘走菜姿态轻稳，无碰撞、打翻、溢出现象发生。

（6）菜点上桌，双手呈放，摆放整齐、规范。

（7）爆炒食品上桌，示意客人遮挡。

（8）菜肴饮料上桌齐全后告诉客人，祝客人用餐愉快。

6. 看台服务

（1）菜点上桌，示意客人用餐，为客人斟第一杯酒水。

（2）客人用餐过程中，适时体察客人需求，照顾好每一台面的客人。适时为客人添斟酒水。

（3）上菜、撤盘遵守操作程序，需要客人用手食用的食品，同时上盛有茶水的净水盅。

（4）根据客人进餐需要，适时撤换脏骨盘、整理台面。

（5）客人吸烟，打火要及时，烟缸撤换及时，烟缸内烟头不超过3个。

（6）餐厅为不吸烟的客人设无烟区，桌上立有标牌。

（7）整个看台服务做到台面照顾全面周到，上菜撤盘准确及时，待客服务周到细致。

7. 收款送客

（1）客人用餐结束，账单呈客人面前，账目清楚，核对准确，客人付款当面点清；客人挂账的，签字手续规范，并表示感谢。

（2）客人起立主动拉椅，提醒客人不要忘记个人物品，主动征求意见，告别客人。

（3）客人离开后，撤台快速，动作轻稳，3分钟内重新整理好餐桌，餐茶酒具摆放整齐规范，准备迎接下一批客人。

（4）撤下的台布、口布、餐具存放到指定地点。

三、西餐服务礼仪

1. 餐前准备

（1）每餐正式开餐前，服务员应将餐厅收拾整洁干净。

（2）台面摆放整齐、横竖成行，餐具布置完好、整洁大方，环境舒适。

2. 客人订座

（1）服务要主动，态度要热情，面带微笑，语言亲切。

（2）服务员询问客人用餐时间、订餐内容、座位时要准确，复述客人姓名、房号、用餐人数与时间要清楚。

3. 迎接客人

（1）领位员要熟知餐厅座位安排、经营风味、食品种类、服务程序与操作方法。

（2）微笑相迎，主动问好，常客、贵客要称呼姓名。

（3）引导客人入座，遵守礼仪顺序。

（4）订餐、订座客人按事先安排引导，座位安排适当。

（5）客人入座，主动拉椅，交桌面服务员照顾。

4. 餐前服务

（1）客人入座后，桌面服务员主动问好，及时递送餐巾、香巾。

（2）询问客人餐前用鸡尾酒、饮料或冰水，服务操作主动热情，斟酒、送饮料服务规范，没有滴撒现象。及时双手递送菜单。

5. 开单点菜

（1）客人审视菜单并示意点菜时，服务员立即上前，询问客人的需求，核实或记录内容。

（2）注意客人所点菜肴与酒水匹配，善于主动推销，主动介绍产品风味、营养与做法。

6. 上菜服务

（1）客人点菜后，服务员应按面包、黄油、冷菜、汤类、主菜、旁碟、甜点水果、咖啡、红茶顺序上菜。

（2）20 分钟内送上第一道菜，90 分钟内菜点出齐。菜点需要增加制作时间，告知客人大致等待时间。各餐桌按客人点菜先后次序上菜。

（3）上菜一律用托盘，热菜食品加保温盖。托盘走菜稳，姿态端正。菜点上桌介绍产品名称，摆放整齐。为客人斟第一杯饮料，示意客人就餐。

（4）上菜过程中，把好质量关，控制好上菜节奏、时间与顺序，无错上、漏上、过快、过慢现象发生。

7. 看台服务

（1）客人用餐过程中，照顾好每一个台面的客人。客人每用完一道菜，撤下餐盘刀叉，清理好台面，摆好与下一道菜相匹配的盘碟刀叉。服务操作快速、细致。

（2）符合西餐服务要求，每上一道菜，主动及时为客人分菜、派菜。分派操作熟练准确，斟酒及时。

（3）客人需要用手食用的菜点，同时上茶水洗手盅。

（4）客人用餐过程中，随时注意台面整洁。及时撤换烟缸，烟缸内烟头不超过 3 个。上水果甜点前，撤下台面餐具，服务要及时周到。

8. 结账清台

（1）客人用餐结束示意结账时，服务员应将账单准备妥当，账目记录清楚，账单夹呈放在客人面前，收款、挂账准确无误。

（2）客人结账后，表示感谢。

（3）客人离座，服务员要主动拉椅，提醒客人不要忘记个人物品，微笑送客，主动征求意见，告别客人。

（4）客人离开后，清理台面快速轻稳，台布、口布、餐具按规定收好，重新铺台摆放餐具，3 分钟内完成清台、摆台，重新整理好餐桌，准备迎接下一批客人。

第三节　酒吧礼仪礼节

酒吧是为宾客提供酒水、饮料并让其欣赏音乐、消除疲劳、交际娱乐的场所。酒吧重在气氛与格调。酒吧招待员的服务必须与高雅、幽静的酒吧氛围相协调。

一、酒吧招待员服务礼仪

1. 笑迎宾客

（1）客人到来，热情问候。同餐厅服务一样，礼貌地引领他们到使其满意的座位。酒吧服务中，不管哪位客人要酒，酒吧服务员都必须动作优雅、笑脸相迎、态度温和，以此显示自重及对客人的尊重。

（2）恭敬地把清洁的酒单递上，恭立一旁，听候客人的吩咐。呈递酒单时先要向客人问候，然后将酒单放在客人的右边。如果是单页酒单，应将酒单打开后递上；若是多页酒单，可合拢递上，同时将今日特色菜和特别介绍推荐给客人参考。仔细地听清、完整地记牢宾客提出的各项具体要求，特别要留心宾客的细小要求，如“不要兑水”、“多加些冰块”等。一定要尊重宾客的意见，并严格按照宾客的要求去做。给客人开票时，站在客人右边记录，上身略前倾，保持适当的距离，手中拿笔和单据，神情专注。不可把票簿和笔放在客台上书写。写完后，要把客人所点饮料、食品等复述一遍并表示感谢。

（3）当宾客对选用哪种酒或饮料及小吃拿不定主意时，可热情推荐。

2. 调酒上酒

（1）宾客走到吧台前，调酒员应主动热情招呼，根据宾客的要求斟倒或调制各种饮品。在宾客面前放酒杯时，应由低向高慢慢地送到客人面前。

（2）调酒服务和上酒服务时一般不背向宾客。转身取后面的酒瓶时，也要斜着身子取。送酒时要记住客人，避免送错和询问。了解本酒吧的酒类牌号，别让客人浪费时间来询问。养成习惯，主动介绍酒吧各种酒类的牌号。

（3）酒品服务的许多操作过程都要求当着宾客的面进行。服务人员必须十分注意操作技术，讲究动作的正确、迅速、简便和优美，使其具有浓厚的艺术色彩。摇晃调酒壶的动作不要过大或做作，要使各种动作做得恰到好处。要随时清洁好调酒壶、调酒杯、过滤器、调酒匙、搅棒等用品。

（4）为宾客上酒或饮品时，注意使用托盘端送，并应从宾客右侧送上。有女宾要先为女宾服务。摆放时，先放下杯垫后上酒或其他饮品。操作时一定要轻拿轻放，并注意手指不能触摸杯口，要拿杯子的下半部或杯脚，让宾客感到礼貌、卫生。

3. 开瓶服务

（1）开瓶时应站在男主人右侧，右腿伸入两把椅子中间，身体稍侧，显示出商标以后再开塞。要注意瓶口始终不能对着客人，以防酒喷出洒在客人身上。开瓶时动作要准确、敏捷、优美。应将瓶口对着自己，并用手遮挡，以示礼貌。开瓶后，将少许酒倒入男主人的酒杯内，等待主人试酒。如果认为满意，在主人的示意后就可以为客人倒酒。

（2）如宾客点整瓶酒，在开启之前应让宾客过目一下，一是表示对客人的尊重，二是核实一下有无误差，三是证明酒品的可靠。这时服务员可站在主要饮者的右侧，左手托瓶底，右手握瓶颈，商标面对客人让客人确认。

（3）开香槟酒要格外小心。香槟酒因瓶内有压力，大部分瓶塞压进瓶口，上有帽形一段塞子露在瓶外，并用钻丝绕扎固定着。在开瓶时要用左手斜拿瓶颈，与地面约成45°角，大拇指压紧塞顶，用右手转动瓶颈上金属小环使之断裂，然后把金属丝和箔拔去，再用左手捏紧瓶塞的上段，用右手转动酒瓶，让瓶内的压力轻轻地把塞子顶出来，随即会发出清脆的响声。注意不要拧瓶塞或拔瓶塞，以免瓶塞碎裂后爆出来。当瓶塞拔出后，要让瓶身保持45°倾斜几秒钟，以防酒从瓶内溢出。

（4）开红葡萄酒。红葡萄酒在呈示给主人以后，如室温条件允许，应在桌上直接开启。使酒与氧气接触，散发掉部分酸气。一般红葡萄酒是随主菜一起上。

（5）开启后的酒瓶，一般放在主要客人的右侧。开启后的封皮、木塞等物，不要直接放于餐桌上，一般以小盆盛之，离开餐桌时一起带走。

4. 斟酒服务

（1）在斟酒之前，服务员要将瓶身揩擦干净，特别要把瓶口部位擦净。嗅一下瓶塞的味道，变质的酒有异味。若瓶子有破裂或变质的酒水需及时调换。用托盘摆已开瓶的酒水饮料时，要将较高的瓶放在里面靠近胸前，较低的瓶放在外面，这样容易掌握托盘的重心。

（2）斟酒时，一般不要用抹布把瓶身包起来，因为客人通常都喜欢看到他们所饮酒的商标。另外根据礼仪和卫生法规，服务员的手不能触及酒杯的杯口，空杯也如此。斟酒时，瓶口不要碰触酒杯，但也不宜拿得太高，过高则酒水容易溅出杯外。因操作失误而碰翻酒杯时应迅速铺上餐巾，将溢出的酒水吸干。斟酒时，用右手抓住瓶身下方，瓶口略高于杯1~2厘米。斟完后将瓶口提高3厘米，旋转45°后抽走，使最后一滴酒均匀分布于瓶口以免滴在桌上。斟酒完毕，应用酒布擦瓶口。

（3）斟酒时服务员应站在客人右侧，面向客人，左手托盘、右手持瓶，用右手侧身斟酒。注意身体不要紧贴客人，但也不要离得过远。所有的饮料包括酒、水、茶都应从客人右边上，绝不可左右开弓。遵守适当的程序为客人斟酒。如果是宴会，要先斟给坐在主人右边的一位，即主宾，再按逆时针方向绕桌斟酒，主人的酒最后斟。如果有携带夫人的外宾参加（欧美客人、日本客人除外），要注意先给夫人斟酒。高级宴会的斟酒顺序则是：先主宾，后主人，再斟其他客人。

（4）如果有餐厅特配的特色酒，要重点向客人作介绍。所点的酒记录下来，要再向客人复述一遍它们的名字。上鸡尾酒时应核对一下，以免与其他客人点的酒搞错。上鸡尾酒应从右边上，把它们放在餐具的右边或底盘的前面，假如没有底盘可直接放在客人的面前。上鸡尾酒后，把清洁的菜单呈给客人，点鸡尾酒可以使客人多点一些菜。

（5）根据酒的种类掌握好斟酒的程度。斟毕，将持瓶手向右旋转 90°，同时离开杯具上方，使最后一滴酒挂在瓶上而不落在桌上或客人身上。然后，左手用餐巾擦拭一下瓶颈和瓶口，再给下一位客人斟酒。服务员每斟一杯，都需要更换一下位置，站到下一位客人右侧。

（6）手握酒瓶的姿势各国不尽相同。西欧诸国主张手掌握在酒瓶商标上，而我国主张使酒瓶上的商标对着客人。服务员可根据当地习惯去做。

凡使用酒篮的酒品，酒瓶颈背下应衬垫餐巾或纸巾，可以防止斟倒时酒液滴出。凡使用冰桶的酒品，从冰桶取出时，应以一块折叠的餐巾护住瓶身，以防冰水滴洒，弄脏台布和客人衣服。

（7）中餐以满杯为敬酒。西餐则不同，斟白酒最好不超过酒杯的 3/4，红酒不超过 2/3 为宜，啤酒盛 1/2 杯左右即可。斟香槟酒要分两次斟，第一次先斟 1/4 杯，待泡沫平息下来后再斟至 2/3 或 3/4 即可。斟啤酒或其他发泡酒时，因其泡沫较多，斟酒速度要放慢；必要时亦可分两次斟，或将杯子倾斜，让酒沿着杯壁流下来，泡沫就可少些。

5. 周到照顾客人

（1）判断客人是否醉酒。

对是否醉酒，判断要准确。如果认为客人已达到极限，就要主动有礼貌地劝阻，建议客人喝一些不含酒精的软饮料，如咖啡、果汁、矿泉水等。我国餐厅和酒吧大都是女服务员。如果客人不听劝阻继续狂饮，甚至有越轨的苗头，而且你也没有把握平静地处理好这件事，应将事情的经过及客人的态度和行为告诉主管，由主管来处理解决。

对已经醉酒的客人要主动照料。如有的客人神志不清、站立不稳，服务员应主动搀扶，护送到房间。入房后，可先让客人喝一杯浓茶解酒，后送凉毛巾擦脸，使之清醒。如客人呕吐时，服务员要及时清理脏物，安置客人上床入睡。

（2）与客人聊天。

来酒吧的客人，尤其是单身客人，总希望在饮酒之余与服务员聊天。在一些场合，这种情况对酒吧服务员来说是饶有兴趣的；但也有些场合，特别是接待一些平庸的客人时，那就会令服务员感到厌烦和无聊。这时如果客人说："小姐，您真美，能陪我一下吗?"这时服务员要镇静，有礼貌地对他说："先生，您看，这么多人需要我的招呼，实在对不起。"

（3）考虑客人爱好。

如酒吧为客人设有电视或音响设备时，在选择电视频道和音乐的类型时应考虑客人爱好，而不是只考虑酒吧员工的爱好。

6. 推销酒水

（1）介绍酒吧的优势。

记住酒的名称、品种、箱号和价格等信息，适时介绍酒吧的优势。

（2）呈示酒单。

有些餐厅，点酒和点菜是同时进行的，但更多的是在点菜后点酒。在客人点菜完毕后，服务员将酒单呈递给客人。在点菜后呈递酒单，是因为客人要根据所点的食物来选择佐餐酒。

（3）注意声誉。

酒吧服务员有责任介绍调酒的用料，酒的牌子，以树立酒吧声誉。经过这么一介绍，客人就会在心里觉得酒味确实很好，来这里喝酒合算，从而留在这里度过整个晚上，再不去别的酒吧了。酒吧生意好坏，是依靠服务与质量来吸引客人。

7. 注意仪表仪态

在服务过程中，服务员要注意站立的姿态和位置，不要将胳膊支撑在吧台上，也不要和同事聊天或读书看报等。不得侧耳细听宾客谈话，尤其不要在宾客窃窃私语时随便插话。不得将脚踩在椅架上，或将手搭在椅背或客人身上。

斟酒时不要说话，以免口水飞溅。如果需要与宾客交谈，要记住自己的身份和职责，不能因与一些宾客交谈而影响工作，忽视照料其他客人。

如果个别客人用“喂”、“哎”等欠礼貌的语言招呼时，不能发火或不理睬客人。如果正在忙碌中，可以回答：“请稍等片刻，我马上就来。”不要因此而乘机表现出冷淡。

二、酒类服务礼仪

1. 白葡萄酒服务礼仪

饮用前须冰镇，温度应为 7～13℃，过度冷却会使酒的香味减少。将冰酒桶装满三分之一桶的冰和水，然后将白葡萄酒放入冰桶中冷却 15 分钟，一般可达到适宜温度。冰桶的位置放在主人的右后方，不要放在餐桌上。对冰镇过的酒，倒酒时都要用餐巾包住酒瓶，防止水滴下，亦可防止酒的温度上升。

2. 香槟酒服务礼仪

先将香槟酒放在冰桶内冷却半小时，冰镇香槟酒比白葡萄酒时间长，这是因为香槟酒瓶较厚。开瓶时小心翼翼，先把锡箔割开、除去。用右手将封口铁丝扭开，左手大拇指压住软木塞顶部。假如软木塞已开始上升，则用餐巾盖住软木塞，并将酒瓶倾斜成45°角，压住软木塞，让瓶内压力慢慢将木塞顶出。这一般是在未充分冷却的情况下发生。假如软木塞未上升，则把包住瓶口的餐巾拿开，而后用左手拿住软木塞、右手抓住瓶底，使压力慢慢逸出，不要让软木塞砰然弹出。将瓶子倾斜几分钟再除去软木塞，可以防止香槟酒喷涌。

除去软塞后，把瓶口擦一下，然后在主人的杯中倒入一点酒，以求认可。倒酒时商标向着客人，并根据情况决定是否使用餐巾裹住酒瓶。和其他酒的服务一样，为客人倒酒每次约3盎司。倒完酒后，把香槟酒放入冰桶，保持冷却。

3. 啤酒服务礼仪

要做好啤酒服务礼仪，首先要学会辨别啤酒的优劣，给客人提供优质的啤酒，让客人喝得放心、喝得开心。

专家说，质量好的啤酒应是淡黄色或是悦目的金黄色，清亮透明，无沉淀；把啤酒倒入干净的杯子里，立刻有洁白细腻均匀的泡沫上升，挂杯持久，时间可持续4至5分钟以上；用鼻子闻有酒花幽香和麦芽的芳香味；入口感觉酒味纯正，清洌爽口。而质量差的啤酒往往是酒色黄浊，黏性大，甚至有悬浮物；且泡沫粗大，消散快，不挂杯；闻起来有腥味或其他异味；入口有老熟味、酵母味或苦涩味。

另外，要留意酒瓶的标签上有无商标、产品合格证、酒名、规格、生产厂名、地址、执行标准、产品质量等级、原料成分表、保质期、生产日期等；若购买进口啤酒要留意有无中文标签、经销商名称、经销商地址以及上述标签上的内容，要留意啤酒瓶底上方20厘米处有没有“B”字标记、瓶子生产的日期，国家规定啤酒瓶的使用年限为两年。注意不要买到伪劣或酒瓶存在不安全因素的啤酒，以免向客人销售后造成不良影响，使酒店声誉受到损害。

倒啤酒时，服务员应将啤酒瓶口紧贴着杯口的边缘，防止啤酒外溢。如果杯内泡沫太多，应稍停片刻，待泡沫消退后，再将啤酒倒满。

4. 米酒服务礼仪

米酒由稻米酿造，酒精含量约17%，是一种淡的酒精饮料，在我国比较流行。中国的黄酒便是典型的米酒。

饮米酒可增进餐厅的喜庆气氛，还可以当作调料来增加菜肴的味道。米酒有许多品种，从烧菜用的到高档宴会用的。为了品尝到米酒的神韵，最好在饮用前将酒加温，一般用热水将酒烫到37.5℃左右，略高于体温。

5. 咖啡服务礼仪

使用咖啡时要注意包装上注明的日期，注意不要超过有效保存期。不要将咖啡同其他气味激烈的食物放在一起。可能的话，只在需要时才将咖啡豆粉碎。咖啡像胡椒一样，一粉碎就会很快失去香味。使用新鲜的咖啡豆时，咖啡质量较高。为了保证咖啡的香味和质量，咖啡豆必须适当焙制。焙制时间过短，产品无特点，比较淡；焙制时间越长，则味越强。

咖啡的最佳冲饮温度是96℃，并保持90.5℃。咖啡不应煮得太久，否则会破坏香味。大多数酒吧用咖啡壶煮咖啡，然后再倒入客人的咖啡杯中。喝咖啡时应加奶糖，牛奶与糖应在桌上准备好。在客人的右边送上，咖啡杯应放在底碟上，咖啡的把手向右；咖啡勺放在碟上，放在咖啡的右边。

6. 瓶装矿泉水服务礼仪

瓶装矿泉水饮用前需经过冰镇，适宜的饮用温度为4℃左右。瓶装矿泉水应在桌上当着客人的面打开，而后倒入客人的杯中。除客人提出要求外，不要在客人的杯中加冰块或柠檬片。

在所有的饮料服务时，有一点须提及：杯子的温度。冷的饮料，杯子要预先降温；而热的饮料，杯子应预先加热。这样，用杯子盛饮料时不会因杯子的温度而引起饮料温度的变化。

第九章 酒店涉外礼宾礼仪

随着国际交往的扩大，每年旅游涉外酒店都会接待来自世界各国的大量宾客，还有可能配合外事部门承担某些方面的接待任务。在这些交际活动中，通常需要遵循一定的国际惯例和已被认同了的约定俗成，必须讲究一定的规格和形式。

随着国际交往的扩大，每年旅游涉外酒店都会接待来自世界各国的大量宾客，还有可能配合外事部门承担某些方面的接待任务。在这些交际活动中，通常需要遵循一定的国际惯例和已被认同了的约定俗成，必须讲究一定的规格和形式。因此，酒店员工必须掌握对外活动的接待准备、迎送、宴请、会见与会谈、礼宾次序与仪式等方面的国际礼仪礼节的基本常识。

第一节　涉外礼仪的基本原则

外事工作主要是指根据本国的对外方针政策组织、安排的对外交往的有关活动。外事礼仪是指在对外交往中所涉及的礼仪活动和各种礼节、仪式的规范化做法。外事礼仪具有较高的政治性、固定性与变通性，在外事活动中应遵循以下的基本原则。

1. 国家之间一律平等的原则

我国外交政策强调，国家不分大小、强弱、穷富，相互之间一律是平等的交往关系。因而，任何单位、任何部门、任何个人在外事交往活动中必须贯彻平等原则，要热情友好、落落大方、彼此尊重、不亢不卑，坚决反对大国主义，应时时处处维护国家利益。

2. 尊重国格、尊重人格的原则

在涉外交往中，既要维护本国的利益、尊严，又要尊重他国的利益和尊严。国家不分贫富大小，人不分种族信仰，一律平等以礼相待，不能厚此薄彼，不能做任何有损国体、有辱国格的事。在与外宾交往中，既要坦诚、谦恭、热情、周到，又不能低声下气、卑躬屈膝、失去自我，要自尊自爱。

3. 遵守外事纪律的原则

在外事接待工作中，要维护国家主权和民族尊严，自觉遵守外事纪律，不得随意同外国人谈论我国不向外公布的消息，以免泄密。在对外交往中，严禁利用工作之便营私牟利，公开或暗示地向对方索要礼品。对于外国人出于友好馈赠而不便拒收的纪念品或礼品，可以收下；但必须由专人负责登记，并向上级有关部门汇报，按规定处理。不得背着组织与外国机构及个人交往；不能答应外国客人提出的不合理要求；参加外事活动，要严格按规章制度办事。

4. 注重礼仪与礼节要求的原则

我国对外政策要求交际礼仪与接待礼节相适应，做到礼仪周到而不繁琐，热情接待而不铺张，活动内容丰富而不累赘。接待外宾的人员应仪容整洁，仪表大方，表情亲切、自然，熟悉各国各民族的风俗习惯。陪同外宾时要注意自己的身份和所站的位置，言行举止要符合礼仪要求，坐立姿态应端庄，对外宾的穿着不评头论足，以使来宾真有“宾至如归”之感。

5. 尊重妇女的原则

尊重妇女在西方显得特别突出。其核心内容就是在社交场合中，男士要照顾、礼让女士。尊重妇女在西方被简洁地归纳为“女士优先”，并且体现在每一处有男士和女士的场所。比如，上车下车、上下楼梯、进出电梯时，都应礼让妇女，让其先行，并主动予以照顾，必要时给予适当的帮助。在旅途中，对同行的妇女，男士应帮助提携较重的物品。在介绍时，先把男士介绍给女士，先把友人介绍给母亲。与女士同行，男士应走在靠外的一侧，女士则走在贴近建筑物的一侧；进出大门，要主动帮助其开门、关门。进出屋时，也可以帮助其穿、脱大衣外套。参加社交集会时，先到的男士应站起来迎接女士。同桌用餐时，男子也应主动帮助其入座、离席。

6. 尊重各国风俗习惯的原则

不同的国家、民族，由于不同的历史、文化、宗教等因素，各有其特殊的风俗习惯和礼节。在外事交往中应予以重视，尊重不同国家和地区的民族礼仪和地方礼仪特色。

第二节　接待准备与迎送宾客

一、接待准备

外宾来访可分为官方和民间两种形式。官方的接待准备工作主要是由外事部门负责主持、联系和安排；民间性质的来访有时由业务对口部门直接负责接待，但最终都得由酒店承担主要的接待工作。为了做好接待工作，酒店要根据外事工作的特点和要求，做好各项接待准备工作。接待准备工作主要包括了解有关情况、拟定接待计划等方面的内容。

1. 索取资料，了解有关情况

为了做好接待工作，酒店应通过外事部门，了解要接待对象的有关情况，确定接待服务规格，安排各项礼仪活动。

（1）了解来访人员的基本情况：姓名、身份、年龄、性别、国籍、民族、职业、专长、生活习惯、宗教信仰、饮食爱好与禁忌等。

（2）了解来宾的来访目的、要求。

（3）了解乘坐的交通工具、行程路线、抵离的具体时间与地点。

（4）了解前站活动情况和接待情况。

不同的国家、民族，风俗习惯、生活方式是不同的。了解来宾的一些基本情况，有意识地安排一些具有民族特色和文化特点的服务，选择一些让来宾感兴趣的会见活动和参观游览，会使来宾对接待工作感到十分满意。只有掌握来访人员详尽的第一手信息资料，才便于确定接待服务规格和安排各项礼仪活动，从而取得主动权，使接待工作圆满完成。

2. 拟定接待计划

为做好接待工作、圆满完成接待任务，承担宴请和其他方面事项的酒店，应根据外事部门的要求，在认真了解接待对象有关情况的基础上，拟定出相应的周密接待计划。一份周详的接待计划，能使接待工作按部就班地进行，减少周折。接待计划包括接待规格和各项主要活动的日程安排。

（1）接待规格的安排。

接待规格的高低，按照国际惯例和本国具体情况确定，通常根据来访人员的身份、愿望、两国关系等因素来决定，并由此决定安排礼仪活动的多少、规模的大小、隆重的程度以及由哪些领导人出席等。

（2）接待计划要完整周密。

接待计划应安排细致，制定出目的和要求、时间和地点、内容和人员、部门和单位等，逐项分工落实，明确责任。经外事主管部门认可后方可实施，以确保万无一失。

3. 具体接待准备

根据外事工作的要求，按照拟定的接待计划，接待准备工作必须具体落实以下几点：

（1）接待服务人员准备。

严格挑选参加接待服务的人员，并进行必要的教育和培训。培训内容主要包括：介绍来宾所在国简况、文化背景、宗教信仰、生活习俗与禁忌等，强化接待人员的服务规范与技巧，进行业务知识与安全保密的教育等。

（2）接待活动安排。

根据确定的礼宾规格，备齐接待物品，安排布置好会见、会谈场所及其他活动地点，并通知有关人员及部门参加接待活动。对会见、会谈、宴请、舞会、文艺晚会、迎送仪式等，要求定时间、定地点、定人员、定座次、定程序、定项目、定节目、定菜单等。宴会和其他场合中所使用的食品、饮料等，要严格把关，认真化验，确保卫生和安全，以防止意外事故发生。

（3）落实安全保卫工作。

严格按照有关规定，控制通讯设备和出入工作人员。对使用车辆、行车路程和会见、会谈、宴请、晚会、仪式活动场所等，要反复、全面、仔细地进行安全检查及检测，不能有任何疏忽或差错。

（4）安排好来宾的下榻处。

对外国国家元首、政府首脑，东道国通常安排在国宾馆下榻，也有的住政府官邸。整个代表团的住房分配，可先由东道主根据来访者的礼宾顺序和具体情况作出安排，征询对方意见后实施；也可将下榻处的分布图交由对方，请其自行安排。对一般代表团可视身份、地位、接待条件安排住宿。

（5）安排好迎送车辆。

对于外国国家元首、政府首脑，东道国通常安排开道车和摩托车队护送，并在所乘坐的车辆的右前方插上该国国旗。对于重要的外国代表团来访，通常也安排开道车护送，以示重视。礼宾官和安全官乘坐的随卫车通常紧跟主车之后，其他随行人员乘坐的车辆座次按礼宾顺序安排。对于大型代表团的随行人员亦可安排乘坐大轿车。

二、迎送宾客

迎送宾客是国际交往中常见的社交礼节，也是频率较高的礼仪。迎接和送别是对外交往中的两个重要环节，实际上是涉外接待工作的始和终，它们在整个涉外活动中占有极其重要的地位。在国际交往中，对外国来宾通常视其身份、地位、访问性质以及两国关系等因素，确定相应的迎送活动。

1. 迎送活动的礼仪

整个迎送活动应安排得热情、周到，有条不紊，使客人有“宾至如归”的感觉，不能出现冷淡或怠慢客人的情形。

（1）确定迎送规格。

对来宾的迎送规格，各国的做法不完全一样。通常，主要依据来访者的身份和访问目的，并适当考虑两国关系，同时注意国际惯例。

确定对来宾的迎送规格，主要是确定由哪一级人员出面迎送，应根据主管部门的接待要求办理。按照国际惯例，出面迎送的人一般都应与来宾的身份相当，东道主身份与来访者的身份不能相差太大，以同来宾对口、对等为宜，以示对宾客的尊重。有时当事人不在当地或临时身体不适，在这种情况下，可以灵活变通，由职位相当的人士，或由副职出面代表。在当事人不能亲自出面时，就应礼貌地向对方做些解释。

一般情况下迎送人员不宜太多。有时对关系极为密切的人，可允许破格接待。例如，为了两国的外交关系或政治需要，可打破常规，安排较大的迎送场面，给予较高的礼遇。然而，为了避免造成厚此薄彼的印象，除非特殊情况需要，通常均按惯例确定迎送的礼仪规格。

（2）迎送客人。

迎接时，迎接人员应在来宾乘坐的飞机（火车、轮船）抵达之前到达机场（车站、码头）迎候。为顺利迎送客人，迎送人员必须准确掌握来宾所乘坐的交通工具（飞机、火车、船舶）的抵离时间。如有变化，应及时告知。由于天气变化等意外原因，宾客不能准时到达迎送现场，迎送人员应采取相应的措施，准时在宾客抵达之前到机场、车站、码头恭候，绝不能出现让客人等候的现象。

欢送时，送行人员可前往来宾住宿处，陪同前往机场、车站或码头，也可直接前往指定地点恭候宾客。如有欢送仪式，迎送人员应在仪式开始之前到达，并做好必要的准备工作。如果宾客乘坐的是班机离开，应事前通知其按航空公司规定时间抵达机场办理有关手续。对于身份高的外宾，可由接待人员提前前往代办手续。迎送人员应在客人乘坐的交通工具看不见时再离去。

（3）献花。

献花，是迎送外宾时用来表达敬意的礼仪，一般适用于礼遇较高的外宾。献花一般有两种形式。一是由儿童或女青年在参加迎送的主要领导人与宾客介绍、握手之后，献上色彩鲜艳的鲜花花束，并向来宾行礼；二是在外宾尚未到达酒店之前，预先将花篮送到客房。

注意送花篮只限于夫妇同来或只有女性的场合。有的国家也由女主人向女宾献花。献花须用鲜花或由鲜花扎成的花束，忌用菊花、石竹、杜鹃和黄色花朵。迎接普通外宾，一般不需要献花。

（4）互相介绍。

迎接外宾时，宾主见面要互相介绍、引见。一般是由礼宾交际人员、接待翻译或迎候人员中身份最高者，率先将迎候人员按一定顺序一一介绍给来宾；然后再由来宾中身份最高者，将宾客按一定顺序一一介绍给主人。有时也可作自我介绍。若宾主早已相识，则不必介绍，双方直接行见面礼即可。若客人初来乍到，作为主人应主动与来宾寒暄。

（5）迎送中的陪车。

外宾抵达后，从机场（车站、码头）到住地、访问途中或访问结束后由住地到机场（车站、码头），主人都应陪车。

迎送车辆必须事先安排好，不可临时调遣，给人以仓促之感。派车接送宾客，要以客为主，可顺应宾客的意见。主人陪同上车时，应注意请来宾从右侧门先上，坐在后排；主人则从左侧门上车，来宾坐在主人右侧。要避免从外宾座前穿过。如来宾已先上车并坐在主人的位置上，则不宜请来宾挪换座位。如果两排座轿车，译员应坐在司机旁边；如果是三排坐轿车，译员应坐在主人前面的加座上。乘坐大轿车时，原则上低位者先上车，下车顺序相反。大轿车以前排为尊位，自右而左按序排列。车门应由接待服务人员关上，下车时陪同人员先下来替来宾开门。

2. 迎送国宾的仪式

对外国国家元首、政府首脑的正式访问，世界各国都举行隆重的迎送仪式。迎送仪式可在机场或车站举行，也有在总统府、议会大厦或贵宾下榻的国宾馆等地方举行。举行仪式的场所悬挂宾主双方国旗，在贵宾行进的主要道路上铺设红地毯。会场上有三军仪仗队和军乐队奏迎宾曲。

（1）官方迎送仪式的主要内容。

官方迎送国宾仪式的做法各国不尽相同，但通常包括下列内容：

①东道国身份相当的领导人和一定数量的高级官员出席迎送仪式，对方驻东道国使节以及其他国家驻该国使节参加迎候。

②贵宾走下舷梯（或火车）后，东道国领导人上前与其握手（或拥抱），以示问候。

③少年儿童或女青年向贵宾献上鲜花花束。

④主宾双方互相介绍，握手致意，互致问候。

⑤主人陪同贵宾在检阅台或其他指定位置站定后，乐队开始奏两国国歌，先奏宾国国歌，后奏本国国歌。有些国家规定，在正式场合演奏国歌，本国公民应和着旋律轻声应和，有的还要求行举手礼，军人则要求行军礼。

⑥鸣放礼炮。最高规格为 21 响，一般为国家元首鸣放；政府首脑级 19 响；副总理级领导人 17 响。

⑦检阅仪仗队。仪仗队队长向前一步敬礼报告，请求检阅，来访国宾在主人陪同下检阅陆海空三军仪仗队。

⑧检阅之后，举行仪仗队的分列式。如果受场地条件所限，也可只举行阅兵式，不进行分列式。有的国家还安排致欢迎辞和答辞。

⑨检阅完毕，可安排群众欢迎队伍，多由青少年花束队、歌舞队组

成。当贵宾通过时，或载歌载舞，或微笑着挥动花束、两国国旗。

3. 我国迎送国家首脑仪式的大致程序

外国国家元首和政府首脑抵达北京时，由国家指定的陪同团团长（一般为部长或副部长）和外交、外事等领导人前往首都机场（车站）迎接，并陪同来访贵宾乘车前往下榻的国宾馆。国宾抵京当日或次日，在人民大会堂东门外广场（如遇天气不好，则改在人民大会堂东门内中央大厅）举行正式、隆重的欢迎仪式。欢迎仪式为双边活动，中方出席者为与来访国职位相当的国家领导人及有关部门负责人，不邀请其他国家驻华使节参加。欢迎仪式场所悬挂两国国旗，组织队伍列队欢迎，少年儿童向贵宾献花。我国领导人陪同国宾登上检阅台，奏两国国歌，鸣放礼炮，检阅三军仪仗队。

来访的国家元首或政府首脑结束访问，离京返国时，由国家主席或政府总理前往宾馆送行，由陪同团团长和外交部部级领导人前往机场送行。

国宾到外地访问，应由陪同团团长陪同前往，由省长和市长迎送。外国议长率领议会代表团到地方访问，应由省、市人大常委会的主任迎送。

4. 迎送民间团体的仪式

民间团体的迎送，是指不举行官方正式欢迎仪式，包括对民间一般团体、一般客人和国外旅游团的迎送等。

（1）迎送民间一般团体的仪式。

迎送民间一般团体的仪式，应根据客人的身份，安排对口部门、对等身份的人员前往接待。对身份高的客人，应事先在机场（车站、码头）安排贵宾休息室，备好饮料。对客人的住处、膳食、交通工具、日程安排、联络方式及人员等应预先安排好，使客人心中有数，主动配合。

（2）迎送一般客人的仪式。

迎送一般客人的致礼形式要灵活多样。如果是熟人，可不必介绍，只需相互握手、互致问候；如果客人初来乍到，人地生疏，接待人员应主动作自我介绍，热情相待；如果迎接大批客人，应事先准备特定的标志（诸如小旗、牌子等），让客人抵达时一眼就能看到，以便主客双方接洽和联系。整个迎送活动应安排周到、热情、有条不紊，令客人有“宾至如归”之感。

（3）迎送外国旅游团的仪式。

①要做好对外宾的心理预测和接待准备工作，掌握他们的基本情况及特点等，并落实外宾的食、住、行、游、购、娱等具体事项以及活动日程安排。外宾到达机场（或车站、码头）时，应安排好休息处，可派专人协助办理有关手续及行李托送。

②外宾到达后，接待人员要注意礼貌周到、热情灵活，诸如向领队和重要客人献花致意、向全体来宾自我介绍和致欢迎词、及时发放导游图、介绍当地概况等，给来宾留下良好的第一印象，迅速消除陌生感。

③为外宾送行时，要注意说好最后一句话，恰当运用告别语。送别形式要有灵活性，并认真做好善后具体工作。

第三节　涉外会见和会谈礼仪

会见和会谈是对外交往中两项联系紧密的活动。它适用范围广，正式访问、公务谈判、礼节性拜访，通常都会安排会见与会谈，并遵从一定的礼宾次序和礼宾规范。

一、会见

1. 会见的内涵

涉外会见是特指为了一定目的而进行的约会、见面。在国际交往中，会见一般有三种情况：

（1）会晤：宾主身份相当的会见，通常称为会晤。

（2）接见：凡身份高者会见身份低者，或者主人会见客人，一般称为接见或召见、面见。

（3）拜会：凡身份低者会见身份高者，或者客人访问主人，一般称为拜会或拜见、拜访。拜见君主，又称谒见或觐见。

我国外交人士在国外，一般尊重所在国惯例，可以作上述区分。而在国内不作上述区别，一律统称会见。接见和拜会后的回访，称为回拜。

2. 会见的内容形式

会见就其内容形式而言，有政治性会见、事务性会见、礼节性会见，或兼而有之。

（1）政治性会见：政治性会见一般涉及国家之间双边关系、国际局势等重大问题。

（2）事务性会见：事务性会见一般涉及外交事务交涉、业务洽谈，以及经贸、科技及文化交流等。

（3）礼节性会见：礼节性会见一般时间较短，话题较随意、广泛而轻松，属于一种较正式的见面形式。

大多数情况下，会见是在两方之间进行的。少数礼节性的会见也可能在多方之间进行，如国家元首同时会见离任或新到任的数国大使等。

3. 会见的礼宾仪式

（1）会见的时间安排。

一般应邀作正式访问的外国领导人，在抵达邀请国的当日或次日，即会见邀请国的主要领导人。通常先会见身份对等者或出面接待者。会见方式各国有所不同，有分别会见或集体会见。东道国也应根据外国来宾的身份、来访的目的和要求，安排相应的领导人会见。外国使节到任、离任时，应在一定时间内对东道国领导人和有外交关系的其他国家的使节作礼节性拜会。

礼节性会见的时间安排，一般以半小时为宜，双方都有陪同人员参加。

（2）会见的地点安排。

会见通常安排在专门的会客厅、会议厅、办公室或其他场所。高级领导人之间的会见，通常安排在重要建筑物的宽敞的会客厅内举行，也有的在宾客下榻酒店的会客室内进行。外国领导人来我国访问，会见通常在人民大会堂或中南海举行。

（3）会见的座次安排。

会见时主宾、主人席一般安排在面对正门的位置，宾主双方分别而坐，主人在左，主宾座位在主人右侧，其他客人按礼宾顺序在主宾一侧就座，主方陪见人在主人左边一侧按身份高低就座。译员、记录员坐在主人和主宾的后面。某些特殊场合，宾主穿插而坐也是可以的。座位不够可在后排加座，如图9－1、图9－2。

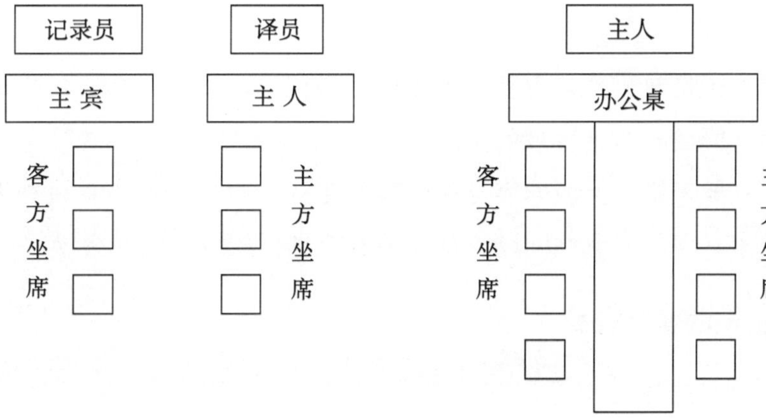

图9－1　门型会见礼宾形式

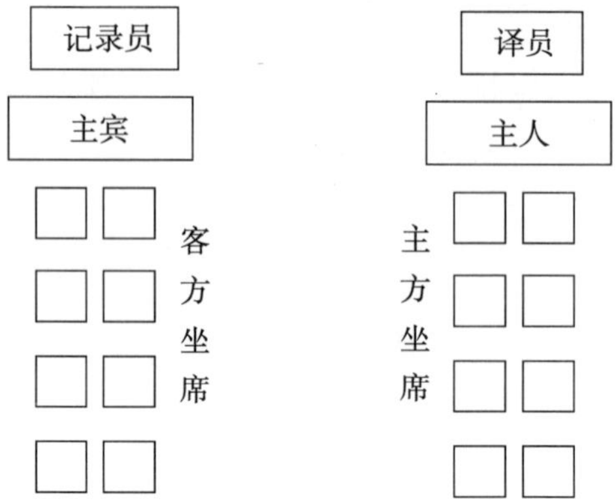

图 9－2　半圆型会见礼宾形式

二、会谈

1. 会谈的内容

会谈，是指双方或多方就某些重大的政治、经济、文化、军事等问题以及其他共同关心或感兴趣的问题交换意见。会谈也可以指洽谈公务或商务谈判。一般来说，会谈内容与形式较为正式，政治性或专业性较强。在涉外活动中，涉及专业性问题，都需要双方进行相应的正式会谈。

2. 会谈的礼宾仪式

（1）会谈的座次安排。

正式会谈中礼宾次序的安排，讲究双边或多边的平等。

双边会谈，通常使用长方形、椭圆形或圆形桌子。若将长方形桌子横向摆放，宾主双方相对而坐，以正门为准，主人背门而坐，宾客面向正门。会谈双方的主谈人或领队居中，主谈人右边的第一个座位，应由其副手来坐，其他人员按礼宾顺序（即以职位高低），分宾主两侧依次而坐。

我国习惯上把译员安排在主谈人右侧，但也有些国家让译员坐在主谈人身后，一般应尊重主人的安排。记录员座位通常安排在后面，如参加会谈人数少，也可安排在会谈桌就座，如图 9－3。

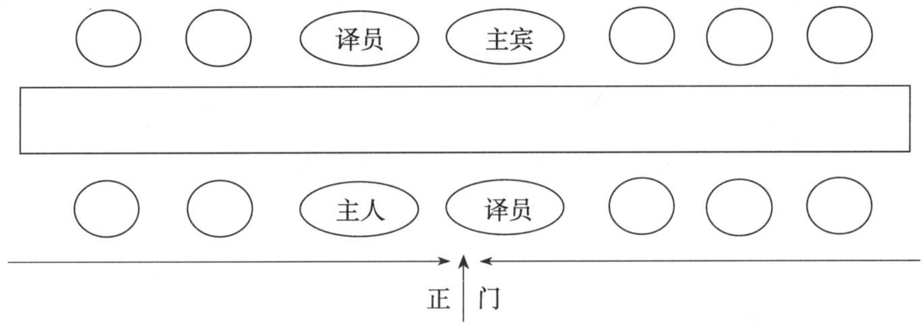

图 9－3　双边会谈座位图

如将长方形桌子纵向摆放，宾主双方仍相对而坐，以入门方向为准，右侧为客席，左侧为主方。其他人员位次同前述相同，如图 9－4。

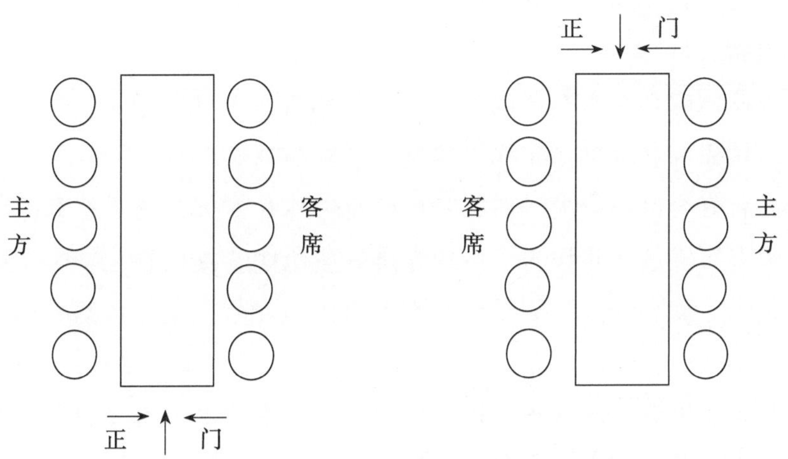

图 9－4　双边会谈座位图

多边会谈多使用圆桌，或是将桌椅摆成一个圆圈。四方会谈，以方桌为宜，以避免座次安排上尊卑、主次把握不当而影响会谈的效果，如图9－5。

图9-5　多边会谈座位图

小范围会谈，如为正式会谈作准备的预备性会谈等，可以不用长桌，在会客室摆上沙发或圈椅，遵守“以右为尊”的原则，主左客右安排座位即可。

（2）会谈的活动组织准备。

①提出会见要求的一方，应主动将要求会见人的姓名、职务及会见何人、会见的目的告知对方。接见一方应尽早给予回复，约定时间。如因故不能满足接见要求，要及时婉言解释。

②接见一方的安排者应主动将会见与会谈的时间、地点、主方出席人员及其他具体安排通知对方。会见一方应主动向对方了解上述情况，并通知有关出席人员。

③准确掌握会见与会谈的时间、地点和双方人员名单，及早通知有关人员及单位做好各项准备工作。接见方应提前到达。

④布置好会谈与会见场所，安排好足够座位。如双方人数较多，厅室面积较大，宜安放扩音设备。可预先排好座位图，提前在会谈桌上摆好中外文座位卡，使会谈人员能尽快又不失面子地对号入座，以防止因发生错误而导致不快。

如需合影留念，应事先安排好位次，人数众多时要准备梯架。安排应由主人居中，按礼宾次序，以主人右手为上，主客双方间隔排好。第一排人员要考虑人员身份，同时要考虑场地大小，即能否全部摄入画面。一般由主方人员站两端。

（3）迎送客人。

主人应在会谈之前到达以迎候客人。客人到达时，主人一般可在大楼的正门或会客厅门口迎候，或者先由礼宾人员负责把客人引入会客厅。礼宾人员引领客人时，应走在前面，到楼梯拐角处，要回头告诉客人。若主人不到楼门口迎接，则应由礼宾人员到门口迎候。

双方合影留念，应安排在宾主见面握手之后，合影完毕再入座。主人应请客人首先入座或双方一起就座，但主人不能自己抢先坐下。

会见与会谈结束后，主人应将客人送至门口或车前，握手话别，目送客人离去后方可再退回。

（4）会见和会谈期间的服务。

会见和会谈时，招待用的饮料，国际上无统一的惯例。我国一般备用茶水、软性饮料，如会见、会谈时间过长，也可以上咖啡、红茶和点心。

宾主双方进入会客厅后，工作人员应负责关好门，并退出会场。会谈过程中，不允许旁人随意进出。

（5）会见和会谈涉及的人员。

重要领导人之间的会见、会谈，除陪见人和必要的译员、记录员外，其他人员安排就绪后均应退出。若允许记者采访，也只能在正式谈话开始前采访几分钟，然后全部离开。

一般官员、民间人士的会见，安排大致与上述相同。礼节性的会见，不宜逗留过久，半小时左右便可告辞。

客人来访，一般应予回访。如客人是为祝贺生日、节日等喜庆日来访，可不必回访；一般在对方节日、生日时前往拜访，表示庆贺。

第四节　礼宾次序和国旗悬挂

在国际交往中，经常会遇到礼宾先后次序以及国旗如何悬挂等问题。所以，礼宾次序和国旗悬挂是涉外活动中的两个重要环节。

一、礼宾次序

礼宾次序是指国际交往中，依照国际惯例，对参与出席活动的国家、团体和个人的位次进行排列的次序。一般来说，礼宾次序体现了东道主对各国宾客所给予的礼遇，在一些国际性集会上则表现各国主权平等的地位。礼宾次序的安排若不符合国际惯例或安排不当，则会造成不必要的争执与交涉，甚至发展到影响国家间的关系。因此，在涉外活动中应注重礼宾次序。

1. 礼宾次序的排列方法

礼宾次序的排列，虽然国际上已有一定的惯例，但各国做法并不完全一致。有的排列顺序和做法已由国际法或国内法律所规定，如外交代表位次的排列，在《维也纳外交关系公约》中已有专门规定。有的国家则用法律条文明确规定中央与地方官方机构、团体和个人参加公共活动的排列顺序。在涉外活动中的礼宾次序，通常有以下三种排列形式：

（1）按身份与职务排列。

按宾客身份与职务高低顺序排列，是礼宾次序排列的主要依据。

官方的活动，通常按这种方法安排礼宾次序。例如，按国家元首（总统、主席、国王）、副元首（副总统、副主席）、政府首脑（总理、首相）、副首脑（副总理、副首相）、部长（大臣）、副部长等顺序排列。但由于各国的国家体制有所不同，部门之间的职务高低也不尽一致，这就需要根据各国的规定，按相当的级别或官衔来进行安排。

在国际会议上，可依照各国代表团团长的身份与职务的高低，来安排礼宾顺序。倘若宾客的身份和职务相仿，应依照威望、资历、年龄等来安排礼宾次序。但无论怎样排列，都应考虑身份和职务高低的问题。

（2）按字母顺序排列。

在多边活动中的礼宾次序，常采用按参加国国名的字母顺序排列。这种排列法一般是以英文字母顺序进行排列为最常见。如国际会议、国际体育比赛中，公布与会者名单、悬挂与会国国旗、座位安排等均按各国国名的英文拼写字母的顺序排列。联合国大会的座次也按英文字母排列，但为了避免一些国家总是占据前排席位，因此用每年抽签一次的办法来决定本年度大会的席位以哪个字母打头，让各国都有机会排列在前。国际体育比赛的开幕式，各国体育代表团均依照国名的字母顺序出场，东道国的体育代表团出于礼貌排在最后面。代表团观礼或召开理事会、委员会等，则按出席代表团团长身份的高低进行排列。

（3）按日期排列。

在一些国家举行的多边活动中，按通知代表团组成的日期先后排列礼宾次序，这也是国际常见常用的一种排列方式。尤其在各国代表团的身份、规格大体相等时，常采用此法。

东道国对同等身份的外国代表团，按派遣国通知代表团组成的日期进行排列，有时也按代表团抵达活动地点的时间先后排列。具体采用何种排列方法，东道国在致各国的邀请中都事先加以注明。在国际交往中，在同一个多边活动中，有时可见到东道国采用多种排列法，或本国排列在最后的办法。

2. 礼宾次序的排列要求

礼宾次序是一个政策性较强、较为敏感的问题。因此，在礼宾次序安排工作中，要全面、周到、细致、耐心、慎重地考虑多种方案，以避免因礼宾次序方面的问题引起不必要的误解或麻烦。在具体应用中应注意下列几点：

（1）礼宾次序，所体现的是东道国对各国来宾的礼貌和尊重。

国家不论大小、强弱、贫富，都一律要求平等和受到尊重。因此，重大的、涉外的礼宾次序一定要在外事、礼宾部门的指导下，慎重、周到、细致地加以安排。民间交往活动中的礼宾次序，虽没有官方交往要求严格，但也不可掉以轻心。

（2）礼宾次序，要综合考虑多种因素。

礼宾次序的排列，不能只按某一种排列办法，而往往是几种方法交叉使用，并要综合考虑其他因素。比如，在多边国际活动中，按代表团团长身份高低来决定礼宾次序的排列；在同级代表团中按派遣国通知代表团组成日期先后加以确定；对同级和同时收到通知的代表团按国名英文字母顺序排列。

礼宾次序的排列，还要考虑到包括国家间关系、地区所在、活动性质、对活动所做的贡献大小、参加活动者的威望和资历等因素。如通常把同一国家集团的、同一地区的、同一宗教信仰的，或关系特殊的国家的代表团排在一起；对同一级别的人员，常把威望高、资历深、年龄大者排在前面。有时还考虑业务性质、相互关系、语言交流等因素。如大型宴请、观看演出、体育比赛中，在考虑身份、职务的前提下，再将专业性质对口、语言相通、宗教信仰相近、生活习俗相近的国家的代表安排在一起。

（3）礼宾次序的适用范围广泛。

凡遇重大涉外活动和社交活动，礼宾次序的排列都宜使用，如国际性会议、国际体育比赛、签字仪式、授勋仪式、开幕式、庆典活动、外事宴请、文艺演出、参观访问、外交祝贺等等。礼宾次序的安排，应尽量避免因不周而导致矛盾，要求从可供考虑的多种方案中，选择礼宾次序的最优方案。

（4）礼宾次序的基本内容是位次的排序。

礼宾次序的位次一般涉及两个方面。就位次客体而言，涉及到位次本身的大小。国际上一般讲究右贵左贱，即以右为大、为长、为尊；以左为小、为次、为偏。行走时，请外宾走内侧即右侧，主人走外侧即左侧。重大宴会的宴请，桌次高低以离主桌位置远近而定，主宾或主宾夫人坐在主人右侧。

就位次主体而言，涉及到位次对象的大小先后。位次本身是固定的，但位次对象却随着活动内容不同而有所变动。每一次特定的社交活动，要为固定的位次找到适合这一位次的对象，一般都具有客观的依据和标准。如招商引资活动、对外交易会、对外贸易谈判等，可按照来宾职务高低顺序排列礼宾次序。

二、国旗悬挂

国旗是一个国家的象征，是主权国家的标志，它代表着一个国家的地位和尊严。人们通常以悬挂国旗的形式，表达对祖国的热爱或对他国的尊重。在国际交往中，悬挂国旗已有各国所公认的惯例，有严格的规范。

1. 国旗悬挂惯例

（1）悬挂国旗的场所。

①国际上公认一个国家的外交代表，在所驻国境内有权在其馆区、官邸、办公处以及交通工具上悬挂本国国旗。

②按照国际关系准则，一国国家元首、政府首脑在他国领土上进行访问期间，有权在其下榻的住所及乘坐的交通工具上悬挂本国国旗（或元首旗），这体现了一种外交特权。东道国在接待来访的外国元首、政府首脑时，在隆重的场合、在贵宾下榻的宾馆和乘坐的汽车上悬挂对方（或双方）的国旗（或元首旗），这是向贵宾表示敬重的特殊礼遇。

③在国际会议、展览会、体育比赛等国际性活动，应悬挂与会国国旗。即使没有外交关系的国家，只要它是举办活动的组织成员，东道主都应悬挂该国国旗。悬挂的次序从左至右，以英文国名的首写字母为序。各国政府代表团团长亦按会议组织者有关规定，在相关场所或车辆上悬挂本国国旗。

（2）悬挂国旗的要求。

①国旗制作规范，旗面完好、整洁。各国国旗的式样、颜色、图案、尺寸、长宽比例都由本国宪法明文规定制作。不同国家的国旗，有时长、

宽比例是不同的。因此在并排悬挂比例不同的国旗时，应将其中一面适当放大或缩小，使旗的面积大体相当。国旗的旗面要完好、整洁，不能使用破损或污损的国旗。

②在建筑物上或在户外悬挂国旗，一般应日出升旗、日落降旗。升国旗一定要升至杆顶。升旗须有专职人员严格按升旗规范行事。参加升降国旗仪式者，要表情庄严、肃静，服装整齐，立正脱帽，行注目礼。升旗的时候，护旗人要托起国旗的一角，国旗触地是极不严肃的。重要的时刻，如外宾来访、国庆庆典、国际谈判、国际体育比赛等，升旗时需奏国歌。

③悬旗致哀，应降半旗。降半旗时先将国旗升至杆顶，再降至离杆顶相当于杆长的1/3处。日落降旗时，应先将旗升至杆顶，然后再降下。也有的国家致哀时不降半旗，而是在国旗上方挂黑纱致哀。

④悬挂双方国旗，右为上，左为下。依照国际惯例，与会国国旗悬挂顺序安排，宜采用以字母排列顺序的方法，结合以“右为上，左为下”的原则。如并排悬挂两国国旗，即东道国与另一国的国旗，以国旗本身的面向为准，右挂客方国旗，左挂东道国国旗。并排悬挂两面以上的国旗，应将东道国国旗悬挂在最后，其他国家国旗一律按其国名英文名称的先后顺序自右而左排列。如把两国国旗挂在墙上，要避免交叉挂法、竖挂法，宜采用并列挂法。

汽车上悬挂国旗，一般以汽车行进方向为准，驾驶员左手为主方、右手为客方。在涉外活动的签字仪式上，国旗的悬挂也遵照“右者为尊”的原则，客方国旗挂右侧，主方国旗挂左侧。

⑤国旗绝不能倒挂、反挂。某些国家国旗因文字和图案原因，也不能竖挂。有的国家明文规定竖挂则需另外制旗，将图案转正。正式场合悬挂国旗应把正面面向观众，以旗套的右边为准。国旗不能在商品广告、产品宣传等非正式场合乱用。撕扯、践踏、焚烧国旗的行为是绝不能允许的，是违法行为。

2. 国旗悬挂图例

（1）并挂两国国旗，如图9－6。

图 9－6　并挂两国国旗

（2）并挂多国国旗。

主方国旗挂在最后。在国际性会议，无主客之分，应按会议规定的礼宾次序排列，如图 9－7。

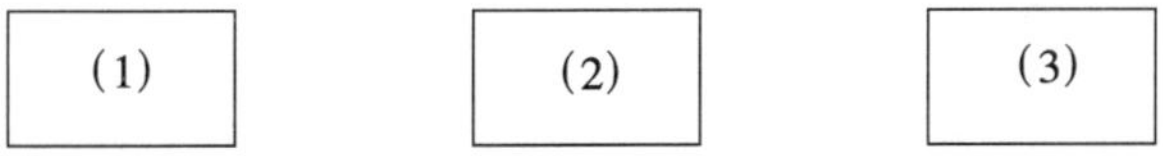

图 9－7　并挂多国国旗

（3）并列悬挂两国国旗，如图 9－8。

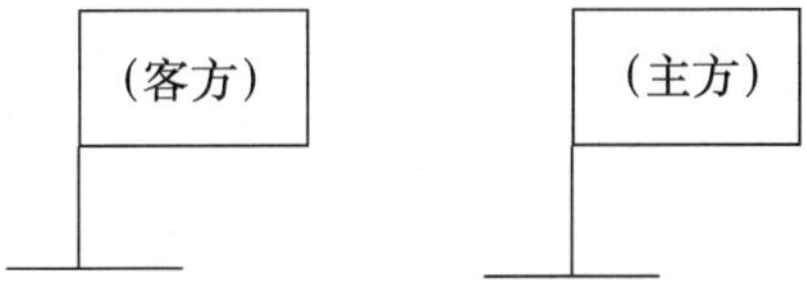

图 9－8　并列悬挂两国国旗

（4）交叉悬挂国旗，如图 9－9。

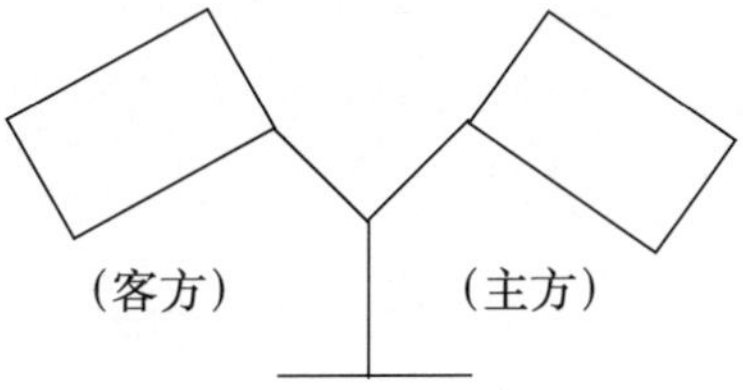

图 9－9　交叉悬挂国旗

（5）交叉挂国旗，如图 9－10。

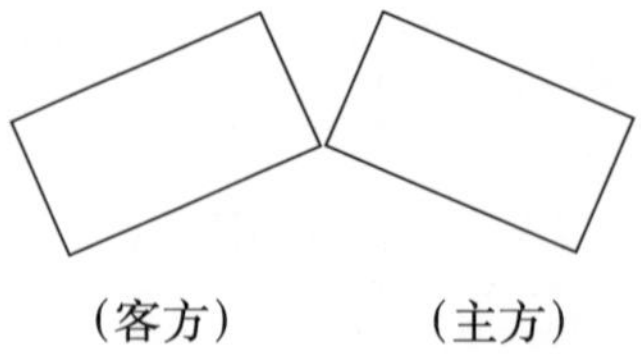

图 9－10　交叉挂国旗

（6）竖挂国旗（客方为反面，主方为正面），如图 9－11 和图 9－12。

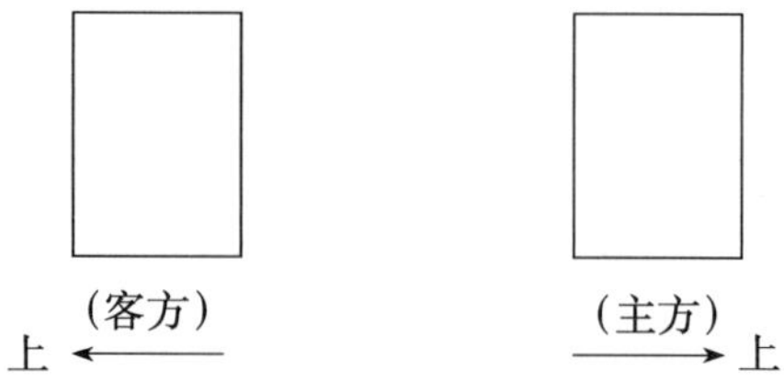

图 9－11　竖挂国旗

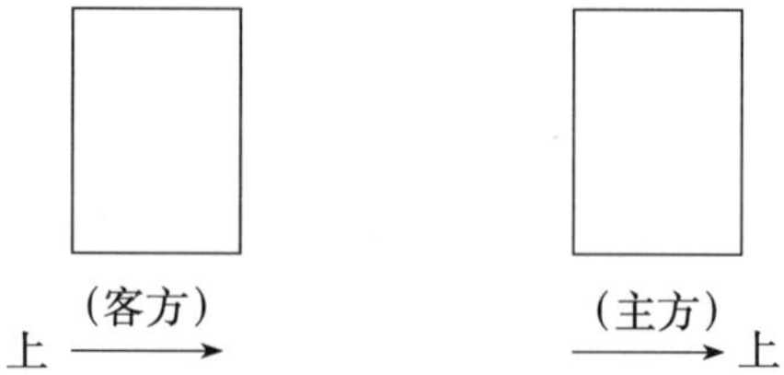

图 9－12　竖挂国旗

第五节　外交仪式与外事宴请

一、外交仪式

外交仪式涉及国际交往中常见的签字仪式、开幕仪式、授勋仪式、谒墓仪式等礼宾仪式。

1. 签字仪式

签字仪式是对外往来的重要活动，是一项庄严而隆重的仪式，有比较严格的礼仪规范。

涉外活动中，国家之间通过谈判，就经济、文化、科技、教育、贸易、军事等领域内的某些重大问题达成协议，缔结条约、协定或公约时，一般都举行签字仪式。国家领导之间互访，经过双方商定，发表联合公报或联合声明时，有时也举行签字仪式。国家各业务部门之间经过谈判，达成专业性协议时，也可能举行签字仪式。

（1）签字仪式的准备工作。

签字仪式举行之前，先要做好一切准备工作。

①做好待签文本的准备工作。有关部门需按时做好文本的定稿、翻译、校对、印刷、装订、盖火漆印等具体工作。

②确定双方的参签人员。与对方商定好参签人员，安排好时间，并安排双方助签人员商谈有关细节。

参加签字仪式的人员包括签字人、助签人和陪同人，基本上是双方参加会谈的全体人员。如一方要让未参加会谈的人员出席，应征求另一方意见。

签字人由签字双方各自确定，但是身份必须与待签文件的性质相符，而且签字双方的身份和职位应大体相当。助签人，即协助签字人顺利完成签字任务的人，应为其翻动待签文本，指明签字处以及为已签署的文件顺墨防洇等。

一般情况下，参加签字仪式的双方人数以相等为佳。许多国家的政府、组织或企业单位为表示重视，常会派身份更高更多的领导人出席签字仪式。如果待签的协议、协定无需保密，可适当安排新闻界采访报道。但对此有关各方应达成共识，采访和报道须征得有关方面同意。

③布置好签字厅。签字厅内设一长方桌作为签字桌，桌面多铺盖墨绿

色台呢，桌后放两把或多把椅子作签字人员座位。桌上摆放各自的保存文本，文本前放好签字时需用的文具（如签字笔、吸墨器等）。桌子中间摆上旗架，悬挂签字双方的国旗。签字厅要求温度适宜，空气清新，干净整洁。

（2）签字人员的位次安排。

签字人员的座位顺序为主左客右，主方坐在签字桌左侧，客方坐在签字桌右侧，双方的助签人员分别站立于各方签字人的外侧，双方其他陪同人员则按其职位、身份高低的顺序排列于各方签字者之后。如图9－13。

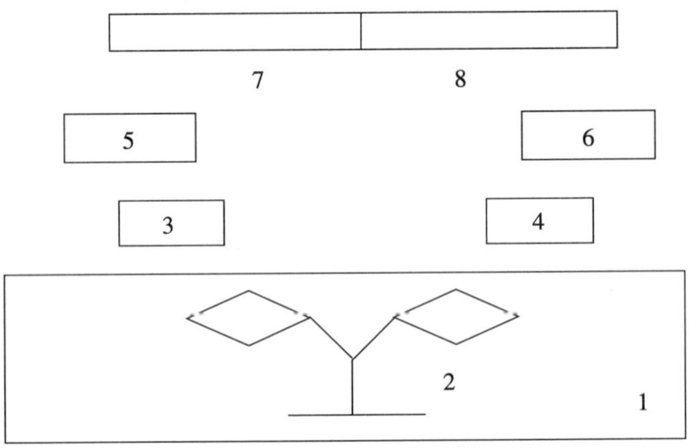

1．签字桌　2．双方国旗　3．客方签字人
4．主方签字人　5．客方助签人　6．主方助签人
7．客方陪同人员　8．主方陪同人员

图9－13　签字人员位次安排

各国举行签字仪式的安排不尽相同。有的国家签字仪式上设置两张方桌为签字桌，双方签字人员各坐一桌，小国旗分别悬挂在各自的签字桌上，参加仪式的人员坐在签字桌对面。如图9－14。

有的国家安排一张长桌为签字桌，但双方参加仪式的人员坐在签字桌前方的两旁，双方国旗悬挂在签字桌的后面。如图9－15。

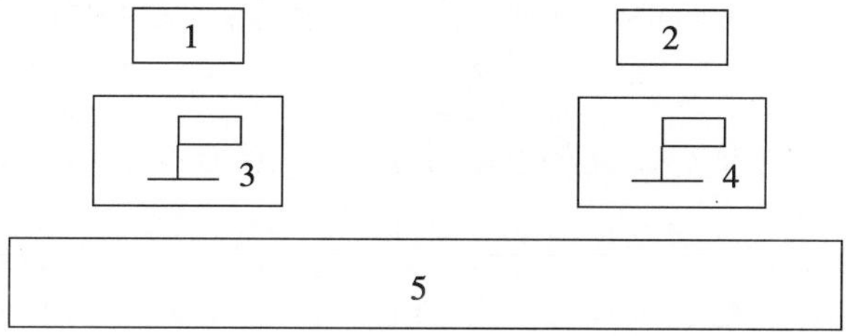

1．客方签字人席　2．主方签字人席　3．客方国旗

4．主方国旗　5．参加签字仪式人员席位

图 9－14　签字人员位次安排

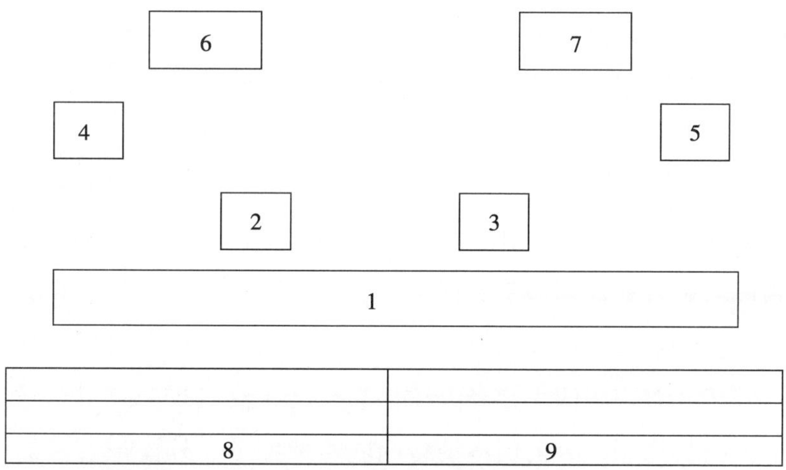

1．签字桌　2．客方签字人　3．主方签字人

4．客方助签人　5．主方助签人　6．客方国旗

7．主方国旗　8．客方陪同人员　9．主方陪同人员

图 9－15　签字人员座次安排

如有三、四个国家缔结条约，其签字仪式大体如上所述，只是相应增添签字人员座位、签字用具及国旗等物品。签订多边公约，通常仅设一个座位，先由公约国代表签字，后由各国代表依次轮流在公约上签字。

（3）签字仪式的程序。

双方人员进入签字厅，签字人就座，其他人员各就各位，双方身份最高者站立中央。双方签字人先在本国保存的文本上签字；再由各自一方的助签人员相互传递文本，请签字人在对方保存的文本上签字；然后由双方签字人交换已签字的文本，并相互握手致意。双方参加签字仪式的其他成员应面向他们热烈地鼓掌以示祝贺。随后服务人员用托盘端上香槟酒，供宾、主双方全体出席签字仪式的人员举杯同庆。最后，可在签字厅合影留念。

2. 开幕仪式

各种展览会、博览会、交易会，如经济建设成就展览会、科技博览会、商品交易会、文化艺术展览会等，通常都要举行开幕式。各类工程项目的动工、竣工和交接典礼以及纪念物（如纪念碑、塔、馆）的落成典礼仪式等都与开幕式相同。

开幕式由经办一方负责主持。如东道国主办，由东道国方面主持，邀请有关国家的代表团、使节出席；如出展国主办，则由展览团方面主持，邀请东道国有关官员参加。国际博览会、国际艺术节、商品交易会，由东道国一方主持开幕式。重大的展览会开幕式或重要工程项目的奠基、落成和交接仪式等，东道国国家领导人往往会出席，仪式较为隆重。开幕式除双方有关人员参加外，会酌情邀请各国驻当地使节、外国记者、重要的友好人士等参加。

隆重的开幕式，会场悬挂相关国国旗，有的演奏相关国国歌，双方致辞，主办方先讲，另一方后讲。双方领导人剪彩揭幕，通常邀请东道国或展览团参加开幕式人员中身份最高的官员或知名人士进行，然后参观展览会。参观结束后多举行招待酒会、冷餐会等宴请活动。

3. 授勋仪式

许多国家和国际组织对本国和外国领导人、外国驻本国使节、专家、学者及其他知名人士，授予勋章、奖励基金等，以表彰他们对社会发展所做的卓越贡献，或为发展两国间友好关系所建立的重大功绩。

授勋仪式，有的专门举行，有的也可借会见、宴请、群众大会等场合举行。重大的授勋仪式，在国内一般由国家元首或政府首脑出面授勋。在国外一般委托外交使节出面，有时由元首、总理借出国访问之机授予。有的安排在各国元首、政府首脑以及外国领导人互访时，或有关使节离任时进行。例如，有些国家对来访的国家领导人、学者或专家授予各种名誉学位或名誉市民等称号。

授勋仪式一般是授勋人与受勋者相对而立（相隔三四步），先由授勋人宣读授勋决定，然后将勋章佩戴在受勋人胸前，再把勋章证书递交给受勋人。有时双方还先后致辞。

隆重庄严的授勋仪式，在授勋大厅设主席台和来宾席，授勋人和受勋者在主席台上相对站立，授勋国政府官员和受勋者的随同人员以及外国使节等在宾客席就座。仪仗队护卫两国国旗竖立于主席台两侧，乐队奏两国国歌，授勋人致辞，将勋章佩挂在受勋者胸前，受勋者致答辞。

二、外事宴请

宴请是国际交往中常见的交际活动，是人际交往的一种重要形式。各国宴请都有自己国家或民族的特点和习惯，作为酒店人员，应该对整个宴请活动中的礼仪规范有所了解和掌握。

1. 宴请的常见形式

国际上通用的宴请形式有宴会、招待会、茶会、工作餐等。每种形式都有特定的规格和规则。

（1）宴会。

宴会是指比较正式、庄重的宴请活动，是一种带有礼节性的宴请形式。宴会是正餐，按其规格有国宴、正式宴会、便宴之分；按举行时间有午宴、晚宴之分，以晚宴更为隆重和正规。我国的宴会常见形式如下：

①国宴。这种宴会是国家元首或政府首脑为国家庆典，或为招待应邀来访的外国元首、政府首脑及其他贵宾而举行的正式宴会，其规格是宴会中最高的。举行国宴的宴会厅内悬挂宾、主两国国旗，乐队演奏两国国歌及席间乐，宴会上宾主双方致辞、祝酒。

②正式宴会。这种宴会是为招待海内外来宾及国内各种庆祝活动而举行的宴会。安排上与国宴大致相同，但不用悬挂国旗和演奏国歌，宴席的规格也有所不同，是地方政府常用的宴请形式。有时安排乐队奏席间乐，仍十分讲究排场。宾、主双方均按身份排位就座，对餐具、酒水、菜肴道数及上菜程序，服务员装束、仪表，服务方式均有一定规定和要求。中西宴会有所不同，各具特色。

③便宴。这种宴会是一种非正式宴会，常见的有午宴、晚宴，有时亦有早宴。这类宴会形式简单，可不排座位，不作正式讲话，菜肴数量可丰可俭，也可以自助餐形式进行。便宴气氛随和、亲切，便于人际交往和友好往来。非官方宴会多为这种方式。

④家宴。这种宴会是指主人在自己家中设宴招待客人。西方人喜欢采用这种形式，以示亲切友好。家宴往往由主妇亲自下厨掌勺，烹调自家的拿手菜，同家人一起共同款待客人。

（2）招待会。

招待会是不备正餐，较为灵活的宴请形式。一般备有食品、酒水、饮料，通常不排固定席位，宾、主可以自由活动，不拘泥形式。常见的形式有冷餐会、酒会等。

①冷餐会。这种宴会形式，又称“自助餐会”，其特点是不排座位，菜肴以冷食为主，也可冷、热兼备，客人站立进餐。菜肴及餐具陈放在桌上，或由服务员托盘送上，客人可自由活动，自取菜肴及酒水，边谈边用。冷餐会地点可视具体情况，安排在室内或室外花园里，通常于中午或下午时举办。这种宴会一般场面较大，常用于官方正式活动，接待人数众多的来宾。

②酒会。这种宴会形式，又称“鸡尾酒会”。招待品以酒水为主，略

备小吃、菜点，不设坐椅，仅设小桌或茶几。举行时间中午、下午、晚上均可，十分灵活。客人可以任何时候入席、退席，来去自由。这种酒会较为灵活、随便，利于广泛交谈和接待，是国际上常用的招待形式。

③茶会。这种宴会形式，是一种更为简便的招待形式。招待品以茶为主，可略备点心和风味小吃。茶会地点常设在客厅、会议室等处，厅内设茶几、坐椅，不排席位。入座时可有意识地安排主宾同主人坐在一起，其他出席者随意就座。茶会对茶叶、茶具及递茶均有规定和讲究，一般用陶瓷器具和地方名茶，也有选用咖啡做主饮料的。举行的时间一般在下午 4 点或上午 10 点左右。

（3）工作餐。

工作餐是现代国际交往中常用的一种非正式宴请形式。利用进餐时间，边用餐边谈工作，其特点是省时简便。常因日程安排不开而采用这种形式。一般可分为工作早餐、工作午餐和工作晚餐。此类活动只请与工作有关的人员，一般不请配偶参加。如果是双方工作进餐，可用长桌安排席位，按会谈位次顺序排列入座，以便主宾双方商谈。

2. 宴会的桌席排列

宴请活动中的桌次与席位排列有特定的礼仪规范，特别是正式宴会中有中式和西式各自不同的排列方法。

（1）桌次排位。

按照国际惯例，主桌排定之后，桌次高低以离主桌位置远近而定，近者高，远者低；主桌的右手为上，左手为下。桌次安排以宴会人数多少可设一桌或多桌。

①中式宴会的桌次排列。

中餐习惯用圆桌。两桌以上的正式宴请则按一定的礼仪次序安排。根据餐厅形式和大小安排桌席，桌与桌之间距离适当，以方便穿行上菜、斟酒水。主桌应放在面对餐厅主门，能够纵观全厅的位置。主桌排在前头第一位。其他各桌第一主人的位置可以与主桌主人位置同向，也可以面对主桌的位置为主向。

常见的桌席排列方法如图 9－16、图 9－17、图 9－18、图 9－19、图 9－20、图 9－21、图 9－22。

A. 两桌排法。

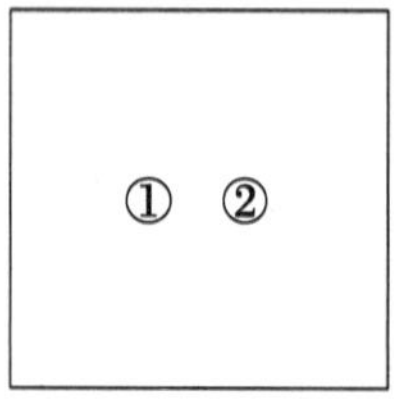

左右形（两桌横排）

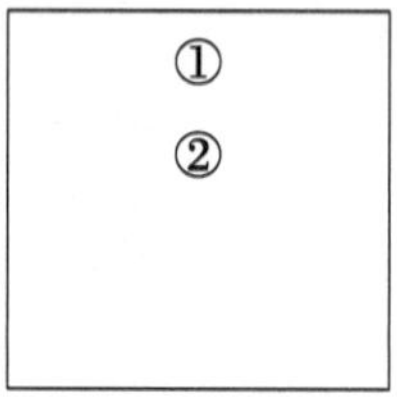

上下形（两桌竖排）

图 9－16　两桌排法

B. 三桌排法。

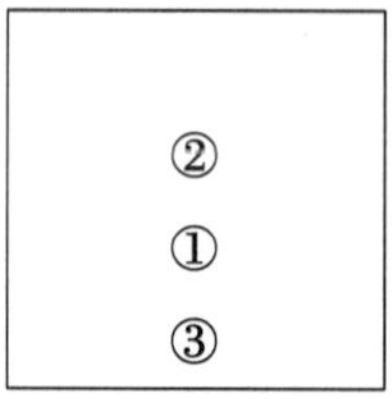

一字形（三桌竖排）
中央为首席

一字形（三桌横排）
中央为首席

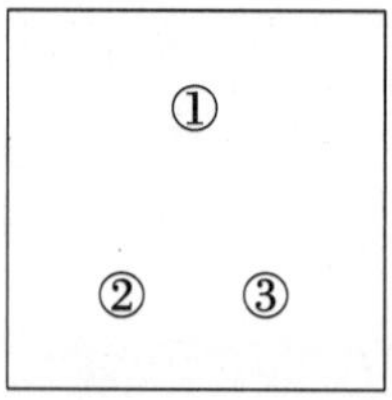

品字形（三桌花排）

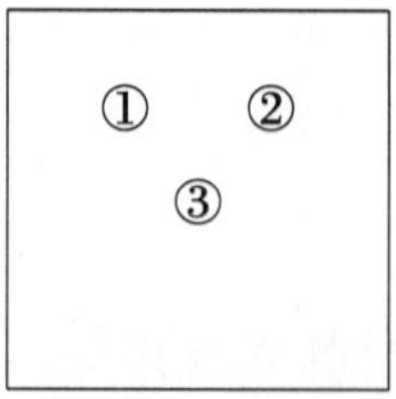

鼎足形（三桌花排）
自左而右，自上而下定桌席

图 9－17　三桌排法

C. 四桌排法。

一字形（四桌横排）
中央左席为首席

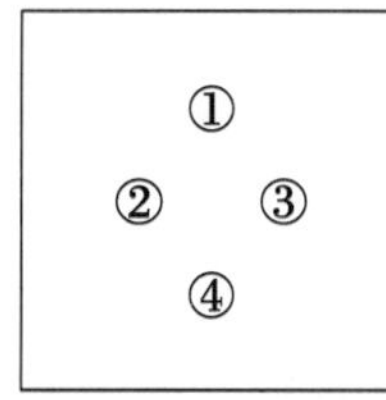

十字形（四桌花排）

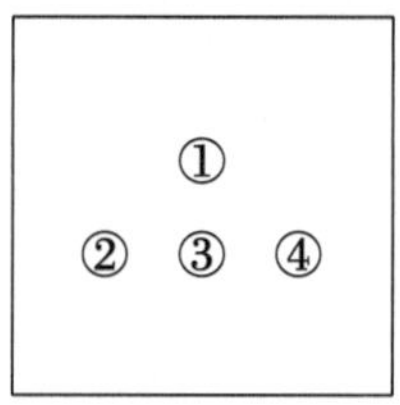

独立形（四桌花排）

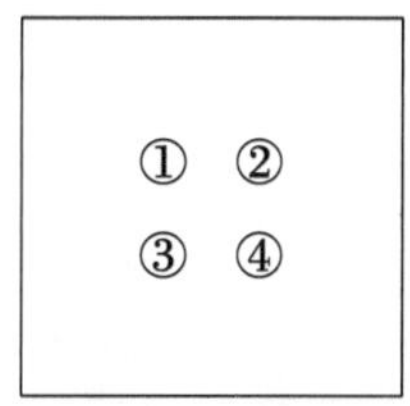

正方形（四桌正排）

图 9－18　四桌排法

D. 五桌排法。

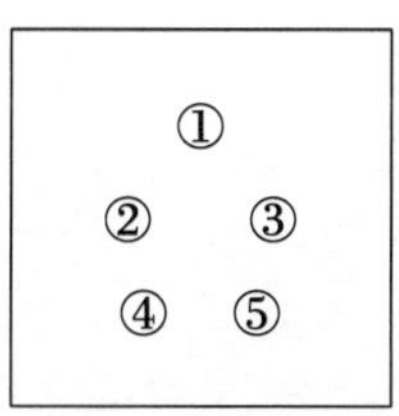

梅花形（五桌花排）
首席为五瓣之冠

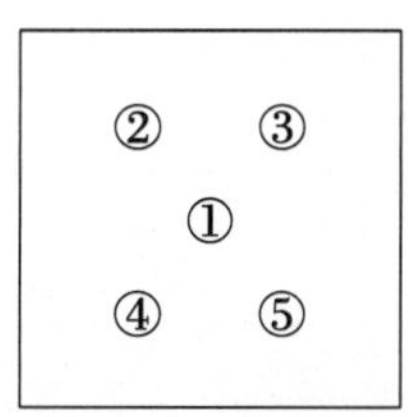

轴心形（五桌花排）
以中央为首席

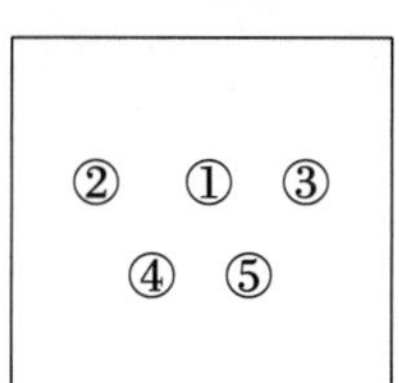

倒梯形（五桌花排）
上列中央为首席

一字形（五桌横排）
中央为首席

图 9－19　五桌排法

E. 六桌排法。

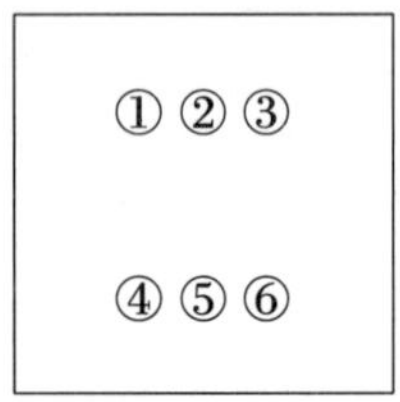

二字形（六桌横排）

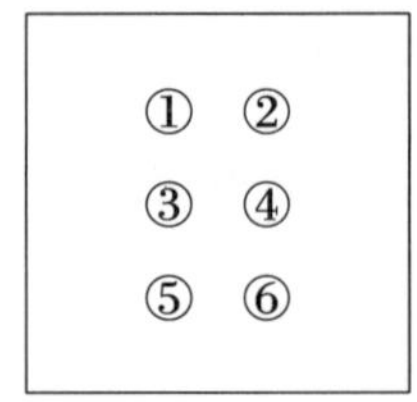

数字形（六桌竖排）

图 9－20　六桌排法

F. 七桌排法。

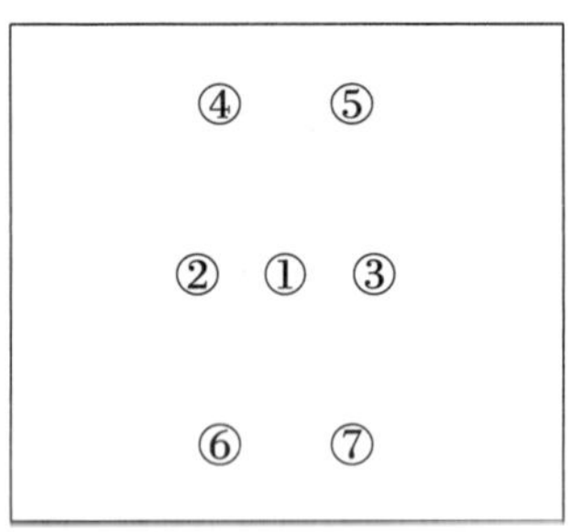

六边形（七桌横排）

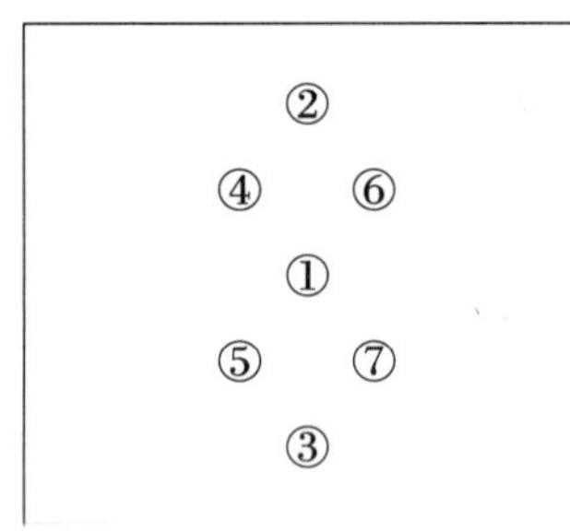

雪花形（三桌竖排）

图 9－21　七桌排法

G. 九桌排法。

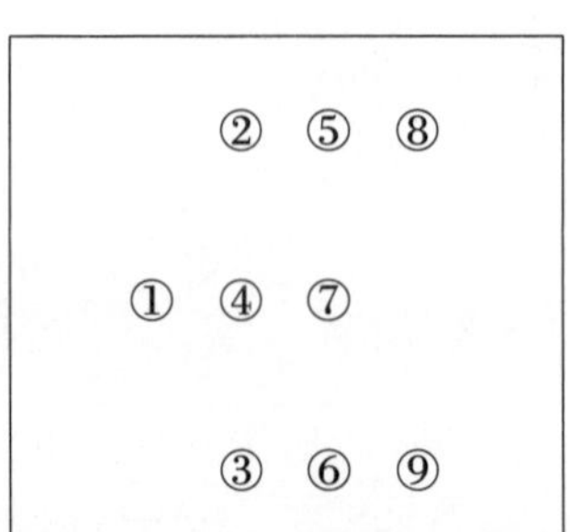

三字形（九桌横排）

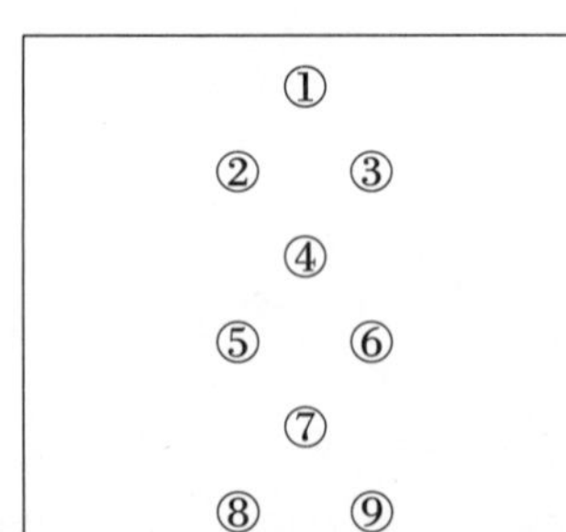

门字形（九桌竖排）

图 9－22　九桌排法

②西式宴会的桌次排列。

西餐通常采用长桌，桌子的摆放以参宴人数多少和场地的大小及形状而定。一些国家忌讳以背向人，要尊重民族的风俗习惯。用长桌作主宾席时，主人在长台正中位置或两端，主宾背向群众的一边和下面第一排桌子背向主宾席的坐席均不安排坐人。常见的桌形如图 9－23。

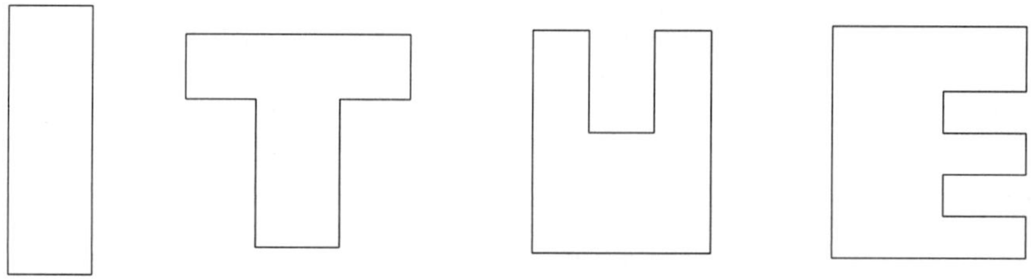

图 9－23　西式宴会桌次排列

（2）席次排位。

桌次排完之后，每桌宾客的席次安排是一项具有礼仪规范而又严格的工作。

①中式宴会席次排列。

中餐宴会根据不同的习惯，必须安排好座位。通常的情况是：面朝入口处的座位为主人座位，主人的对面为副主人的位置，主人的右边为主宾，左边为次宾，副主人位置的右边为三宾，左边为四宾，依此类推。依据国际惯例，坐席安排应男女穿插，以女主人为准，主宾在女主人右上方，主宾夫人在男主人右上方。我国习惯按各人本身职务排列以便于谈话，如夫人出席，通常把女方排在一起，即主宾坐男主人右上方，其夫人坐女主人右上方。

对外交往中如遇特殊情况，可灵活安排座次。如主宾身份高于主人，为表示对其敬重，可把主宾安排在主人位置上，而主人则坐在主宾的位置上，第二主人坐在主宾的左侧，也可以按常规安排。译员一般安排在主宾的右侧（若以长桌作主宾席，译员可安排在主宾对面以便于交谈）。在许多国家，译员坐在主宾和主人背后，并不上席，便于双方交谈。

具体安排席位时，还应考虑多种因素。如身份大体相同，语言、专业及信仰相近者可安排在一起；政见分歧大、关系紧张者等应尽量避免安排在一起。安排座位时，应与宴会举办单位商量后而定。常见的席次排列方式如图9－24、图9－25、图9－26、图9－27、图9－28。

A. 中式圆桌排法，如图9－24、图9－25、图9－26。

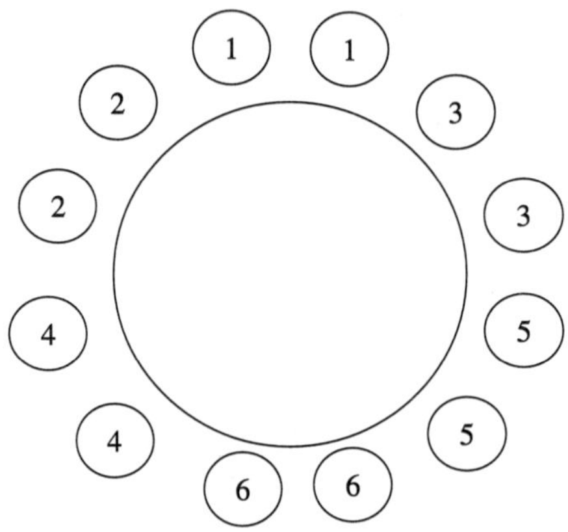

男主人　女主人

男女主人（男左女右）并肩而坐，男女成对自上而下，自右而左

图9－24　中式圆桌排法（一）

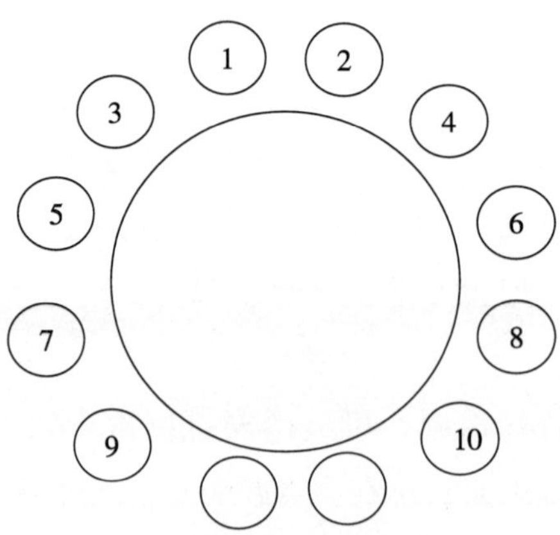

男主人　女主人

男女主人并居末座，高位自上而下，自右而左

图9－25　中式圆桌排法（二）

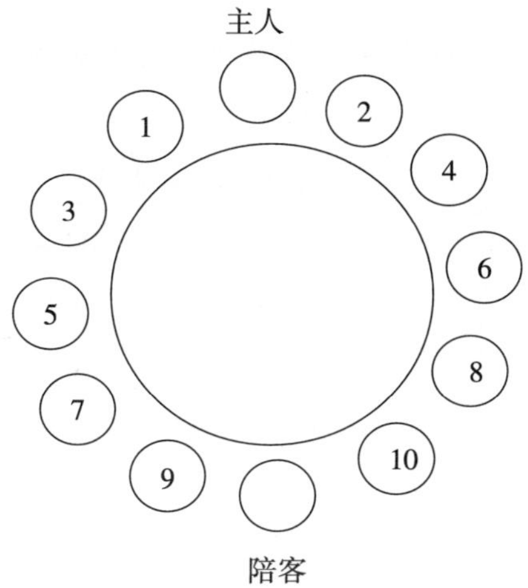

主人居中，而以左右两边为主宾，自上而下

图 9－26　中式圆桌排法（三）

B. 中式两圆桌排法，图 9－27、图 9－28。

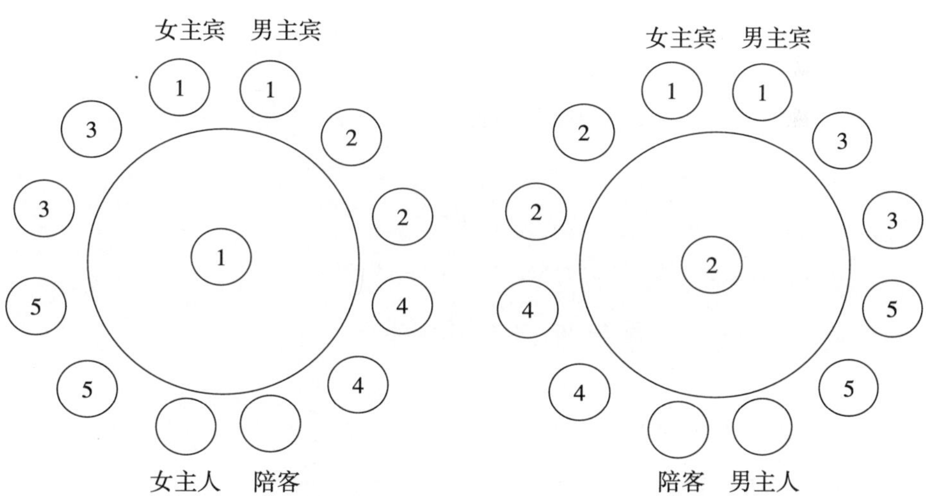

男女主人各据一桌，男女主宾分席而坐，采用男左女右原则

图 9－27　中式两圆桌排法（一）

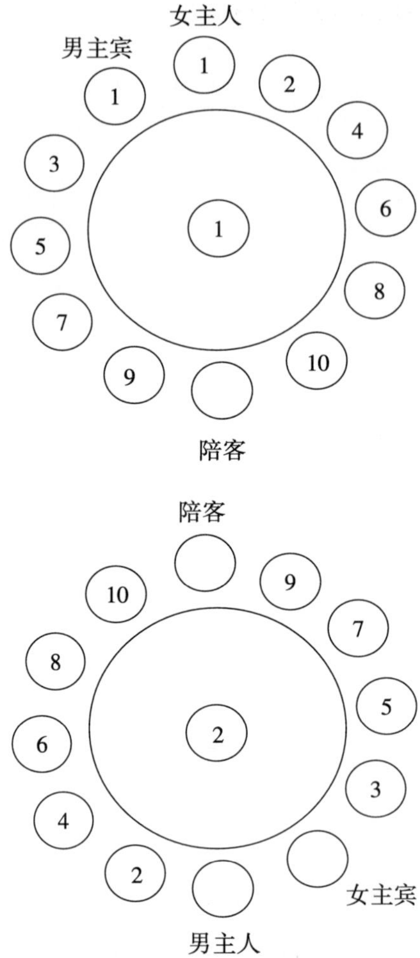

男女主人各据一桌，相对而坐，男女主宾分席而坐，采用男左女右原则

图 9－28　中式两圆桌排法（二）

②西式宴会席次排列。

西餐席位排列仍遵循男左女右、右高左低这一基本原则，并要注意考虑宾客地位、职务高低以及人事关系、政治形势等因素。

就餐时，主人一般都是坐在面向餐厅正门的位置上，第一、第二主宾分别安排在主人的左右两侧。西式宴会席次安排以男女主人为中心，宾客离男女主人越近，越受尊敬。为尊重女宾，切忌排于末座。

A. 长桌排法，如图 9－29 和图 9－30。

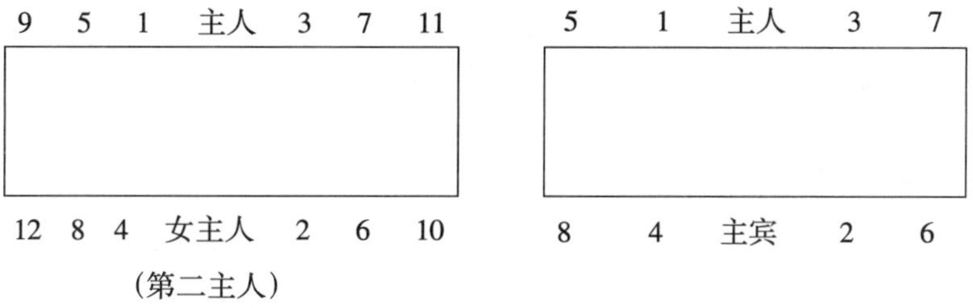

图 9－29　长桌排法（一）

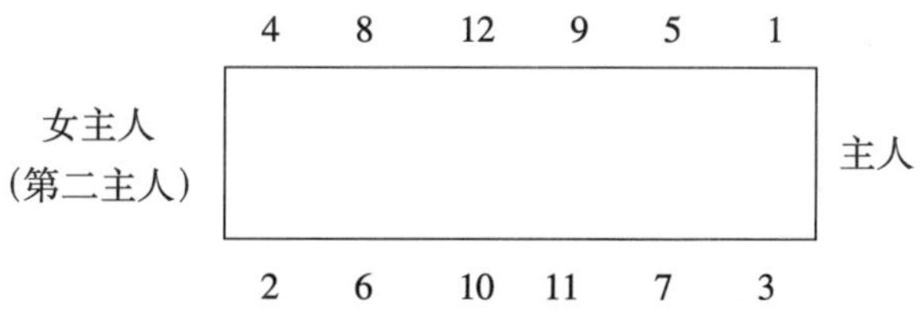

这种摆法可避免客人坐在末端，同时提供两个谈话中心

图 9－30　长桌排法（二）

一般不能把客人安排在末端，而是陪同人员坐在末端。译员一般安排在主宾的右侧；在长桌做主宾席时，译员也可考虑安排在对面，便于交谈。在许多国家，译员不上席，为了便于交谈，译员坐在主人和主宾的背后。主宾有夫人而主人的夫人又不能出席时，通常可以请其他身份相当的女性做第二主人。如无适当身份的女性出席，也可以把主宾夫人安排在主人的左右两侧。

B. 门形桌排法，如图 9－31、图 9－32、图 9－33、图 9－34。

C. 倒 E 形桌排法，如图 9－35。

无论是中餐或西餐，席次排定后，要写座位卡，用本国和英文书写来宾姓名，以便客人找位方便。

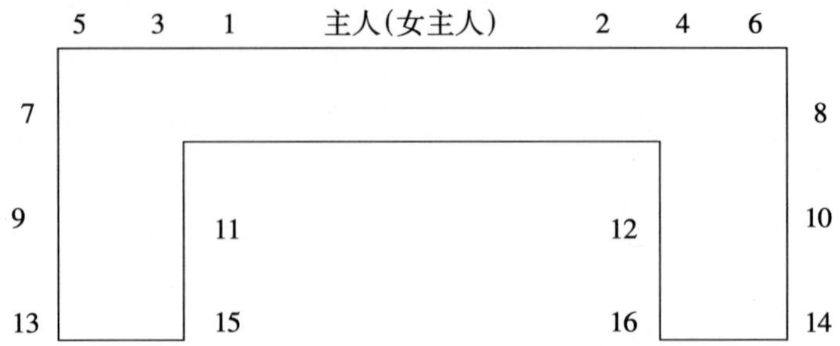

人数不多，主人位高而居中，高位从内线靠近主位起

图 9－31　门形桌排法（一）

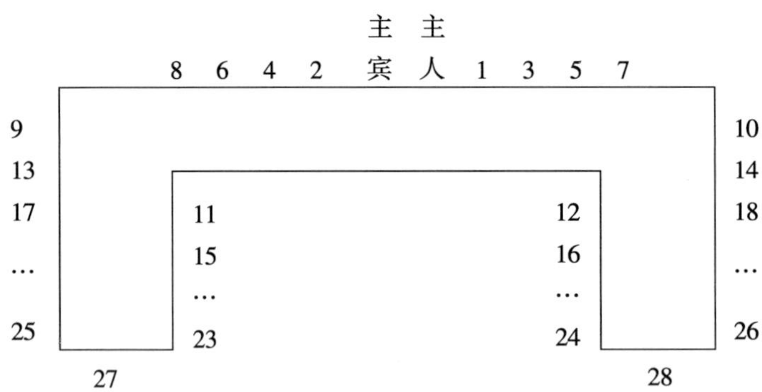

主宾位高或与主人同等，需安排主人与主宾并座

图 9－32　门形桌排法（二）

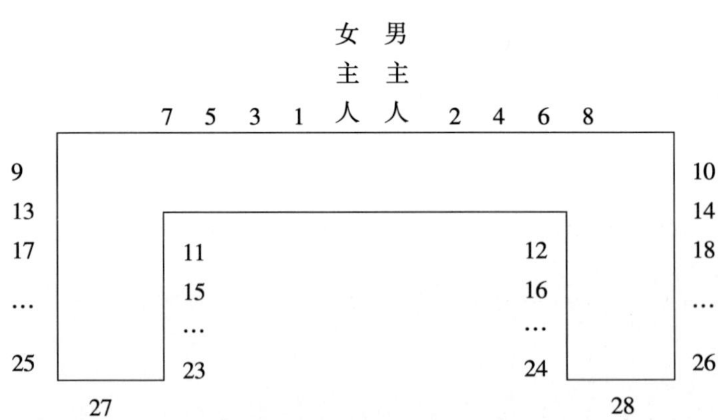

男女主人位高于宾客，则居中央席位，席位高下宜由女主人之右起

图 9－33　门形桌排法（三）

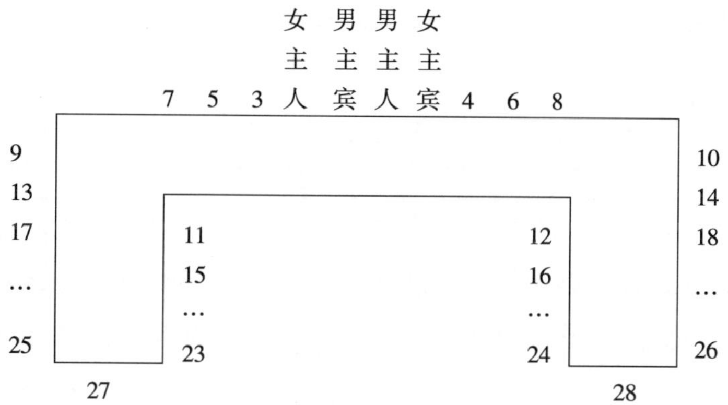

男女主人与男女主宾地位相等，主人与主宾并坐，以示平等尊重

图 9－34 门形桌排法（四）

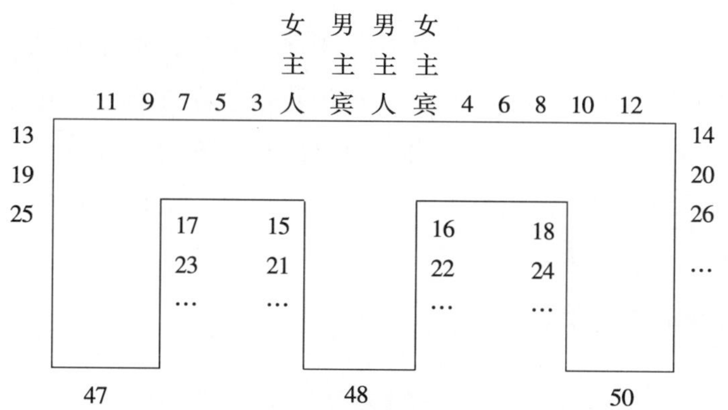

宾主 50 人以上的排法，由内而外分其高低位置，但避免夫妇对面而坐

图 9－35 倒 E 形桌排法

3. 宴席的礼仪服务

参加各种宴请服务接待工作的服务人员，必须受过严格、正规的专业训练。不仅应具备熟练的操作技术，而且还应该掌握宴席中的礼仪礼节。根据宴请的一般程序，宴席中涉外酒店接待服务的礼仪与礼节主要包括席前准备、席前迎接、席间服务和席后的整理工作等。

（1）席前的准备工作。

席前准备工作，主要涉及宴请场所的布置、宴会的餐具、摆台以及服务人员的准备工作等。

①宴会厅或餐厅的布置与装饰。

宴会厅或餐厅的布置与装饰，取决于宴请的规格、标准、餐别、来宾国籍以及宗教信仰等有关方面。官方正式宴会和大型宴会的布置应庄重、大方，可选用少量鲜花、盆景、刻花作点缀，也可配备乐队演奏席间乐。对宴请场所的设备、服务用具等应逐一检查，并根据场地大小及人数等，调整好餐台和坐椅的布局，摆上座位卡及菜单。如果是大型宴会，应在宴会厅前陈列宴会简图或画出全场席位示意图，同时整理布置好休息厅、衣帽间等。

②宴会的餐具与摆台。

摆台是宴请活动中必不可少的礼仪程序，它是指根据餐别将不同的餐具、酒具及用餐必备的其他器具按一定规范摆放在席桌上。由于国家及民族的习俗不同，中式和西式的餐具摆台自然有所不同。

A. 中式餐具主要由各种规格的条盘、圆盘、汤碗、调羹、碟子、饭碗、筷子组成。酒具多用瓷杯或玻璃杯（容量 50 克以下），餐具多用瓷器。中式主要餐具的摆台，如图 9－36。

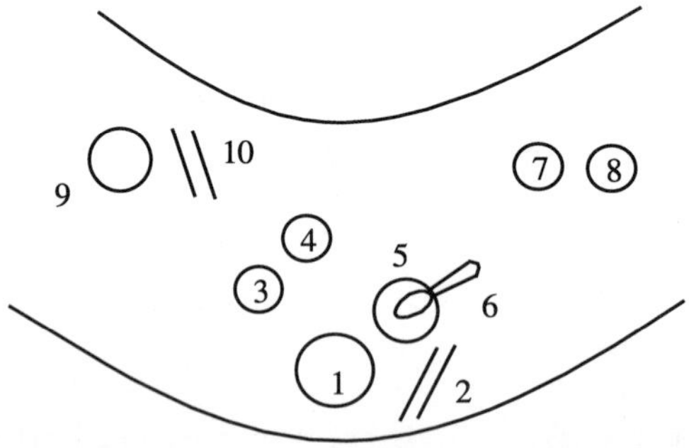

1. 餐碟　2. 筷子　3. 汤碗　4. 水杯　5. 搁碟

6. 汤勺　7. 白酒杯　8. 甜酒杯　9. 公勺　10. 公筷

图 9－36　中式主要餐具摆台示意

B. 西式餐具种类多样，常见的有刀、叉、匙。仅以匙为例，便有汤匙、咖啡匙、甜点匙、冰茶匙、服务匙等。西式酒具主要有葡萄酒杯、白兰地酒杯、香槟酒杯和鸡尾酒杯。常见的摆台有英美式、法式和国际式三种。无论哪种西餐摆法，其基本规则是垫盘正中，叉左刀右，刀尖向上，刀刃朝内，盘前横匙，主食在左，饮料在右，其他用具可酌情放置。酒杯数目与上酒种类相等，从右起依次摆放烈性酒杯、葡萄酒杯、香槟酒杯、啤酒杯。西式主要餐具的摆台，如图 9－37。

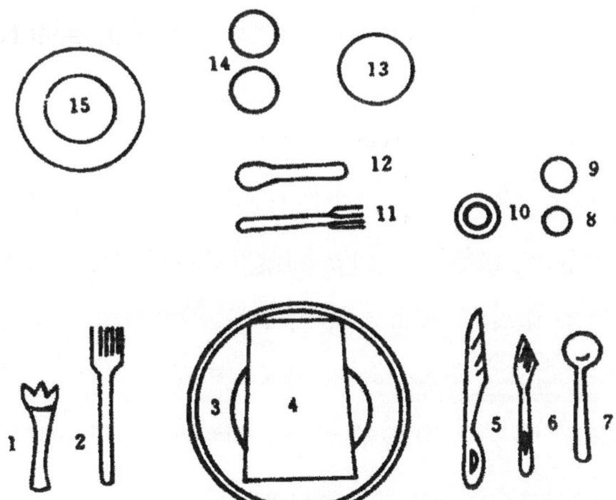

1. 色拉油　2. 餐叉　3. 垫盘　4. 口布　5. 餐刀
6. 色拉刀　7. 清汤匙　8. 白酒杯　9. 红酒杯　10. 水杯
11. 甜点叉　12. 甜点匙　13. 烟灰缸　14. 盐、胡椒瓶
15. 面包和黄油盘

图 9－37　西式主要餐具摆台示意

③服务人员自身的准备。

服务人员自身的准备主要是两个方面：一是要明确宴会的性质、规格、人数及形式等，了解来宾的国籍、宗教信仰及生活习俗；二是要熟悉菜点及特色菜，作好上菜、派菜及介绍特色菜的知识准备。

（2）席前的迎接工作。

席前接待工作主要有迎接宾、主和引宾入席。

①根据宴会开席时间，服务人员、工作人员应提前在各自的岗位上恭候宾客光临。当宾客到达时，主人热情上前迎接，主动招呼问好；服务接待人员应面带微笑，向客人致意，并协助来宾脱、挂外套和帽子。

②按先女宾后男宾、先主宾后一般来宾的顺序，服务人员引宾客进入休息厅或会客厅。厅内应有身份相应的人员陪同、照料来宾。服务接待人员依来宾不同的生活习俗，送茶、派酒或递送饮料，并视情况为吸烟的客人点火。

③主人陪同主宾进入宴会厅主桌，接待人员随即引导其他宾客相继入厅，然后拉开坐椅，引请宾客入座。如宴会规模较大，可先请主桌以外的客人就座，贵宾席后入座，宴会即可开始。

（3）席间的服务工作。

①一般正式宴会均有致词，但各国的安排时间不尽一致。一般习惯于在热菜之后甜食之前由主人致词，接着来宾致答词；也有的一入席双方即致词。主宾双方致词时，服务人员应保持肃静，停止上菜、斟酒等活动，不能发出任何响声。服务人员应在致词行将结束时迅速把酒斟足，供主、宾双方祝酒用。奏国歌时应肃立，停止走动。

②上菜、派菜、分汤的侍应次序，按国际惯例是从男主人右侧的主宾开始，接着是男主人，然后由右向左按顺时针方向进行。若宴会规格高，须由两人担任侍应。其中一人按上述顺序开始，至女主人或第二主人右侧的宾客为止；另一侍应人员则从女主人或第二主人开始，依次向右，至前一侍者开始的邻座为止。中餐上菜顺序一般是冷盘、热菜、汤菜，最后上甜食、水果。一个整套的西餐全餐，则按开胃菜、面包、汤、各式菜肴、甜点水果、咖啡或红茶的先后顺序依次上桌。

③大多数宴会上只用一种酒。中式宴会从开始上冷盘即开始饮酒。西式的正式宴会，各种酒不是同时上桌，而是上一道菜、换一种酒。上桌的酒水可由服务员斟好后再端上来，也可按一定顺序摆放在餐桌上，由服务员或男主人为宾客斟酒。斟酒时应将酒的品牌对向宾客，走到客人右侧。

除啤酒外，所有酒类均不满斟，只斟入酒杯容量的 3/4 即可。

（4）席后的整理工作。

①主人与主宾吃完水果后起立之时，宴会即告结束。服务人员应及时为宾客移开坐椅，以方便宾客离座行走。如来宾需要在会客厅或休息厅叙谈、抽烟或休息，可视实际情况为宾客上茶或咖啡。

②来宾离别时，服务人员要及时、准确地将衣帽递给客人，并主动、热情地协助穿戴。主人把主宾送至门口，主宾离去后，原迎宾人员按顺序排列，与其他客人握手告别。服务人员可视情况目送。

③宴会结束时，有的主人为每位来宾备有小纪念品或一朵鲜花；有的外国朋友希望把宴会上的菜单作为纪念品带走，或请其他宾客在菜单上签名留念。但除主人特别示意的纪念品外，各种接待用品，诸如糖果、水果、香烟等不能拿走。服务员收台时应认真仔细检查，发现有宾客遗留物品应及时送还。

第十章

世界主要宗教礼仪

在酒店服务工作中，要接待各种客人，许多客人就有着不同的宗教信仰。酒店员工了解宗教的一般礼仪常识和主要禁忌，是做好服务工作必不可少的条件。

宗教是一种特殊的社会意识形态，是人类历史上一种古老而又普遍和复杂的社会文化现象，包含了人类社会得以维系的几乎全部因素。自问世以来，宗教就随着历史的变迁不断改变着自己的形态，始终直接或间接地干预着人们的世俗生活。至今，宗教仍然在社会生活中发挥着重大作用，仍是许多国家、许多人的主要精神寄托。

目前，全世界的宗教信仰依然是多种多样的。其中流传最广、影响最深的是佛教、基督教、伊斯兰教，人们称它们为世界三大宗教。这三大宗教都有比较悠久的历史，文化系统完整，教徒众多，而且不同程度地渗透到世界各国的历史、文化、政治、经济和风土人情等各个方面，规范、约束着人们的言语和行为。

在酒店服务工作中，要接待各种客人，许多客人就有着不同的宗教信仰。酒店员工了解宗教的一般礼仪常识和主要禁忌，是做好服务工作必不可少的条件。

第一节　佛　教

佛教是以信仰“佛”为中心的宗教，在三大宗教中创教最早，拥有教徒约 3 亿人。佛教广泛传播于亚洲的东部、东南部的国家和地区，对中国的社会文化生活产生过重大影响。

一、佛教的创立和传播

1. 佛教的创立

佛教发源于公元前 6 至 5 世纪的古印度迦毗罗卫国（今尼泊尔国南部

的提罗拉科特附近），创立者是释迦族的王太子悉达多·乔达摩。“释迦牟尼”是信徒们对悉达多·乔达摩的尊称，意为“释迦族的圣人”。佛教一般称之为“佛”或“佛陀”，是佛教修行的最高果位，意为自觉、觉他、觉行圆满者。

2. 佛教的传播

佛教原来只流行于中印度恒河流域一带。公元前3世纪孔雀王朝时期，阿育王奉佛教为国教，广建佛塔，刻敕令和刻佛经于石柱上，从此遍传南亚次大陆的很多地方。同时又派佛教徒到周围国家传教，东至缅甸，南至斯里兰卡，西到叙利亚、埃及等地，从而使佛教逐渐成为世界性宗教。佛教向世界的传播，大致可分为三条路线。

（1）北传佛教。

公元前后，佛教从古印度向北传入西域，经河西走廊传到中国内地，再由中国传入越南、朝鲜、日本。北传佛教的中心在中国，以大乘佛教为主，其经典主要属于汉语系统。北传佛教，亦称汉地佛教、汉语系佛教。

（2）南传佛教。

公元前3世纪，佛教从古印度向南传入斯里兰卡，后由斯里兰卡传入缅甸、泰国、柬埔寨、老挝、印尼，以及中国云南傣族等少数民族地区。南传佛教，以小乘佛教（上座部佛教）为主，经典为巴利语系统。南传佛教，也称巴利语系佛教。

（3）藏传佛教。

公元7～8世纪，佛教分别从中国汉族地区和印度传入中国西藏。至10世纪中叶，形成藏传佛教系统，俗称喇嘛教。主要流行于中国藏、蒙古、裕固族、纳西族等少数民族聚居地，以及不丹、锡金、尼泊尔、蒙古、西伯利亚等国家和地区。近年来，在欧美地区也流行很广。其经典属于藏语系统，亦称藏语系佛教。

19世纪末至20世纪初，佛教先后传入欧洲、北美许多国家。目前，佛教已传入世界各大洲，但主要集中在东亚、东南亚地区。

从整个佛教发展史来看，大乘佛教的主要兴盛地区在中国。中国佛教徒兼容并蓄，创造性的发展，在佛教教义、仪规等诸多方面作出了极大的贡献。从这个意义上讲，可以说佛教产生于印度，集大成于中国，中国是佛教的第二故乡。佛教自公元前后传入中国，至今已有2000多年的历史。由于佛教不断与中国传统的儒家思想相交融，因而得以广泛传播。到隋唐时期，佛教进一步中国化，并产生了天台宗、三论宗、华严宗、法相宗、律宗、净土宗、禅宗、密宗等许多宗派，形成了山西五台山、四川峨眉山、浙江普陀山和安徽九华山四大佛教名山。

二、佛教的基本常识

1. 佛教的教义、教规及偶像

佛教的教义深奥，释迦牟尼所创佛教的基本教义，主要包括四谛说、十二因缘说、八正道、三法印等。

（1）四谛说。

“四谛”是佛教各派共同承认的基础教义。“谛”即“真理”。“四谛”亦称“四圣谛”，即苦谛、集谛、灭谛和道谛。

（2）八正道。

“八正道”亦称八圣道、八支正道、八中道，是把“四谛”说进一步具体化。它具体指出了解脱诸苦、断绝轮回、达到“涅槃”境界的八种正确途径和方法。

（3）十二因缘说。

佛教认为一切事物和现象的产生、变化都有一定的条件。“十二因缘”是佛教对人生苦恼的过程和原因的分析。佛教把人生现象分为十二个连续的环节：无明、行、识、名色、六处、触、爱、取、有、生、老、死。这十二因缘前后之间互为成果，互为生灭的条件。

（4）三法印。

“三法印”是佛教三条衡量天下事物是否合乎佛教教义的基本准则。一是“诸行无常”，指一切事物的运动和变化都是生灭不定的。二是“诸法无我”，指一切事物和现象，都没有主宰者和常住不变的本性和本质。三是“涅槃寂静”，指永远超离生死苦恼的涅槃境界是永恒的安乐状态。

2. 佛教的教规

佛教的教规极为繁琐、细致、严格，其中与佛教徒日常生活有直接关系的基本教规有：

（1）“五戒”，即不可杀生、不可偷盗、不可邪淫、不可妄语和不可饮酒。

（2）“十戒”，即不杀、不盗、不淫、不妄语、不饮酒、不着彩衣和不用化妆品、不视听歌舞、不睡高床、过午不食、不蓄财宝，共10条根本戒律。由此，扩充为和尚的250戒和尼姑的348戒的大戒。

3. 佛教的偶像

佛教不信奉神灵，佛教崇拜的对象都是修行取得成果的人。佛教是多神宗教，其供奉的偶像主要有：

（1）佛。

所谓佛，即自觉、觉他（使众生觉悟）、觉行圆满者。据称，佛是佛教修行的最高境界，是“佛陀”的简称。小乘佛教专指佛教创始人释迦牟尼；大乘佛教中，一切觉行圆满者均可称为佛。

（2）菩萨。

所谓菩萨，即指自觉，觉他者，在佛国世界中的等级地位仅次于佛。

（3）罗汉。

全称为阿罗汉，即已灭尽一切烦恼，应受到天人供养者。罗汉永远进入涅槃，不再生死轮回，并弘扬佛法。

三、佛教礼仪

1. 常用的称谓

佛教在各国的教制、教职不尽相同，称谓也不完全一致。如泰国有僧王，但其他国家则不设。在我国寺院中主要负责人称“方丈”，即“住持”，负责内部事务的称“监院”，负责对外联络的称“知客”，负责管理僧众庶务的称“维那”。他们可尊称为“长老”、“高僧”、“大师”、“法师”。

佛教徒中出家的男性称“比丘”，简称“僧”，俗称“和尚”；出家的女性称“比丘尼”，简称“尼”，俗称“尼姑”。已受“十戒”而未受“具足戒”（大戒）的僧人，应称“沙弥”（俗称小和尚）或“沙弥尼”（俗称小尼姑）。对在家修行的信徒称为“居士”。凡出家的佛教徒必须剃除须发，披上袈裟，称为“披剃”。僧尼一经“披剃”，即入住寺院，开始佛家生活。僧尼向施主求布施，叫做“化缘”。

对较高水平的僧人，则根据具体情况称呼。通晓佛法的僧人称“法师”；通晓经藏或善于诵读经文的僧人称“经师”；精通论藏的僧人称“论师”，通晓律藏的僧人称“律师”；精通经、律、论三藏的僧人称为“三藏法师”。“大师”一般用以尊称著名僧人；“高僧”是对德行高的僧人的尊称；对喇嘛教的僧侣，尊称“喇嘛”（上师）。

2. “四威仪”

“四威仪”是指僧尼在行、住、坐、卧时应保持的威仪德相，即行如风、住（站）如松、坐如钟、卧如弓。

3. 常用礼节

（1）合掌。

合掌是佛教徒常用的一种礼节，亦称合十。合十时，双手手心相对并拢，手指朝上，置于胸前，口念道“阿弥陀佛”，以示虔诚。

跪合十，则为行大礼。即行礼时，右腿跪地，双手合掌于两眉中间，头部微俯，以示恭敬虔诚，是佛教徒拜佛祖或高僧时所行的礼节。

站合十，行礼时要站立端正，将合十的掌尖置于胸部或口部，头微微低下，以示敬意，是佛教徒之间或对外人敬重的表示。

（2）绕佛。

围绕佛而向右转，即按顺时针方向行走，一圈、三圈，或百圈、千圈，表示对佛的尊敬。

（3）五体投地。

即顶礼，是佛教的最高礼节，是向佛、菩萨或上座行的礼，也称五轮投体。“五体”指两肘、两膝和头。行礼时，“五体”均着地。先正立合掌，然后右手撩衣，接着双膝跪下，接着两肘着地，头顶叩地，最后两手掌翻上承尊者之足或以头触佛足，毕恭毕敬；礼毕，起顶头，收两肘，收两膝，起立。藏传佛教的五体投地幅度很大。

（4）互跪礼与长跪礼。

互跪礼与长跪礼分别为佛教僧尼所用。僧人行互跪礼时，双腿轮换跪于地；尼姑行长跪礼时，两膝同时久跪于地。

（5）口念“南无……”。

“南无”音“那谟”，梵文的音译，意为“致敬”、“归敬”、“归命”。一般加于佛、菩萨名之前，或加于佛教经典之前，以示敬意。

（6）朝山。

朝山是指佛教徒到名山大寺去进香拜佛。小乘佛教徒进入寺庙时须脱鞋，进殿只朝拜释迦牟尼佛；大乘佛教徒进入寺庙可不脱鞋，进殿除朝拜佛祖外还要朝拜弥勒佛、观世音以及三世十方众佛和菩萨。

四、佛教主要节日

1. 佛诞节

又称佛诞会、佛生会，是为纪念佛祖释迦牟尼诞生而举行的佛事法会。因法会中以浴佛为主要内容，故又称浴佛节、浴佛会、灌佛会。信奉小乘佛教的东南亚国家和中国云南的傣族地区将这一节日称为“泼水节”，在泰国则称为“送干节”或“宋干节”。佛诞节的日期，中国汉族地区的大乘佛教是在农历四月初八，日本是公历 4 月 8 日，蒙藏地区是 4 月 15 日，傣族及其他少数民族是清明节后 10 天，泰国是公历 4 月 13 日至 15 日。节日的主要活动是举行隆重的浴佛仪式，以香水灌洗佛像全身。节日这一天，信徒们还要举行斋会，施舍僧侣，拜佛祭祖，吃阿弥饭（即乌米饭），有放生的习俗。东南亚各国和我国西南的傣族地区在节日中人们还要互相泼水，表达良好的祝福。

2. 佛成道日

是纪念佛祖释迦牟尼修行成佛的纪念日。中国传统的佛成道节是每年农历十二月八日，也就是腊月初八，俗称“腊八节”。届时，信徒们以“腊八粥”供奉佛像。在佛成道日煮“腊八粥”供佛，取法于牧羊女向佛献乳粥的传说。在民间有庆贺五谷丰登、驱逐鬼邪瘟疫的意义。时至今日，我国许多地区，如北京、浙江、胶东、河北、西北等地，仍保留着喝腊八粥的习俗。

3. 盂兰盆节

亦称盂兰盆斋、盂兰盆会，时间是农历七月十五日。这天佛教徒供养“三宝”（佛、法、僧为佛寺三宝），超荐亡世父母、现实父母以及历代祖先，施食鬼神。

盂兰盆是梵文的音译，意译为“救倒悬”。比喻亡者之苦难有如倒悬，痛苦之极，应及时解救。根据佛法传说，释迦牟尼的弟子目犍连之母因生前不舍施舍给游方僧饭吃而犯罪，死后沦为饿鬼。目犍连求佛祖拯救，释迦牟尼要他在七月十五日僧众安居结束时供养僧众使其母解脱。佛教据此兴起盂兰盆会，集百味饭食安放在盂兰盆中，供养十方僧众，使亡世父母、现实父母在厄难中及历代祖先得以离开饿鬼之苦，升到人世或天道中，享受福乐。中国自梁武帝时起兴盂兰盆斋。到了宋代，供养佛僧的内容逐渐减弱，而超荐亡灵的色彩有所增加，从而以盆供僧转变为以盆施鬼，目的是超度死去的亡灵。

佛教采取了道教中元节的说法，称盂兰盆节为“中元节”。后来，又俗称为“鬼节”。此后，盂兰盆节逐渐成为中国民间祀奉祖先、超荐亡灵的民间节日。后来，民间又把中元节改在七月十四日。据说在南宋末年中元节前夜，人们正准备过节，突然元兵入侵，大家只好提前举行祭祖仪式。此后相沿成习，就将七月十四日当作中元节了。

4. 吠舍佉（维迦莎）节

在东南亚一些佛教流行的国家，将释迦牟尼的诞辰、成道和涅槃合并在一起纪念，称作吠舍佉节，时间在公历 5 月的月圆日。总部设在泰国首都曼谷的世界佛教联谊会，于 1954 年将此日定为“世界佛陀日”。它是东南亚一些佛教流行国家的全国性传统节日，如泰国、斯里兰卡，届时全国放假进行大规模庆祝活动。

第二节　基督教

基督教是以信仰“耶稣基督”为救世主的天主教、东正教和基督新教的各个宗教派别的总称。自创立以来至今，三大教派拥有教徒12亿左右，遍布五大洲150多个国家和地区，是世界上拥有教徒最多的宗教。基督教对整个人类的历史文化、社会政治和现实生活等方面有极大的影响。中国许多来自西方的游客，都是基督教的信徒。

一、基督教的创立和发展

1. 基督教的创立

基督教起源于公元1世纪西亚巴勒斯坦地区的犹太人中间，相传为拿撒勒人耶稣所创立，与犹太人的民族宗教犹太教有着血缘关系。最初基督教为犹太教的一个下层派别，公元1～2世纪间逐步同犹太教分裂，成为新的宗教。

“基督”是“基利斯督”的简称，是希伯来文（犹太人文）的希腊文写法的音译，原意为犹太人所盼望的“复国救主”。基督教沿用此词，将其含义引申为“救世主”。

2. 基督教的发展

在基督教的发展中，发生过两次大分裂，因而形成三大教派。第一次分裂是由争夺教会统治权而引起的，发生在公元11世纪中叶。395年，罗马帝国分裂为东、西两部分，由此基督教会也形成了西部以罗马为中心的西部教会，和以君士坦丁堡为中心的东部教会。直到1054年，基督教的东西教会公开分裂为两个派别，即以罗马为中心的西部公教（也称加特力教或基督教），中国译为天主教；和以君士坦丁堡为中心的东方正教，简称东正教。第二次分裂由宗教改革而引起，发生在16世纪。1517年，德国马丁·路德倡导宗教改革。由此，在西部教会内部分裂出一派反天主教的基督教新派。在西欧，称天主教内部脱离出来的新的宗派为抗宗派，我国称为新教，又称耶稣教或基督教。

天主教主要分布在意大利、法国、西班牙、葡萄牙、比利时、卢森堡、爱尔兰、德国南部、奥地利、匈牙利、波兰、捷克、斯洛伐克以及拉丁美洲、亚洲一些国家。

东正教主要分布在希腊、塞浦路斯、阿尔巴尼亚、保加利亚、罗马尼亚、俄罗斯等国。

基督新教主要分布在美国、加拿大、英国、德国北部、北欧各国以及澳大利亚、新西兰等国。

二、基督教的教义、教规及偶像

1. 基督教的教义

基督教作为一种意识形态，其三大派别的天主教、东正教和新教尽管教义上有所差异，但基本教义是相同的。

（1）上帝创世说。

基督教认为，在宇宙造出之前，没有任何物质存在，包括时间和空间都没有，只存在上帝及其“道”。上帝是天地的主宰，万物的创造者。上帝就是通过“道”创造一切，包括创造地球和人。上帝“无所不知，无所不能，无所不在”，是“全善、全智、全爱”，人们必须敬畏、顺服、听从他的安排，否则就要受到惩罚。

（2）原罪救赎说。

基督教宣称，上帝创造人类始祖亚当、夏娃，将他们安置在伊甸园里过着无忧无虑的生活。但夏娃和亚当不听上帝的命令，受蛇的引诱，偷吃了“知善恶树”上的禁果（智慧果）。因此而知羞耻与生儿育女，犯下了罪，被驱逐出伊甸园。夏娃和亚当的这一罪过，成为整个人类的原始罪，并且世世代代相传，也是人类一切罪恶和灾祸的根源。这种与生俱来的原罪，人类无法自救，只有忏悔，基督就可以为之赎罪。

（3）天堂地狱说。

基督教声称，现实世界是罪恶的渊源，人在这个世界中的苦楚是无法摆脱的。天堂是极乐世界，只有相信上帝和上帝派来的救世主——耶稣基督，一切服从上帝的安排，灵魂才能得救，死后灵魂才能上升到极乐世界天堂。否则就要受到世界末日的审判，被抛入地狱。天主教和东正教还为既不能升天堂、又不能下地狱者设炼狱，暂时受苦，炼净灵魂，罪恶赎完，可再升入天堂。

2. 基督教的教规

基督教有十条戒律，也是基督教的基本道德准则。即：

（1）除上帝外，不得信仰其他神；

（2）不可制造和敬拜偶像（天主教无此条，另设一条“勿贪他人妻室”作为第九戒）；

（3）不许妄称圣父耶和华之名（即决不允许以上帝的名义发假誓）；

（4）勤劳作工六天，第七天要守安息日；

（5）孝敬父母；

（6）不许杀人；

（7）不许奸淫；

（8）不许偷盗；

（9）不许做假见证来陷害他人；

（10）不许贪恋他人财物。

其中，前四条讲的是人与上帝的关系，后六条讲的是人与人之间的关系。天主教会又将“十戒”归纳为两个重点，即“爱上帝万有之上”和“爱人如己”。

3. 基督教的禁忌

基督教教徒除了教规的十戒律外，还有如下的主要忌讳。

（1）基督教教徒一般忌食带血的食物，如鸡血、鸭血、猪血等。安息日，信徒不食用猪肉。

（2）基督教教徒忌讳数字“13”和星期五。

由于耶稣的受难日为星期五，最后的晚餐是12门徒，连同耶稣是13个人，而其中出了叛徒犹大，所以西方人将13日与星期五视为凶日，忌讳数字“13”。如果是13日又碰巧是星期五，则是万事不宜的忌日，称这是个黑色的日子。在这一天，人们忌讳出门、办重要的事、赴宴或举行活动。

4. 基督教的偶像

基督教是一神教。在中国，基督教新教对其所信奉之神称为“上帝”或“神”，天主教称“天主”。基督教宣称，上帝（天主）只有一个，但包括圣父、圣子、圣灵（圣神）三个位格。三者虽各有特定的位格，却完全同是一个本体，同为一个独一的真神，而不是三个神，属三位一体。圣父、圣子、圣灵（圣神），同受敬拜，同受尊荣。

相传创教的耶稣是上帝的独生子，是派往人间的救世主，为替世人赎罪而被钉死在十字架上。所以，基督教各派尊奉“十字架”为信仰的标志，以示信仰耶稣的主张和学说。

三、基督教的礼仪

1. 基督教主要称谓

基督教的信徒相互之间，称平信徒，在我国习惯称教友。基督新教信徒相互之间，可称兄弟姐妹，因为同是上帝的儿女；也可称同道，因为大家都信奉耶稣所传的教道。

教会的神职人员，则按其职务称呼。

天主教会，是一个具有严密组织的国际团体，采用君主集中制。罗马教廷设在罗马城西的梵蒂冈，统治着世界各地的天主教会和教徒。有天主教徒的国家都划分为若干教省、教区，由神职人员进行管理。教皇是天主教的最高首领；枢机主教（俗称红衣主教）是最高级主教，由教皇任命，有选举和被选举为教皇的权利，一般担任罗马教廷和各国教会的重要职务；大主教是管理一个教省的高级僧侣；主教是管理一个教区的高级僧侣；神父是基层教堂的负责人，直接管理教徒，进行传教活动；修士、修女是离家进教会终身为教会服务的男、女传教人员。

东正教会，在各国组织上是独立的，但彼此间有松散的联系。君士坦丁堡主教拥有东正教普世牧首的称号，但对其他独立的教会并没有管理的权利。一般而言，东正教最高首领称为牧首，重要城市的主教称为都主教，地位低于都主教的称为大主教，教堂负责人也称主教或神父（包括大司祭、司祭、辅祭），修士、修女称呼同天主教。

新教，组织较天主教松散，教会组织体制一般可分为三种形式：主教制、长老制、公理制。教区的负责人称主教，教堂负责人称牧师。牧师主持宗教仪式，管理教务，通常每一个堂会（教会的基层单位）有一个牧师负责传教活动。传道员是教会下层的宗教工作人员（即修士、修女）。另外，还有教徒骨干分子组成的义务工作人员（义工），如长老、执事等，负责教会的行政事务。

2. 基督教的宗教仪式

（1）七件圣事。

天主教和东正教都主张七件圣事。七件圣事是天主教和东正教的重要礼仪。

①洗礼。洗礼是基督教的入教仪式。受礼后，就意味着所有“原罪”被赦免了，成为教徒，并有权领受其他圣事。洗礼的方式有注水礼（点水礼）和浸水礼两种。注水礼是用一小杯水醮洒在受礼者的额头上，或由神职人员用手蘸水在受礼者额头上划十字。浸水礼是把受礼者全身浸入水

中。天主教多为施注水礼，东正教则通常施浸水礼。

②坚振。为坚定教徒的信仰，接受主教实行的按手礼或敷油礼。这样可以使“圣灵”降临其身，用以坚定信徒的信仰，振奋人心。

③告解。告解就是忏悔。教徒单独地把自己所犯的过错或“罪行”，向神职人员表白，并表示悔改。神职人员听后应保守秘密，并指出如何赎罪，以重新获得上帝的恩宠。

④圣体或圣餐。天主教称之为“弥撒”（拉丁文），原意为“感谢祭”，是纪念基督救赎的宗教仪式。据《新约全书》称，耶稣在最后的晚餐时，拿起饼和葡萄酒祈祷后，分发给12个门徒，并说：“这是我的身体和血，是为众人免罪而舍弃和流出的。”天主教、东正教认为面饼和葡萄酒经神父“祝圣”后，就变成了耶稣的血和肉。领“圣体”或领“圣体血”，意在分享耶稣的生命。教徒在举行一定仪式领食后，可以获得耶稣的生命。天主教称这一仪式为“弥撒”，而教徒们参加这一活动为“望弥撒”。

⑤终傅。教徒病危时，请神职人员用经过主教“祝圣”的橄榄油，敷擦病人的耳、目、口、鼻和足，并诵念一段祈祷经文，以帮助患者忍受痛苦。教徒临死时，也由神甫敷擦“圣油”并为之祈祷，以此赦免其一生的罪恶，安心地去见上帝。

⑥神品。即授神职礼，也称授圣职礼。这是任命神职人员的仪式。通过“按立”仪式，可以使神职人员神圣化。

⑦婚配礼。神职人员在教堂里为教徒主持婚礼的仪式，为教徒的婚姻祝福。按照教会规定，教徒应在教堂内正式结为夫妻，先由神父讯问男女双方是否同意结为夫妻。在双方肯定回答后，主礼人诵念一段规定的祈祷经文，宣布“天主所配合的人不能分开”。目前不少国家还规定在任何情况下都不准离婚。

基督教新教主张廉俭教会，在经济和时间上厉行节约，宗教仪式的项目、内容和时间均从简行事。现在，基督新教中绝大多数教派所公认的“圣礼”仅为两项：洗礼和圣餐。也有少数教派，如公谊会等不主张举行任何仪式。

（2）礼拜。

礼拜是教徒们在教堂里进行的一项包括唱诗、读经、祈祷、听讲道和祝福的宗教活动，每周一次。星期日做礼拜为“主日礼拜”，据《新约全书》称，耶稣在这天复活。另有少数教派规定是星期六（安息日）为礼拜，这天称为“安息日礼拜”。

除每周一次的常规礼拜之外，基督教会还举行结婚礼拜、葬礼礼拜、追思礼拜、感恩礼拜和圣餐礼拜等礼拜活动。

（3）祈祷。

祈祷俗称祷告，这是基督教教徒向上帝和耶稣表示感谢、赞美、祈求或认罪。祈祷有口祷、默祷两种形式。个人独自进行的祈祷称为私祷。在礼拜、聚会时，众多信徒由神职人员主颂的祷告称为公祷。祈祷时，信徒通常双手手指交叉并拢置于胸前，闭上双目，排除杂念。祷告完毕时，口呼“阿门”，表示希望所有一切祈祷可以成真。

四、基督教的主要节日

1. 圣诞节

亦称“耶稣圣诞瞻礼”、“主降生节”，是纪念耶稣诞生的节日。据《圣经》中耶稣诞生日期记载，基督教教会规定圣诞节的时间是每年的 12 月 25 日。东正教和其他东方教会由于沿用“儒略历”，圣诞节在每年的 1 月 6 日或 7 日。圣诞节沿袭至今，不再仅仅是一个传统的宗教节日，而成为许多国家盛大的欢庆节日，在世界上有较大影响。圣诞树、圣诞卡、圣诞歌、圣诞老人是圣诞节必不可少的。

圣诞节的庆祝活动从 12 月 24 日夜间便开始举行。因为《圣经》中记载，耶稣是在半夜里降生的。庆祝活动在半夜里达到最高潮，这一夜叫圣诞夜。圣诞夜往往有许多人在各种公共场所彻夜狂欢，教堂里也在为举行纪念耶稣诞生的半夜“弥撒”而灯火通明。

圣诞树作为幸福与欢乐的象征，是圣诞节的主要装饰品。节日中的人们来到圣诞树前，满怀喜悦地将自带的礼品，与挂在树上的礼品交换，使人们都得到了良好的节日祝福。圣诞老人是圣诞节节日活动中颇受欢迎的人物，要给孩子们分发礼品。圣诞晚餐是圣诞节的重要组成部分，传统的圣诞节食品有烤火腿或火鸡、甘薯、蔬菜、葡萄干和布丁等。人们互赠圣诞卡，共庆节日愉快。圣诞节前夕和当天早晨人们纷纷上教堂去唱赞美诗，接受神甫或牧师的祝福。

2. 复活节

亦称“耶稣复活瞻礼”、“主复活节”，是纪念耶稣复活的节日。复活节是东正教最为隆重的节日。据《新约全书》称，耶稣钉死在十字架上的受难日是星期五（13 日），死后第三日（星期日）复活。复活节的时间是每年春分月圆后的第一个星期日，一般在公历 3 月 21 日至 4 月 25 日之间。由于东正教以及某些其他东方教会历法不同，所以复活节在具体日期上，常比天主教和新教迟两个星期。

复活节是基督教的传统宗教节日，有些独特的习俗，如鸡蛋和兔子是复活节的吉祥物。鸡蛋在西方古代象征多子多孙，后来基督教赋予鸡蛋新的意义，它象征耶稣复活的坟墓；若把鸡蛋染成红颜色，象征生活幸福。现代人过复活节，还把寻找彩蛋作为庆祝的游戏。兔子是繁殖力很强的小动物，象征兴旺发达的新生命。鸡蛋和兔子是复活节中不可缺少的东西，复活节是欧洲和美洲彩蛋工艺品生意最兴隆的日子。节日里人们爱吃的食物是熏烤的羊肉、火腿等。据说，基督教徒食用羊肉的习惯是从古代宗教使用羊祭祀亡灵的习俗沿袭下来的。

3. 情人节

又名“圣瓦伦丁节”，起源于古罗马，在每年 2 月 14 日举行。现在已成为欧美各国青年人喜爱的节日。每当情人节来临时，青年们就忙着挑选礼物送给心爱的人。人们送得最多的礼物要数圣瓦伦丁贺卡，上面印有各种象征爱情的图案。

第三节　伊斯兰教

伊斯兰教，我国旧称回教、天方教或清真教。伊斯兰教信奉安拉为宇宙的唯一主宰、唯一真主。“伊斯兰”为阿拉伯语音译，意为“顺从”，指顺从安拉（中国穆斯林称为真主）的意思。创始人为穆罕默德。伊斯兰教的教徒称“穆斯林”。“穆斯林”是阿拉伯语音译，意为“顺从者”，即顺从安拉和穆罕默德的人。伊斯兰教主要流行于亚洲和非洲，特别是西亚、北非、南亚次大陆和东南亚各地，在西欧、北美一带也有传播。

一、伊斯兰教的创立和传播

1. 伊斯兰教的创立

伊斯兰教起源于7世纪初的阿拉伯半岛，创立人为穆罕默德（570—632）。穆罕默德出生于麦加城的古莱氏部落没落贵族商人家庭，为适应阿拉伯经济发展和统一的需要，宣称自己受到真主“安拉”的启示，创立了伊斯兰教。

2. 伊斯兰教的传播

穆罕默德去世以后，随着阿拉伯国家的建立和对外扩张，伊斯兰教得到广泛的发展和传播。伊斯兰教教徒以“圣战”的方式和商业活动，向非洲西部、亚洲南部、中部以及东南亚广泛的范围传播，使伊斯兰教成为世界性宗教。

伊斯兰教拥有教徒近10亿，影响到90多个国家，其中信徒占全国人口80%以上的有30多个国家。主要传播于亚洲、非洲、东南欧，以西亚、北非、南亚、东南亚一带最为盛行，不少国家将伊斯兰教定为国教。

伊斯兰教早在公元7世纪中叶就传入我国，特别在西北地区的回族、维吾尔族、哈萨克族、乌孜别克族、塔塔尔族、塔吉克族、柯尔克孜族、东乡族、保安族、撒拉族等10个少数民族中广泛流传。

伊斯兰教在发展过程中形成了两大教派，即逊尼派和什叶派。逊尼派自称正统派，在全世界穆斯林中居多数，占穆斯林人数的90%。什叶派为少数派，只占穆斯林人数的10%。在阿拉伯地区，有30%的穆斯林属于什叶派。什叶派在伊朗、也门等国居于统治地位，在伊拉克、巴基斯坦、阿富汗、叙利亚、印度等国也有一定影响。

二、伊斯兰教的教义、教规及信奉对象

根据伊斯兰教的经典《古兰经》，伊斯兰教的教义由宗教信仰、宗教义务和道德规范三部分组成。

1. 伊斯兰教的基本教义

（1）信安拉，即信真主。

安拉是创造和主宰宇宙万物的唯一之神。

（2）信使者。

使者是安拉与人类之间的媒介。穆罕默德是安拉派往人间的使者、集大成的使者，负责传达安拉的意旨，拯救世人。信仰安拉就必须无条件服

从穆罕默德。

（3）信天使，即相信天界的天神。

天使是安拉用光创造出来的一种纯粹的精灵和妙体，它们神通广大，飞行神速，人的肉眼看不见。它们根据安拉的旨意，各司其职。人们的言行均受天使的监视。

（4）信经典，即信奉《古兰经》。

它是安拉降示的天经，为伊斯兰教的根本大典，是伊斯兰教国家立法、道德规范和思想学说的基础。必须无条件信仰《古兰经》，并以此作为最高办事准则。

（5）信前定。

即相信一切事物都是安拉早就前定了的，无法改变，承认和顺从是唯一的出路。

（6）信后世。

即相信人死后，其“灵魂”不死，在今世与后世之间，为世界末日。世界末日来到时，所有死去的人的灵魂将会复活。安拉根据天使的记录，进行“审判”：生前行善者可进天堂享乐；作恶者则坠入火狱，要受尽折磨痛苦，并永世不得翻身。

2. 伊斯兰教教规

伊斯兰教的教规主要是修“五功”，即宗教义务和修炼方式。

（1）念功。

即心念或口诵“万物非主，唯有真主，穆罕默德是主的使者”，以表白自身的信仰。中国穆斯林称其为“清真言”。

（2）礼功（拜功）。

即礼拜，是对安拉的感恩、赞美、恳求和禀告。穆斯林每天要做五次礼拜，分别称为晨礼、晌礼、晡礼、昏礼、宵礼；每周星期五午后，在清真寺聚礼一次，称为“主麻”拜；每年的开斋节和宰牲节聚礼两次，要做节日礼拜。礼拜场所不定，要面朝向圣城麦加大清真寺“克尔白”（天房）方向，在中国要面向西方朝拜。日常礼拜前要“小净”，“主麻拜”和节日礼拜前要“大净”。

（3）斋功。

即斋戒，就是赎罪的斋功。凡是穆斯林，只要不是病人、旅客、怀孕和哺乳妇女都必须在斋月（伊斯兰教教历九月），斋戒一个月。在这期间，每天从日升到日落，禁绝一切饮食，禁止娱乐活动。十月初新月出现即开斋，以向安拉忏悔和赎罪。

（4）课功。

即施舍，又称天课，这是伊斯兰教的宗教课税。穆斯林要根据自己拥有的财产交纳财产税。有的国家以自由施舍代之，有的国家以一定税率征收，为全年财产结余的2.5%，用以济贫。

（5）朝功。

即朝觐。凡身体健康、有经济能力、旅途方便的穆斯林，不分男女，一生中至少应去圣地麦加朝觐一次，也可别人代为朝拜。“正朝”的朝觐时间是伊斯兰教教历的12月8日至12日，每位朝觐者在进入麦加前，必须在规定的地点受戒（即大净）。除“正朝”期外，也可随时去圣地麦加作朝觐，这叫“副朝”。经过朝功者，在其名字前冠以“哈只”（旅行者），以示荣誉。

3. 善行

善行，即行善，是穆斯林应遵守的伊斯兰教的道德规范，约束自己的言行。

4. 伊斯兰教信奉的对象

安拉，是伊斯兰教信奉的唯一对象。伊斯兰教认为安拉无祖先、无后裔、无形体特征，因此无肖像、偶像。

三、伊斯兰教的称谓和禁忌

1. 伊斯兰教的主要称谓

（1）伊玛目，即教长，一般常称清真寺的教长。逊尼派用以称呼穆斯林的领袖。什叶派用以称呼所拥戴的政教领袖。

（2）阿訇，指主持清真寺教务者，其中担任教坊的最高首领和经文大师分别称为“教长阿訇”、“开学阿訇”。

（3）毛拉，是对伊斯兰学者的尊称。新疆有些地方的穆斯林对阿訇也称“毛拉”。

2. 伊斯兰教的主要习俗禁忌

（1）伊斯兰教不设偶像。

伊斯兰教认为安拉不是实体，没有形体特征，不可能有肖像或塑像。所以，穆斯林禁忌一切偶像崇拜。

（2）讲究卫生。

穆斯林都有爱清洁、讲卫生的好习惯，他们都喜欢戴白帽（即礼拜帽），穿白色衣服。伊斯兰教有明确规定，穆斯林进礼拜寺，必须做大净、小净和脱鞋。所谓大净，是指从头到脚洗干净；所谓小净，是洗净脸和手等。未行小净，不得礼拜，不得朝觐天房；未行大净，不得封斋。

（3）饮食极注重洁净。

穆斯林非常注意饮食的选择，并且有十分严格的规定。禁食的物品最主要有五种：猪肉、自死物、血液、未诵念“安拉”之名宰杀的禽兽、酒。另外对驴、骡、狗和一切凶猛禽兽的肉，以及外形丑陋和不法之物也都忌食。

（4）伊斯兰教规定，男女穆斯林必须穿不露体的衣服，妇女必须戴面纱、盖头。

(5) 在日常生活中，穆斯林敬茶、端饭、握手均用右手，用左手被视为不礼貌。

四、伊斯兰教的主要节日

1. 开斋节

开斋节，是穆斯林的一个重要节日，我国新疆地区称肉孜节，时间为伊斯兰教历10月1日。按照伊斯兰教教法规定，伊斯兰教教历的每年9月为斋戒月，在斋戒的最后一天傍晚要寻看新月，见到后次日开斋；如未见新月，则顺延，但一般不得超过3天。

节日期间，穆斯林都要沐浴更装，然后女人们在家做礼拜，男人们涌向清真寺参加聚礼，听伊玛目宣讲教义。聚礼之后，探亲访友，接受阿訇和亲友们的祝福，举行庆祝活动。青年男女往往选择这一天举行婚礼，以增添欢乐的节日气氛。

2. 宰牲节

又称古尔邦节、忠孝节。在阿拉伯语中，“古尔邦”意为“献牲”。时间是伊斯兰教教历的12月10日。相传，安拉“启示”易卜拉欣宰子献祭，以试探其是否忠诚。当易卜拉欣毫不犹豫遵命行事时，安拉派天神送上一只羊，命以羊代之。伊斯兰教就把传说中献祭的这一天规定为宰牲节。宰牲节是我国信仰伊斯兰教的少数民族的最大节日。

每逢宰牲节时，所有的穆斯林都要沐浴，举行会礼与拜会，集体观看宰牲仪式。宰杀牛、羊，表明对安拉的虔诚之心。庄严的礼拜仪式结束后，人们以家庭为单位集中起来，开始吃羊肉、烤饼、花样糕点、糖果等丰盛的饮食。宰牲节庆祝活动多种多样，一连几天地欢庆佳节。

3. 圣纪节

又称圣忌节，是穆斯林的重要宗教节日，时间是伊斯兰教历 3 月 12 日。据传，这日为穆罕默德诞生和逝世日。因此，圣纪节活动兼有纪念穆罕默德诞生与逝世的双重意义，故又称为“圣忌”、“圣祭”或“圣会”。圣纪节的庆祝活动，一般在清真寺举行，诵读《古兰经》、赞圣、讲述穆罕默德生平事迹和懿行等，有的还邀请亲朋聚餐纪念。

第十一章 中国主要少数民族餐饮、社交礼仪与禁忌

为开展民族民俗旅游和做好少数民族游客的接待工作，必须了解少数民族的文化、习俗、礼仪、节日、禁忌等。少数民族的习俗、礼仪丰富多彩。本章就若干人口较多或旅游发展较快的少数民族的餐饮、社交礼仪和禁忌等方面，作一些简要的介绍。

中国是一个统一的多民族国家，除汉族外，还有55个少数民族。汉族多聚居在人口稠密的东南部，少数民族多分布在人口稀疏的边疆地区，但两者没有明显的界线。在少数民族聚居区，一般都有一定数量的汉族居民。各少数民族除或大或小的聚居区外，与汉族及其他少数民族交错杂居。从而形成了以汉族为主体的大杂居、小聚居、交错居住的格局。这种居住格局决定了中国各民族之间，特别是汉族与少数民族之间，在政治、经济、文化等方面相互依赖的密切关系。

随着旅游业的迅速发展，民族风情观光旅游已成为重要的旅游项目，少数民族地区已成为我国重要的旅游目的地。同时少数民族地区的社会经济迅速发展，人口增长速度超过汉族，人民生活水平有很大的提高，少数民族外出旅游、学习、经商等的人数增长很快。为开展民族民俗旅游和做好少数民族游客的接待工作，必须了解少数民族的文化、习俗、礼仪、节日、禁忌等。少数民族的习俗、礼仪丰富多彩。本章就若干人口较多或旅游发展较快的少数民族的餐饮、社交礼仪和禁忌等方面，做一些简要的介绍。

第一节　我国北方主要少数民族的餐饮、社交礼仪与禁忌

一、满族

满族，渊源于周代肃慎、汉代挹娄、北朝勿吉、隋唐靺鞨，其直系先人为明代女真，其名最初见于唐末五代。后金天聪九年（1635年）清太宗皇太极改女真族为满洲，1911年辛亥革命后简称满族。

满族散居全国各地，主要分布在东北的辽宁、吉林、黑龙江三省，其中尤以辽宁省最多，占了总人口的40%以上。自清朝以来，由于满汉长期杂居，满族在语言、服饰、习俗等方面与汉族差异逐渐缩小。

1. 满族的餐饮礼仪

长期以来，满族主要从事农业，兼有狩猎、采集等多种经营。满族的传统主食是小米、黄米饭和黄米饽饽（豆包）。喜欢吃粘食，四季分别做豆面、苏子叶、粘糕等饽饽，如春季吃豆面饽饽、夏季吃苏子叶饽饽、秋季吃粘糕饽饽。此外，在北京流行吃“饭包”，即将米饭和炒菜用洗净的白菜叶包着吃。

满族人善于养猪，喜食白片肉、血肠和猪肉酸菜下粉条，逢年过节喜庆宴会有八大碗等满洲席。每逢过节吃饺子，农历除夕必须吃手扒肉。

满族的点心很多，最为人们所喜食的是“萨其马”，汉译为糖缠，现已成为流行全国的著名点心。满族男女曾都普遍有吸烟、饮酒的嗜好，现在年轻女子多不吸烟了。

2. 满族的社交礼仪

满族重视礼节。传统的礼节是“打千”礼：男子曲右膝，右手沿膝下垂；妇女双手护膝下蹲。小辈要向长辈行礼、请安或打千。平辈亲友相见，不分男女，均行抱腰贴面大礼。

3. 满族的习俗禁忌

满族最突出的禁忌是不准杀狗，并且不吃狗肉、不戴狗皮帽子，不穿戴狗皮袖头的衣服。在满族人家里做客，不要当着主人的面赶狗，更不能说狗的坏话，否则主人会认为是当面侮辱他，会不客气地下逐客令。

忌讳打喜鹊和乌鸦。

满族以西为上，家中西炕为贵，北炕为大，南炕为小。西炕供客人住，北炕供长辈住，南炕住小辈。特别忌讳一般人，尤其是青年人坐西炕，更忌讳妇女在西炕上生孩子。

忌讳在索伦杆上拴牲口。

忌讳孕妇、寡妇和戴狗皮帽子的人接待。

二、蒙古族

蒙古族，始源于古代的望建河（今额尔古纳河）流域的“蒙兀室韦”部落。该部落向西迁移中，逐渐与留在蒙古高原的突厥语族居民相融合、发展、繁衍为许多部落。13 世纪初，以成吉思汗为首的蒙古孛儿只斤部落统一各部。1206 年建立蒙古国，“蒙古”于是开始成为族称。

蒙古族主要聚居在内蒙古自治区，其余多分布在新疆、辽宁、吉林、黑龙江、甘肃、青海等省区，少数散居和小聚居在宁夏、河北、河南、四川、云南、北京等省市区。

1. 蒙古族的餐饮礼仪

在蒙古族人的饮食习惯中，饮食大致分三类，即粮食、奶食和肉食。农区与汉族大体相似，以粮食为主，辅以肉食、奶食和蔬菜。牧区则保留了较多的民族传统特色，主要是奶食和肉食。奶食俗称白食，品种多样，分食品和饮料两大类。奶食品有白油、黄油、奶皮子、奶豆腐、奶酪、奶果子等，奶饮料有奶茶、酸奶、奶酒（即蒙古酒）等。肉食俗称红食，以羊、牛肉为主。蒙古族人喜欢吃手抓羊肉和清水煮全羊。手抓羊肉富有民族特色，讲究火候，表面熟了即可，吃时再用佐料。蒙古族吃羊肉因人而异，老年人吃羊大腿，青年人吃羊肋巴和膀子，小孩吃羊小腿，女人吃羊胸脯。牧民一般早餐、午餐用奶茶、泡炒米、奶皮、奶酪，晚餐用手抓肉。

涮羊肉和铁板烤肉是蒙古族的名菜，现已传入汉族地区。

蒙古人喜欢喝烈性酒，喜欢用茶砖沏浓茶，喜欢吃包子、饺子、馅饼。不喜欢吃米饭、青菜，不喜欢吃过甜、过酸、过辣、带汤汁的菜，不吃鸡鸭内脏、肥猪肉，忌讳吃虾、蟹、鱼、海味等食物。

2. 蒙古族的社交礼仪

蒙古族有一句俗语说："容貌再美，无礼也会被人耻笑。"因此，他们很注重礼貌礼节。

蒙古族的传统礼节是敬献哈达、敬鼻烟壶、装烟和请安。哈达用布、绸等制成，多为白色，也有黄、浅蓝等色。献哈达时身体微躬，两手平捧哈达。对方也以相同的姿态接受哈达。现在蒙古族也通行鞠躬和握手礼。蒙古族人将鼻烟壶作为民族服饰的一部分，系在腰带上。敬鼻烟壶是蒙古族最常见的见面礼。有客人来拜访，主人先让客人嗅鼻烟；朋友相见，互换鼻烟壶，吸用后再互相递还。敬鼻烟壶表示亲近有礼，是交谈的前奏。

蒙古族人性格豪放，热情好客，讲究礼貌。请客人进蒙古包时总是主动先行引路，立于门外西侧，右手放在胸部微微鞠躬，左手指门，请客人先行。客人就座后，主人热情献奶茶和美酒。按照"浅茶满酒"的礼俗招待，并用哈达托着献给客人。待客的佳宴有手抓肉和全羊席。送客时，主人要将客人送到门外或本地地界处。如果客人骑马，主人还要扶客人上马，并道"再见"或"祝一路平安"等语。目送客人走出一段路后，主人才返回。

蒙古族尊敬长者，严禁任何不敬长者的言行举动。

蒙古族赠送礼品，讲究成双。接送礼物、茶、酒，均用双手。蒙古族还崇尚白色，白色在蒙古语中有"开始"的意思，所以蒙古族将春节称为"白节"，将阴历正月称为"白月"。另外，献给贵客的是洁白的哈达和雪白的奶食"德吉"，蒙古包及包内的毡毯都是白色的，甚至将善良的人称作"洁白的人"。

3. 蒙古族的习俗禁忌

蒙古族信奉藏传佛教。他们的禁忌来自于宗教和民族习俗。主要禁忌有：

忌讳在蒙古包前下马、下车，并忌讳将马鞭、刀枪带进蒙古包内。进蒙古包必须从左边入门，落座必须在主人的右边。出蒙古包要循进来时的路线。离开主人家不能立即上马上车，要步行一段路，待主人留步再上马上车。

忌讳客人坐在蒙古包的西北角或西侧，脚不能伸向西北方向。不能在火盆上烤脚，不能踩门槛，不能从衣帽、被子和枕头等物上跨越。

赠送礼品时，每类物品都要成双成对，忌讳用单数；递送物品时忌用左手，一般也不用单手。

忌讳别人称赞自己的孩子和牲畜。

有产妇或病人，忌讳接待客人来访。一般家里人会在门口左侧系一条绳子作为标志，绳子一头埋在地里，则客人不能进门。

蒙古族对守门狗和猎犬都很爱护，禁止外人打骂。

任何时候都不能用手指或烟袋指划。

4. 蒙古族的主要民族节日

蒙古族的节日有那达慕大会、敖包祭祀、小年（腊月二十三）和大年（春节）。那达慕大会最具民族特色。

那达慕大会是蒙古族的传统盛会。“那达慕”是蒙古语音译，意思是“游戏”或“娱乐”，流行于内蒙古、甘肃、青海、新疆等地区。一般一年一次，每次一至数日，多在夏秋（农历七八月）牲畜肥壮季节举行。那达慕大会起源于古代的祭敖包，传说始于汉代王昭君出塞时草原人民的盛大欢迎活动。最早记载那达慕活动的是铭刻在石崖上的《成吉思汗石文》，该石文记载了成吉思汗征服花刺子模，在归途中，为庆祝胜利，在布哈苏齐海地方举行了一次盛大的那达慕大会。元明时期，射箭、赛马、摔跤是那达慕的固定形式，俗称“男子三项那达慕”。后来，渐有说书、歌舞、下棋等内容。清代，那达慕逐步成为官方定期举办的游艺活动，其规模、形式和内容较前均有发展。现在那达慕大会成为草原上人们的节日盛会。

届时，男女老少身着盛装，带上蒙古包赶来参加。除举行射箭、赛马、摔跤、投布鲁、套马、下蒙古象棋等民族传统项目外，还有田径、拔河、球类比赛，并有歌舞、说书等文艺表演。此外，还举办各种展览，进行物资交流。蒙古族还互相邀请做客，敬酒祝愿，共庆佳节。

三、回族

回族，旧称“回回”，以13世纪迁入的中亚各族人、波斯人和阿拉伯人为主，包括7世纪以来侨居中国东南沿海某些商埠的阿拉伯和波斯商人后裔在内，在长期发展中吸收汉、蒙古、维吾尔等族成分逐渐形成。其先民在唐宋时期被称为“蕃客”，元明以来称“回回”，新中国建立后定名回族。

回族擅长经商，加上宗教的凝聚作用，形成小集中大分散的居住格局，是中国少数民族中散居全国、分布最广的民族。宁夏回族自治区为回族主要聚居区，其次是甘肃、青海、新疆、河南、河北、山东等省区。全国绝大多数县市都有回族的分布，而且三分之一的回族人口居住在城镇，是城市化程度较高的少数民族。北京牛街、宁夏纳家户、福建泉州市等都是著名的回族聚居地。现在，尤其是分散在广大内地的回族居民，在文化、习俗方面与汉族的差异已经大大缩小。

1. 回族的餐饮礼仪

回族饮食受伊斯兰文化影响很大。对肉食的选择比较严格，只吃反刍类偶碲食草动物和食谷物类的禽肉，如牛、羊、骆驼肉、鸡、鸭及带鳞的鱼类。不吃猪、马、驴、骡、狗肉，不吃自死动物和动物的血，不吃无鳞鱼类。回族特色菜肴和富有民族风味的传统小吃有清汤羊肉、羊羔肉、牛羊肉夹馍、羊杂碎汤、酿皮、白水鸡、切糕等。回族人还爱吃各种油煎食品，最常见的有油香和馓子。做工精细、小如羊眼的羊肉馅“羊眼儿包子”，传说曾受康熙皇帝的称赞，是回族食品中的珍品。回族人爱喝茶，其盖碗茶很有特色，有红糖砖茶、白糖清茶、冰糖燕窝茶及“八宝茶”等。

回族还禁烟、禁酒。

2. 回族的社交礼仪

回族讲究礼节，尊老爱幼，决不在背后诽谤他人或议论他人的缺点。讲究见面礼：右手握拳，拇指伸出，压在胸前，微微鞠躬，口称“赛俩目（您好）”，庄重大方。“赛俩目（您好）”，是见面常用语。回族尊重伊斯兰教的神职人员阿訇，从不打扰阿訇的祈祷活动。

回族全民信仰伊斯兰教，礼仪几乎都受伊斯兰教的影响。如有些人家孩子由阿訇取名，用《古兰经》里圣人的名字；有些男孩从小学习伊斯兰教基本经文，或进清真寺学习；一些人的婚礼按宗教仪式举行，在主麻日有阿訇主持；等等。

3. 回族的习俗禁忌

回族禁忌习俗的形成与伊斯兰教有关。主要禁忌有：

严禁食猪肉，忌养猪，谈话中忌讳“猪”、“血”字；不吃马、驴、骡、狗等动物的肉，也不吃自死的禽畜和畜血；禁食没有经过阿訇念经宰杀的牲畜；忌讳在用餐时开玩笑，尤其忌讳用食品开玩笑。

回族所用水井和水塘非穆斯林不能动手取水，取水容器中的剩水忌倒回水井或水塘中，忌在水井、水塘洗涤物件，尤其忌到回族人的住房里洗澡。忌说“杀”字，只说宰鸡宰牛。

回族人外出必须戴帽子或头巾，忌露顶。

忌讳用左手递送物品。

禁止赌博，不准游手好闲。

忌讳别人背后议论其民族的风俗。

4. 回族的主要民族节日

回族的主要民族节日是开斋节。

开斋节又称肉孜节、尔德节。每年回历九月为斋月，斋月期间只能在日出前和日落后进餐，一直到新月出现的第二月开斋，次日为开斋节，恢复正常饮食。这一天（一般为回历10月1日），穆斯林聚集在清真寺做礼拜，向圣地麦加方向叩拜，然后开始节日活动。人们身着民族服装，走亲访友，举行歌舞表演、射箭、摔跤等活动，一般要延续三天。

四、维吾尔族

维吾尔族，自称“维吾尔”，意为“联合”、“协助”。一般认为，其先民可追溯至公元前三世纪以后的丁零和铁勒、北魏时的袁纥和乌护、隋朝时的韦纥、唐朝时的回纥和回鹘、元朝时的畏兀儿。特别是唐天宝三年（744年）回纥汗国建立后，在与当时民族的长期相处中，逐渐发展为近代维吾尔族。

维吾尔族是新疆维吾尔自治区的主要居民，约占新疆人口的一半。他们聚居在新疆和田、喀什、阿克苏、库尔勒等地，散居在新疆各地，湖南桃源、常德也有数千人。

1. 维吾尔族的餐饮礼仪

维吾尔族以面粉、玉米、大米为主食，很少吃蔬菜，夏季多拌食瓜果。用玉米面和面粉烤制成的馕（圆形烤饼）是传统主食。用羊肉、胡萝卜、葡萄干、洋葱、清油、大米做成的民族风味甜味饭——帕罗，因用手抓食，故又称“抓饭”，是节日和待客不可缺少的食品。招待上宾用包子抓饭，每碗饭里加几个薄皮包子。喜欢吃皮脆肉嫩的烧包子和薄皮包子。喜欢吃炖整羊、涮羊肉、烤羊肉串、牛羊肉锅贴等。烤羊肉串是维吾尔族著名的风味小吃。

过年过节或招待贵宾，维吾尔族人以上等食品烤全羊招待。

维吾尔族喜欢喝奶茶，在茶水中加牛羊奶煮成。男子每餐必饮葡萄酒，而且酒量很大。

2. 维吾尔族的社交礼仪

维吾尔族，是一个很讲究礼貌的民族。见面以右手按于前胸，略微鞠躬，并连称："您好！"也行握手礼。

对长者很尊敬，走路、说话、就座、就餐等都要先礼让长者。

维吾尔族人热情好客，若家中来客，全家出迎。称长者为大爷、大娘，平辈之间互称兄、弟、姐、妹，青年之间互称朋友。

到维吾尔族人家做客，主客座谈时，主人为客人斟茶，而客人不能自己斟茶。不愿再饮茶时要用手心捂住碗口，否则主人会继续斟茶。

维吾尔族讲究卫生，饭前饭后要洗手，并用毛巾擦干。茶杯专用，首次用前要当面消毒。

接受物品要用双手，不用单手接物。

3. 维吾尔族的习俗禁忌

维吾尔族禁忌习俗跟伊斯兰教有关。主要禁忌有：

在屋内坐下时，要求跪坐，禁止双腿伸直，脚底朝人。

接受物品时，忌讳用左手。

用餐时，忌拨弄盘中食物；忌随便到锅灶前；不能用手擦摸食物，也不能嗅食物；吃馕要掰成小块，不能整个啃咬。

吃完饭后，碗里不能留有任何食物；不能拿了食物不吃再放回原处，也不能将自己碗里的食物拿给别人吃，更不能丢弃食物。

忌讳在麻扎（墓地）、清真寺、河坝、伙房等地携带、遗弃不洁物品。

忌吃猪、驴、骡、骆驼、狗、鸽子等肉，以及一切自然死亡的牲畜的肉。

衣服禁忌短小，外衣一般要过膝，裤脚要达到脚面，最忌讳户外穿短裤；室外活动时，男子必须戴帽子，女子必须戴头巾或帽子，严禁露顶。

睡觉忌头东脚西。

4. 维吾尔族的主要民族节日

维吾尔族的节日跟信仰伊斯兰教有关，一年一度的肉孜节（开斋节）和古尔邦节最为隆重。

古尔邦节，又叫宰牲节，是维吾尔族最隆重的宗教节日，在回历12月10日（公历6月11日）举行。相传先知易卜拉欣受安拉启示，要他宰杀自己的儿子易司马仪，以考验他对安拉的虔信。当他将要宰儿子时，安拉派天神送羊一只，以代替易司马仪的牺牲。之后伊斯兰教就把传说中的这一天规定为宰牲节。每到回历12月10日清晨，清真寺里有成千上万的穆斯林向麦加朝拜。中午回家杀牛宰羊，招待宾客。下午又回到清真寺前，随着鼓乐齐舞。跳舞者一律为男人，跳得越久，好运越多。

第二节　我国南方主要少数民族的餐饮、社交礼仪与禁忌

一、藏族

藏族，发源于雅鲁藏布江中游地区，为两汉时西羌人的一支。藏族为汉语称谓，元朝称西藏为乌斯藏，并置乌斯藏宣慰使司都元帅府。“藏”意为“圣洁”，族名即由此而来。藏族自称为“蕃”，不同地区又有不同称呼。居住在西藏地区的藏族称“博巴”，居住在川西一带的藏族称“康

巴”，居住在青海、甘肃南部、四川西北部等地区的藏族称“安多娃”。“巴”、“娃”藏语的意思为“人”。

藏族分布在青藏高原上，主要聚居在西藏自治区，以及青海、甘肃、四川、云南四省部分地区。

1. 藏族的餐饮礼仪

藏族的主食是糌粑（用炒熟的青稞或豌豆磨成面粉，用酥油茶或清茶拌食），牧区的肉食类以牛、羊肉为主。进餐时使用随身携带的木碗和短柄尖刀。藏族喜欢吃风干的牛羊肉。不吃奇碲类兽肉，大部分地区还有不吃飞禽和鱼的习俗。僧尼一般也不禁荤。

藏族人喜欢饮酥油茶、奶茶和甜茶，嗜饮青稞酒，并有弹酒的礼俗。爱吃牛奶制成的酸奶、奶渣等奶制品。用萝卜、油菜叶加糌粑熬粥，叫“土巴”。

2. 藏族的社交礼仪

藏族讲究礼节礼貌，语言分普通语、敬语、最敬语三个层次，根据地位高低不同选用。他们的礼仪主要有献哈达、磕头、鞠躬和敬酒茶等。

敬献哈达是藏族对客人最普遍而又最尊贵的礼节。哈达一般为生丝织物，亦有用丝绸织物的，其种类繁多，质地、规格、颜色也不一样，通常以白色为主。哈达越长越宽，礼仪也就越隆重。根据所献对象、场合不同，其方式亦有所不同。一般说，对尊者、长辈献哈达时要双手举过头，身体略向前倾，将哈达捧到座前或手里，称为敬哈达；对小辈或下属，则将哈达系在他们的颈上，称为赐给哈达；对平辈只要将哈达送到对方的手中或腕上就可以了。献哈达时必须鞠躬。对方接受哈达后，应回赠一条哈达，称互赠哈达。接受哈达的人通常动作要与献哈达的人一样，并表示谢意。

重视送礼是藏族人的一种礼俗。节庆时他们都要互相馈赠，接受礼物一方要加倍还礼。

藏族待客热情，讲究见面礼节。见面时一方点头吐舌表示亲切问候，另一方则以微笑点头答礼。在他人名字后加上“啦”，表示尊称。在见到长者或尊敬的客人时，要脱帽弯腰45°，帽子拿在手上接近地面；见到平辈稍微低头即可，帽子拿到胸前，以表示礼貌。在有些地方合掌与鞠躬同时并用，合掌要过头，表示尊敬，这种致礼方式多用于见到长者或尊敬的客人。藏族家庭内部也讲究礼节，夫妻相敬如宾，互相礼让，递送物件都用双手。

藏族待客有敬献奶茶、酥油茶和青稞酒的礼俗，其礼俗民族风味浓郁。有客人来拜访时，主人全家早就待在帐篷外，向客人行注目礼，迎接光临。客人走近，主人要面带笑容，躬身屈膝，迎入室内，并说“您好”或“一路辛苦”。按照藏族习俗，主人先敬上满碗奶茶或酥油茶，客人不可拒绝，至少应该喝三杯，喝得越多越受欢迎。敬献酥油茶的礼仪是：落座后，女主人先敬上满碗奶茶或酥油茶，主客开始交谈；待女主人再次提壶，客人方可端碗，吹气，喝一口，称赞酥油茶打得好；待女主人第三次提壶，客人再喝第二口；告辞前，可以多喝几口，但不能喝干。

主人敬青稞酒时，主人要敬三杯青稞酒，客人无论会不会喝酒，都要用无名指蘸酒弹一下，称为“弹酒”。如果客人不喝也不弹，主人就会边唱边跳，前来劝酒，直至客人弹酒或喝酒为止。如果客人酒量小，可喝一口就让主人添酒，连喝两口之后，由主人添满杯，客人一饮而尽。这样，客人喝得不多，主人也很满意。逢年过节，主人敬酒，客人必须先饮三口再干一满杯。

送客时，要让客人先行，主人为客人牵马备鞍。招手道别后，还要一直目送客人远去，再返回。

藏族崇尚白色和黑色，喜欢赭石、墨绿、藏青、金黄、紫红等颜色。白色的哈达代表最崇高的敬意，黄色的哈达只能拜佛时专用。只有活佛才能穿红、黄色，一般人不能穿黄色衣服。

3. 藏族的习俗禁忌

藏族的禁忌很多。主要禁忌有：

藏族信奉喇嘛教，视佛像、经书、活佛的身体、僧侣佩戴的念珠等为圣物，不可触摸。转经筒、转寺院、叩长头要按顺时针方向转动，严禁倒转经筒经轮。遇到寺院、嘛尼堆、佛塔等佛教设施，都必须下马，并从左往右绕行（苯教相反）。

接羔犊季节，非亲属不能进入帐篷；拴牲口的地方忌大小便。

在平时交往中，忌直呼其名；忌讳他人触摸头顶；忌别人对自己的孩子过分夸奖。

外出行走时，忌抢在他人前边；翻越山顶时，禁止作声。

做奶制品的器具上不能放别的东西；饮食用的碗和茶具忌扣着放置；用餐时食不满口，咬不出声，喝不发响，取食不越盘；忌吃狗、驴、马肉和鱼虾。

忌男女混坐。男女入宅后，男坐左，女坐右。就座时，忌双脚伸直，脚底朝人；忌互不熟悉的男女在一个碗里揉糌粑和吃糌粑；忌妇女在人面前抖裙子。

忌在家中吹口哨、拍巴掌；扫地时忌直接从对方手中接过扫帚；亲人出门后，忌马上扫地；忌讳在居室内分娩；家中有病人或妇女生育时，忌生人来访；忌用脚蹬灶台或坐在灶台上，把骨头扔在火中。

严禁杀生。一般人不亲手宰牲，不弄死昆虫，不捕杀野生动物。

每逢凶日禁止做各种事，必须在家念经或去寺庙拜佛。每个人的 13 岁，以及从 13 岁起每隔 12 年，均为凶年，必须少同他人接触，多念经，多布施。

4. 藏族的主要民族节日

藏族的节日很多，一年中主要的节日有藏历年、雪顿节、望果节、沐浴节等。

（1）藏历年，是藏族的年节，于藏历年每年的初一开始举行。藏历与汉族农历的日序约有一天之差，因此藏历年与春节在时间上不尽一致。

（2）雪顿节，又名藏戏节。“雪”藏语为酸奶子，“顿”藏语为宴，雪顿节的意思是吃酸奶子的节日，每年藏历的七月初一举行，连续4～5天。雪顿节最初是一种纯宗教的活动。按藏传佛教的戒律，僧人在夏天有好几十天被禁止出门，到了开禁之日，僧人们纷纷出寺下山，世俗百姓都要准备酸奶子施舍；僧人除宴用酸奶子，还要尽情欢乐玩耍。年复一年，宗教活动随着西藏“政教合一”制度的加强，逐渐由民间习俗演变为官家、贵族、寺庙三大领主寻欢作乐的日子。17世纪中叶，节日活动形成固定的程式，施舍变成盛宴，玩耍变成演藏戏。节日期间，各地藏戏团云集拉萨，轮流上演传统藏戏，人们身穿节日盛装，看戏饮酒，唱歌跳舞，尽情欢乐。

（3）望果节，又称旺果节。“望”藏语指田地，“果”指转圈，即转地头。望果节是藏族人民一年一度预祝丰收的传统节日，每年秋收前夕择吉日举行，为期1～3天不等。过去，望果节的迷信色彩比较浓厚。现在发生了根本变化，活动内容丰富多彩。此节以村落为单位，全体村民绕本村土地转圈游行。人们身着盛装，举着彩旗，抬着用青稞、麦穗等搭成的“丰收塔”，敲锣打鼓，唱着歌在田头地边转绕以示庆贺。然后进行竞技比赛，唱歌跳舞。

二、彝族

彝族，为古羌人南下与西南土著部落不断融合而成的民族，与越嶲羌、嶲昆明、青羌、叟及乌蛮等有渊源关系。彝族因地而有“诺苏”、“聂苏泼”等30多种自称。元明以来，史籍称为“罗罗”、“倮罗”。新中国建立后正式定名为彝族。

彝族主要分布在四川、云南、贵州、广西等四省区，四川凉山彝族自治州是全国最大的彝族聚居区。

1. 彝族的餐饮礼仪

彝族的主食有玉米、荞麦、燕麦、大麦、小麦、洋芋等，很少食用稻米。喜欢吃托托肉、饮转转酒。

彝族以饮酒为贵，不分场合，不分生人熟人，坐成一圈，用杯盛酒，依次传饮，称喝“转转酒”。待客时，彝族人执意劝酒，一醉方休。逢年过节，家家门口都设酒坛，插着麦秆，劝路人吸饮“秆秆酒”。彝族还以血酒盟誓，盟誓前杀一只雄鸡，滴血于酒中，当事各方共饮血酒发誓。

彝族讲究餐具和酒具。传统餐具为木制和皮革制，木制碗勺和木制高脚酒杯也以油漆彩绘，十分精美；酒具有牛皮口袋、牛角牛蹄和木头制成的酒杯。

彝族几乎每顿不离鲜红辣椒，忌讳吃蒜。

2. 彝族的社交礼仪

彝族人热情好客，用“打羊”、“打牛”的礼节招待外来客人。主人将牛羊牵到客人面前，问客人是否喜欢。若客人表示喜欢，即用棍棒在牛羊头部猛击三下，以牛羊立即倒毙为吉祥。将牛羊肝在火塘中烧熟后，敬献给客人。饭后还将牛羊膀、羊头送给客人作礼物。吃饭时主妇的眼睛随时都盯着客人的饭碗，以便在碗中饭尚未吃完前为客人添饭。鸡头要给最年长或最尊贵者吃。

彝族人待人宽厚，背后不议论他人短处，尤其不议论别人的生理缺陷。

3. 彝族的习俗禁忌

彝族的禁忌很多。主要禁忌有：

彝族男子头顶上都蓄有一撮头发，这是男子最高贵的地方，忌讳旁人用手触摸。

不能称呼彝族人为“老彝胞”等。

彝族有敬“神树”的习惯，神树严禁砍伐，也忌讳在其附近大小便。

彝族人宰杀牲畜、家畜时，忌讳外人在场；祭祀时，忌讳外人观看。

外人进彝族村寨，到寨门的竹篱前必须下马。

到彝族家里做客，要坐在火塘的上方或右方，不可坐在堆放东西和睡觉的下方和左方。忌讳用脚踏火塘的三角架，忌讳掏挖火灰，尤其忌讳挖洞。不准跳越锅庄和柴草堆。

彝族对待客人，一般用酒肉盛情款待。客人不能拒绝他们给的食品，不能喝酒也要喝一点，以表谢意，不然就认为看不起他们。但忌讳客人把食品带走。

4. 彝族的主要民族节日

彝族的节日主要有彝历年、火把节等。

火把节，是流行于中国西南（云南、四川、贵州等地）彝、白、傈僳、纳西、哈尼、拉祜、基诺等彝语支民族地区的传统节日。云南彝族、白族等民族一般在农历六月二十四日前后举行，为期 3～7 天，因以点火把为节日活动的中心内容而得名，又称“回星节”。关于火把节的由来有多种说法，有的研究者认为，火把节的产生与人们对火的崇拜有关，希望用火驱虫除害，保护庄稼。节前家家制松木火把。节日期间，各村寨以干松枝和松明扎成大火把竖立寨中，各家门前竖立小火把；入夜点明，村寨一片通明。同时人们手持小火把绕行田间、住宅一周，将火把、松明插于田边地角。身着节日盛装的青年男女在篝火旁载歌载舞，尽情欢唱。

三、壮族

壮族，渊源于古代越人中的瓯越、骆越。自称各地不同，有“布爽”、“布壮”、“布越”等，南宋开始称“僮人”，后称僮族。1965 年根据周恩来的倡议，改称壮族。

壮族是中国少数民族中人口最多的民族。90% 聚居在广西壮族自治区，其余分布在云南文山、湖南江永、广东连山、贵州从江等地。

1. 壮族的餐饮礼仪

壮族的主食是大米和玉米，喜吃糯米饭，尤其是五色花糯米饭。每逢年节时，用大米制成各种粉糕，并都要做花糯米饭，互相馈送，以示祝福。

壮族喜欢吃腌制的酸食，以生鱼片、狗肉、野味为佳肴。喜饮酒，饮酒前习惯奠洒在地上，并说些祝福语。不喜欢吃胡萝卜、西红柿、芹菜等。酸鱼、酸肉、烤整猪、纸包鸡、烤整鸡鸭等都是壮族风味菜。

妇女有嚼槟榔（吃蒌）的习俗。

2. 壮族的社交礼仪

壮族人交谈时不说“我”字，以示对别人的尊重。壮族热情好客，待客时由主人出面让座递烟。敬茶时双手捧茶，不能用单手，也不能斟得太满。交谈不能太大声，家人进出要绕着客人背后走。请客吃饭，两腿落地与肩同宽，不能叉腿跷腿。夹菜不能挑选，必须一筷夹起。宴请贵宾用白斩鸡，用鸡头和鸡屁股敬客，鸡腿只能给小孩吃，未婚青年尤其禁食鸡腿，小孩禁食鸡爪、鸡冠。席间要请贵客讲故事，之后主人敬酒，自右向左一遍遍轮流。酒后上糯米饭，不得用汤水泡饭。客人吃饱了，应将筷子头朝外放，主人才停止添饭。

壮族尊老爱幼。见到老人，应称“公公”、“奶奶”、“老太太”。用餐时，要等最年长的人入席才能开饭。鸡胸脯留给老人食用。社会舆论严禁虐待儿童。过年过节期间，同族人互送鸡腿给小孩吃。

3. 壮族的习俗禁忌

壮族禁忌很多。主要禁忌有：

壮族有门神崇拜，忌讳坐门槛中央，忌讳外人长久站在门口，忌讳其他建筑物的角正对门口，正月初一不得在门前晒衣物。

家有产妇时，门上悬挂草帽一顶，暗示外人不得入内。

禁止用手指神圣物。忌对人，特别是长辈与受尊敬的人，当面用手指指点点。

夜间行走时禁止吹口哨。

忌讳用脚踩锅灶或拍打灶，禁止在灶上煮狗肉。用餐时忌讳外人冲撞，不得在别人吃饭时上门议事。忌讳把筷子跌落地上，更忌讳把筷子插到碗里。

忌食牛肉和蛙肉。

4. 壮族的主要民族节日

壮族的民族节日除春节、中元节、牛魂节外，最主要的是以对歌为主要活动的歌圩节。

歌圩节是壮族的民间传统歌节，多在春秋两季举行。春季多在春节，秋季多在中秋节前后，为期数天。歌圩，壮语叫“窝埠坡”、“双龙洞”，为到田间或岩外去唱歌的意思。关于歌圩的起源，根据传说有三种说法。一说唱歌可乐神，消除灾难，后发展为定期歌圩。另一说是有一对青年男女用山歌谈情说爱，因封建礼教的约束，双双殉情。后人于其殉情之日聚会作歌，渐成歌圩。而以源于唐代歌仙刘三姐之说为多见，有“如今广西成歌海，都是三姐亲口传”之说。自宋至今，聚众对歌，称为“歌圩节”。每逢歌圩日，方圆十里的男女青年身着盛装汇聚在传统的歌场，以歌传情。圩日期间还举行抛绣球、碰红蛋、踢毽子、抢花炮等活动。未婚青年常因此找到意中人，交换信物后，再经父母请媒人说亲。有的白天还举行各种庙会活动，形成商品集散盛会。

第十二章

中国主要客源国和地区餐饮、社交礼仪与禁忌

酒店是国际交往的重要场所。作为酒店员工，要真正做到礼貌服务，必须尊重对方的文化、宗教信仰、生活习惯等，这就要求酒店员工必须全面了解我国主要客源国的宗教信仰、风俗习惯和主要禁忌，使境外宾客有宾至如归的感觉。

酒店是国际交往的重要场所。随着国际经济商务交往的增多和境外旅游市场的拓展，酒店的接待和服务工作显得越来越重要。作为酒店员工，要真正做到礼貌服务，必须尊重对方的文化、宗教信仰、生活习惯等。这就要求酒店员工必须全面地了解我国主要客源国的宗教信仰、风俗习惯和主要禁忌，使境外宾客有宾至如归的感觉。

第一节　亚洲主要客源国家和地区餐饮、社交礼仪与禁忌

一、港澳台地区

1. 台湾地区

我国台湾地区包括台湾岛及澎湖列岛、钓鱼岛、赤尾屿等80多个岛屿，总面积3.6万平方公里，人口2 000多万。居民祖籍主要为福建、广东。宗教活动在台湾地区盛行，有佛教、道教、伊斯兰教、天主教、基督教等。台湾经济发展快，实力较强。目前，台湾地区是我国大陆地区最大的旅游客源地。

（1）餐饮礼仪。

台湾居民的饮食以大米为主。除米饭外，还有米粉、糕团、米酒等大米加工品。甘薯也是主要食粮，多见于农村居民。台湾的菜肴烹调方法与祖国大陆相似，尤其接近福建、广东风味。口味比较清淡，喜欢在菜肴中加糖。喜食豆瓣酱汤、生鱼片等。节庆也吃年糕、粽子、米丸等。喜欢饮酒和茶。

（2）社交礼仪。

台湾居民的人际交往与大陆大致相同，与福建、广东尤其相似。在民间，祭奠内容和仪式都比较多，宗教气氛浓厚。

（3）习俗禁忌。

台湾民俗与大陆虽然大体相同，但由于历史原因，风俗习惯有所改变，尤其是有较多的送礼禁忌。

禁用粽子送人。台湾居丧之家习惯包粽子，赠送粽子会被误解为对方为丧家。

禁用甜果（年糕）、糕点送人。台湾民间逢年过节常以甜果、糕点作祭品，如果将甜果、糕点送人，会使人联想到发生丧事。若有人以甜果送人，被送者即使接受，也要象征性地付钱，表示是买的。

禁用扇子送人。扇子容易坏，扇子到天凉即不使用，给人一种实用、绝情的感觉。送扇子意味迟早要抛弃对方，在台湾有“送扇，无期见”的俗语。

禁用钟送人。“钟”与“终”同音，送钟会使人联想到“送终”。

禁用刀剪送人。刀剪在民间有“一刀两断”、“一剪两短”的含义。

禁用镜子送人。镜子容易打破，破镜难圆；还容易产生一种错觉，让人照照镜子，看看自己丑陋的形象。

禁用雨伞送人。闽南语中“雨伞”与“互散”同音，若把雨伞送人，犹如与对方有“散”之意，容易引起对方误会。

禁用手巾（手帕）送人。台湾民间习俗，办完丧事要送手巾给吊丧者，表示让吊丧者与死者断绝往来，称为“送巾，断根”。

禁用鸭子赠人作“月肉”。“月肉”是妇女在分娩一个月内吃的肉。鸭子性冷，不宜产妇食。台湾还有“死鸭硬嘴闭”、“七月半芽仔，不知死期”等俗语，以鸭送人，使人感到不祥兆头。

2. 港澳地区

香港位于我国广东珠江口以东，由香港岛、九龙半岛、新界组成，面积1 070平方公里，人口600多万。1997年7月1日，我国恢复对香港行使主权，设立香港特别行政区。澳门位于我国广东珠江口西南，由澳门半岛、凼仔岛、路环岛组成，面积18平方公里，人口40多万。1999年12月20日，我国恢复对澳门行使主权，设立澳门特别行政区。香港、澳门的居民以广东籍为主。宗教盛行，主要信奉佛教和道教，并且具有“佛道一家”的特点。此外，基督教、天主教、伊斯兰教等也拥有众多信徒，妈祖崇拜很盛行。

香港经济发展很快，是国际金融中心和自由港，世界三大外汇市场之一。金融业、房地产业、旅游业和制造业是香港的四大支柱产业。澳门是世界上经济增长最快的地区之一，经济实力强，旅游博彩业、工业和建筑业为澳门三大支柱产业。

（1）餐饮礼仪。

香港、澳门居民的饮食习惯与广东相似。早餐常到茶楼饮早茶、用点心，或到西餐厅饮“西茶”，也有用传统的粤式早餐的。午餐一般用快餐，也有人饮午茶。晚餐在家里用餐，讲究丰盛。喜欢各种滋补润燥的汤水。节假日全家或亲友一起去酒店用餐。家人聚餐时，晚辈在端碗起筷前应先招呼长辈。宴请时，客人先就座，待主人说“起筷”才开始进食。喝酒进食时应先谢女主人。

（2）社交礼仪。

香港、澳门地区民间流行一种叩指致谢的礼节。接受别人为其献茶、敬烟、斟酒、布菜或端饭时，立即将食指、中指弯曲，轻叩桌面或杯壁，表示叩谢，这种礼节称为叩指礼。相约饮茶时互相斟茶，以示客气。

香港、澳门地区有多种娱乐形式，与社交活动相结合。搓麻将是日常家居和社交场合最普遍的娱乐方式。宴会前先设“雀局”，常于麻将桌上交谈、洽商，也用于赌博。赛马和赌博也是香港、澳门居民的主要娱乐方式之一。澳门更是世界赌城之一，被称为“东方的赌城”，有彩票、赛马、赛狗、回力球、幸运博彩等形式。热衷于夜生活，喜欢上夜总会、音乐厅、酒吧、的士高、会所等场所。郊游和康乐活动也很流行。

（3）习俗禁忌。

香港人有一些禁忌。逢年过节忌讳说“新年快乐”和“节日快乐”，而习惯讲“恭喜发财”。因为香港人忌讳“快乐”与“快落”的谐音，逢年过节特别忌讳“落”字；尤其是做买卖和上了年纪的人，更不愿听到“快落”之类的话。

用餐时，手肘不能横抬，不能枕桌，不从碟子的远处夹菜（飞象过河），不能端起菜碟取菜（美人照镜），喝汤不能发出声，食毕后碗中不能留有残余食物。喝酒吃菜时，不能手不离筷，每次取菜后要轻放筷子。上鱼时鱼头要对着客人方向，吃鱼时不要翻转鱼身（寓“翻船”之意）。

香港人喜“8”厌“4”。因香港人大都讲广东话，广东话中“8”与“发”谐音，为讨吉利，故特别喜欢“8”。同样，“4”与“死”在广东话中同音，故忌讳“4”。在遇到非说“4”不可时，就用“两双”或“两个二”来代替。

香港人送礼时忌讳送时钟（送终）、书籍（输）、毯子（压财）。

二、日本

日本全称为日本国，位于亚洲东部、太平洋西侧，是一个群岛国家。隔东海、黄海、朝鲜海峡和日本海，分别与中国、韩国、朝鲜、俄罗斯等国遥遥相望。全国总面积37.78万平方公里，人口1.25亿，是世界上人口密度最大的国家之一，盛行神道教和佛教。国名意为“日出之国”。首都东京。日本经济势力仅次于美国，文化受西方文化影响较大，是东西方两种文化交融的典型国家。日本与我国有两千多年的交往史，深受我国文化影响。目前，是我国最大的旅游客源国。

1. 餐饮礼仪

日本特殊的地理环境决定了日本民众独特的饮食习惯。传统饮食为

"和食"，以米饭为主食，海味为副食，一般又称之为"日本料理"。

和食的主要特色，曾被人归纳为"五味"、"五色"与"五法"。所谓"五味"，是指日本人在不同的季节里，饮食的口味往往各有不同的侧重。通常的讲究是春苦、夏酸、秋滋、冬甜，此外还好食涩味。所谓"五色"，是指和食注重外形，讲究色彩搭配，要令人赏心悦目，并且在不同的季节也有不同的侧重。一般的要求是：绿春，朱夏，白秋，玄冬，再就是黄色的广泛运用。所谓"五法"，是指和食的烹饪方法主要有蒸、烧、煮、炸、生等五种。

"便当"和"寿司"是日本受普遍欢迎的两种传统方便食品。"便当"就是盒饭，"寿司"就是人们在逢年过节时才吃的"四喜饭"。"四喜饭"的品种和做法很多，最简便的是先用糖、醋、盐调成卤汁，然后拌入饭里，再用紫菜把饭卷起来切成段；另一种做法是将拌好的米饭加进煮熟的蘑菇、胡萝卜、笋丁等配料，装在盘子里，上面放些紫菜末和盐水虾。寿司携带方便，又很符合传统口味，因此成了人们喜欢的方便食品。

日本人的饮食烹调尽量保持天然，口味清淡，喜欢吃略带酸甜、微辣、麻香味的食品。食物不用油炒，一般是火烤、水煮。酷爱吃鱼，并有生食的习惯，还喜欢吃面酱汤、酱菜（称"渍物"）、紫菜和酸梅（称"梅干"）。集体用餐时采用分食制，每人一份。餐前餐后习惯饮用绿茶。每逢喜事，爱吃红豆饭，不加任何调料，只在碗里撒一些芝麻盐，十分清香宜口。日本人的饮食禁忌不是很多，主要是不吃肥猪肉和猪的内脏，也有一些人不喜欢吃羊肉和鸭肉。日本人喜欢吃广东菜、北京菜、上海菜。

日本人非常爱喝酒，西洋酒、中国酒和日本清酒，都是他们所爱饮的酒。日本男子下班后，先去酒馆大喝一通，几乎成了"例行公事"。在日本，斟酒讲究满杯。多喝几杯，甚至喝得酩酊大醉，人们也已见多不怪、不以为耻。

在日本，人们普遍爱好饮茶，形成了讲究"和、敬、清、寂"四规的茶道。它不仅要求幽雅自然的环境，而且还有一整套的点茶、泡茶、献茶、饮茶的具体方法。

日本人在用餐时，要摆上一张矮桌，然后男子盘腿而坐于地下，女子则跪坐而食。日本人吃饭是用筷子的，在用筷子时，有“忌八筷”之说。所谓“忌八筷”，即八种使用筷子忌讳。一是忌迷筷，即不准拿着筷子在饭菜上晃来晃去，举棋不定。二是忌移筷，即不准夹了一种菜又夹另一种菜，而不去吃饭。三是忌扭筷，即不准将筷子头反过去，含在口里。四是忌舔筷，即不准用舌头舔筷子。五是忌插筷，即不准将筷子插在饭菜里，或是把它当作叉子，叉起饭菜吃。六是忌掏筷，即不准用筷子在饭菜里扒来扒去。七是忌跨筷，即不准把筷子跨放在碗、盘之上。八是忌剔筷，即不准用筷子当牙签用。除此之外，日本还忌讳用一双筷子让大家依次夹取食物。

日本人在宴客时，大都忌讳将饭盛得过满，并且不允许一勺盛一碗饭。作为客人，则不能仅吃一碗饭。哪怕是象征性的，也要再添一次饭。否则，就会被视为宾主无缘。

2. 社交礼仪

日本人讲究礼节。日本人相见时，都互致问候，通常以脱帽鞠躬为见面礼。在行鞠躬礼时，鞠躬的度数、鞠躬时间的长短、鞠躬的次数往往会与向对方所表示的尊敬程度成正比。日本人在行鞠躬礼时，还规定手中不得拿东西、头上不得戴帽子、手不得插在衣袋里。

有的时候，日本人还会一面与人握手，一面鞠躬致敬，或是仅仅与他人握手为礼。一般情况下，日本妇女，尤其是日本的乡村妇女，与别人见面只鞠躬而不握手。在行见面礼时，日本人会同时态度谦恭地问候交往对象，常用的见面礼节话有“您好”、“您早”、“晚安”、“再见”、“拜托了”、“初次见面，请多关照”等，忌问“吃过饭了没有”。

在日本民间，尤其是在乡村之中，人们在送别亲友时，往往还会向对方行跪礼或摇屐礼。跪礼，即屈膝下跪，它是妇女所行的礼节。摇屐礼，即手持木屐在空中摇动，它是男子所行的礼节。

日本人与他人初次见面时，通常都要互换名片，否则即被理解为是不愿与对方交往。因而有人将日本人的见面礼节归纳为“鞠躬成自然，见面递名片”。在一般情况下，日本人外出时身上往往会带上好几种印有自己不同头衔的名片，以便在交换名片时可以因人而异。

日本人对清洁十分重视，每天都非得洗澡不可。不仅如此，日本人还有请人一起去浴室洗澡的习惯，称之为“裸体相交”。他们认为，这一做法可以使人减少束缚，坦诚相交。

日本人待客彬彬有礼，接待客人会很恭敬地为客人敬茶斟酒，主人斟酒时壶嘴不能碰到酒杯口。拜访他人要先预约，突然造访是失礼。拜访时应带些工艺品、土特产品等礼品。吉事礼品为黄白、红白色，不幸事的礼品为黑、白、灰色。礼品以奇数为吉利数。

日本人宴请友人时，桌上总要摆一碗清水，并在客人面前摆上一块白纱布。主人先将自己的杯子在清水中涮一涮，杯口朝下在白纱布上将水珠控净，然后斟酒并双手敬于客人，目视着客人干杯。接着，客人也以同样的方式向主人敬酒。如此交杯尽兴，以表宾主亲密无间，称为“交杯礼”。

称呼日本人时，可称之为“先生”、“小姐”或“夫人”。也可以在其姓氏之后加上一个“君”字，将其尊称为“某某君”。只有在很正式的情况下，称呼日本人时才须使用其全名。

在交际场合，日本人的信条是“不给别人添麻烦”，笑脸待人，忌讳高声谈笑。

3. 习俗禁忌

日本人讲究送礼，注重实惠。忌送玻璃、陶瓷之类的易碎易破品。忌送梳子，日语中“梳子”和“苦死”谐音。在包装礼品时，不能扎蝴蝶结。忌讳“4”、“9”、“6”、“13”数字或数量的礼品，这些数字被认为是不吉祥的。“4”在日文里发音与“死”相似，而“9”的发音则与“苦”相近，“6”是强盗的标记，“13”因等于“4”加“9”。忌讳荷花图案(用于祭奠)。厌恶狐狸、獾、金眼猫和银眼猫的形象，认为是贪婪、狡诈的象征。不喜欢淡黄色或白色的花卉和花卉图案。菊花图案是皇室专用，常人也不得使用。探望病人忌讳送带根的花，因为日文中“根”与“睡”字同音，有卧床不起的意思。

日本人不乐意让别人给自己敬烟。同时，他们也不会给别人敬烟。

同他人相对时，注视对方双眼是失礼的，通常只会看着对方的双肩或脖子。

日本人视绿色为不吉利的颜色。不喜欢紫色（悲伤之色），喜欢红色（象征吉祥）和黄色（为阳光色）。

“先生”只限于称呼教师、医生、长者、上级等，一般人不愿被称为“先生”。

忌讳三人并排合影，认为站在当中的人有受制于人的不祥征兆。

三、韩国

韩国全称为大韩民国，位于东亚朝鲜半岛南部，与我国山东省隔黄海相望。面积9.9万平方公里，人口4 000多万。韩国居民多信奉佛教、基督教和儒教，也有一些人信道教。首都首尔。韩国文化是东西方文化的交融体，历史上受我国文化影响很大。韩国经济发展水平居亚洲前列，是我国第四大客源国。

1. 餐饮礼仪

韩国饮食风格介于中国和日本之间，主食主要是米饭、冷面。他们爱吃的菜肴有泡菜、烤牛肉、烧狗肉、人参鸡等等，大酱汤与泡菜是不可缺少的两道菜。喜欢吃牛肉、精猪肉、鸡和海味，喜欢热辣口味，喜欢烧烤。有的韩国人甚至爱吃冷菜、生菜。韩国人一般都不吃过腻、过油、过甜的东西，并且不吃鸭肉、羊肉和肥猪肉。韩国人喜欢吃中国的川菜。

韩国的男子通常酒量较大，喜欢烧酒、清酒、啤酒，习惯互相斟酒，喝交杯酒。对于醉酒者，持宽容态度。韩国妇女则多不饮酒。妇女要向男子斟酒，不给其他妇女斟酒。平日，韩国人喝得较多的则是茶和咖啡。有许多韩国人，还喜欢喝凉开水。

韩国人用餐使用筷子。关于筷子，韩国人比较讲究。与长辈同桌就餐时不许先动筷子，不可用筷子对别人指指点点，在用餐完后要将筷子整齐地放在餐桌的桌面上。为了环保，韩国的餐馆里往往只向用餐者提供铁筷子。吃饭时，不宜边吃边谈、高谈阔论。

韩国人在自己家中设宴招待来宾时，宾主一般都是围在一张矮腿方桌周围，盘腿席地而坐。不允许双腿直伸开来，或是双腿叉开。受人敬菜时要礼貌地推让两次，第三次才欣然接受。饭后被人邀请去唱歌是不可拒绝的。

2. 社交礼仪

韩国人注重礼节。在正规交际场合，一般都采用握手作为见面礼节。在行握手礼时，讲究使用双手，或单独使用右手。当晚辈、下属与长辈、上级握手时，为了表示自己对对方的特殊尊重，后者伸出手来之后，前者须先以右手握手，随后再将自己的左手轻置于后者的右手之上。在一般情况下，韩国妇女不与男子握手，而代之以鞠躬或者点头致意。

韩国人在不少场合也采用先鞠躬、后握手的方式，作为与他人相见时的礼节。韩国人同他人相见或告别时，若对方是有地位、身份的人，往往要多次行礼。有个别的韩国人，在这种时候，甚至会讲一句话，行一次礼。

在一般情况下，韩国人在称呼他人时爱用尊称或敬语，但很少会直接叫出对方的名字。要是交往对象拥有能够反映其社会地位的头衔，那么韩国人在称呼对方时一定会屡用不止。

韩国人在社交场合，大部分都会讲英语，并且将此视为有教养、受过良好教育的标志之一。

韩国人的自尊心极强，不容公开被人批评或异议。在一起聊天，都不谈本国政治、日本、妻室等话题，但喜欢询问个人情况。站立交谈时不能背手。

在社交场所，男女必须分开。妇女对男子很尊重。女子发笑时必须掩嘴。在公开场合得让男士先行，各种会议发言者致辞都把“先生们”放在“女士们”之前。尊敬师长，不当着长者面抽烟、戴眼镜。

上门造访习惯带上小礼品，但不能送外国烟；接物时必须用双手，不能把礼品当场打开。

韩国人与外人初次打交道时，非常讲究预先约定，遵守时间，并且十分重视名片的使用。

3. 习俗禁忌

在韩国，人们以木槿花为国花，以松树为国树，以喜鹊为国鸟，以老虎为国兽。对此，不要妄加非议，更不能当着韩国人的面不恭不敬。

韩国人对“4”字非常反感，其发音与“死”相同。受西俗影响，也有不少韩国人不喜欢“13”这个数。与韩国人交谈时，发音与“死”相似的“私”、“师”、“事”等几个词最好不要使用。需要对其国家和民族进行称呼时，不要将其称为“南朝鲜”、“南韩”或“朝鲜人”，而宜对其分别称为“韩国”或“韩国人”。

需要向韩国人馈赠礼品时，宜选择鲜花、酒类或工艺品。但是，最好不要送日本货。忌讳双数。

四、泰国

泰国全称为泰王国，位于中南半岛中部，面积51.3万平方公里，人口6 000万左右。泰国以佛教为国教，被称为“千佛之国”、“黄袍佛国”、“白象之国”，礼仪习俗深受佛教影响。首都曼谷。泰国经济发展迅速，经济势力较强，最大的几个财团多以华人家族为主。泰国是我国第十位客源国。

1. 餐饮礼仪

稻米为泰国人的主食，鱼和蔬菜是主要副食。他们最喜欢民族风味的“咖喱饭”，以大米、肉片（或鱼片）或者青菜调以辣酱油做成。另外，喜欢食用的食品还有剁生牛肉、鸡粥、甜包子、猪油糕、面条汤。鱼露和辣椒被当作最好的调味品。在用餐之后，他们往往喜欢吃上一些水果。槟榔和榴莲是泰国人最爱吃的水果。

泰国人喜欢吃辛辣的菜肴，不喜欢吃过咸或过甜的食物，不喜欢吃红烧食物，也不放糖。泰国人喜欢吃中国广东菜和四川菜。

在泰国民间，人们用餐时多惯于围绕着低矮的圆桌跪膝而坐，以右手抓取食物享用。在泰国，人们认为“左手不洁”，所以绝对不能以其取用食物。而今，有些泰国人用餐时爱叉、勺并用，即左手持叉、右手执勺。

泰国人不喝热茶，在茶里加上冰块，令其成为冻茶。在一般情况下，他们不喝开水，惯于直接饮用冷水。在喝果汁的时候，他们还有在其中加入少许盐末的偏好。

2. 社交礼仪

泰国是一个礼仪规矩较多的国家。由于信仰佛教的缘故，泰国人在一般的交际应酬中不喜欢与人握手。他们所用最多的见面礼节，是带有浓厚佛门色彩的合十礼。

行合十礼时，须站好立正，低眉欠身，双手十指相互合拢，并且同时问候对方。行合十礼的最大讲究，是合十于身前的双手所举的高度不同，给予交往对象的礼遇便有所不同。通常，合十的双手举得越高，越表示对对方的尊重。行合十礼时，晚辈要先向长辈行礼，身份、地位低的人要先向身份、地位高的人行礼。对方随后亦应还之以合十礼，否则即为失礼。行礼之后，可不必再握手，尤其是男女之间。

泰国人所行的合十礼大致可以分为四种规格。一是双手举于胸前，它多用于长辈向晚辈还礼。二是双手举到鼻下，它一般在平辈相见时使用。

三是双手举到前额之下，它仅用于晚辈向长辈行礼。四是双手举过头顶，它只用于平民拜见泰王之时。

在交际场合，泰国人习惯以“小姐”、“先生”等国际上流行的称呼彼此相称。在称呼交往对象的姓名时，为了表示友善和亲近，不惯于称呼其姓，而是惯于称呼其名。

跟外人打交道时，泰国人一贯讲究“温、良、恭、俭、让”，并且总是喜欢面含微笑，因此泰国在国际上亦称“微笑之国”。在交谈时，泰国人总爱细声低语。跟旁人打交道时，面无表情、愁眉苦脸，或者高声喧哗、大喊大叫，都是失敬于人的。

3. 习俗禁忌

在泰国，泰王深受人民的尊敬和爱戴。在正式集会时，必须率先演奏歌颂国王的颂歌。届时，全场必须肃立，不得走动或交谈，不然必受严惩。在宴会上致祝酒辞，必须首先预祝国王身体健康。对泰王和王室的其他成员，绝对不允许任意评说。

与泰国人进行交往时，不得非议佛教，或对佛门弟子有失敬意，特别是切勿对佛祖释迦牟尼表示不恭。购买佛饰不能说“买”，必须说“求祖”。进寺庙要衣冠整洁，摘帽。

在泰国，军人的地位很高，并深受尊重。因此，不要对其进行议论。

在举行聚会时，参加者的数目有时是有讲究的。官方举行活动时，参加者通常为双数。私人举行活动时，被邀请的人数则常为单数。不过，在民间活动中人们多讲究请九个人参加最佳。据说，这是因为它在泰文里像一头吉祥化身的大象，而且它的发音与“兴旺”、“发达”相似。

泰国人认为头颅是智慧所在，不可随便触摸。在日常生活中，凡是与接触头部有关的动作，都在忌讳之列。尤其是孩子的头部，绝对不准触摸。拿着东西从泰国人头上通过，被视作一种侮辱。在睡觉时，他们忌讳“头朝西，脚向东”，因为在泰国那是停尸时的方位。

泰国人认为脚除了走路外，别无所长。因此，严忌将脚伸到别人面前，不准用脚指示方向，不准脚尖朝着别人，不准用脚踏门，或是踩踏门槛。在外人面前席地而坐时，不准盘足或是双腿叉开。

泰国人做客时，严忌客人坐到男主人的固定座位上。上楼严忌穿鞋，严忌拒受主人敬上的茶水、食品、水果等待客之物。

跟泰国人接触时，不得动手拍打对方，讲话时不得手指对对方指指点点。与人交谈时双手不能插在袋中。指人时不能用手（尤其不能用一个手指），要用下巴。闲谈时一般避免谈及政治、皇室问题，不要赞美别人的婴儿（以免引起恶鬼注意）。

泰国人认为左手不洁，严忌用左手与别人握手。行礼时，不能挥动左手，并忌讳用左手给别人传递东西。

在交往中忌讳用红颜色笔签字，因为人死之后才用红笔将其姓氏写在棺木上。忌讳褐色。忌讳狗的图案。

五、新加坡

新加坡全称是新加坡共和国，位于东南亚马来半岛的南端，是一个由50多个大小岛屿组成的岛国。国土总面积为648平方公里，人口310多万，华人最多，约占总人口的76%。境内的华人、马来人、印度人分别主要信奉佛教、伊斯兰教、印度教，少数人信奉基督教。首都新加坡。新加坡是世界著名的转口港、贸易中心、金融中心，经济发展较快。目前，新加坡是我国第六大客源国。

1. 餐饮礼仪

由于新加坡人多为华人，而新加坡绝大多数华人祖籍为广东、福建、海南和上海等地，因此他们的饮食习惯上与其他华人是大同小异，中餐是他们的最佳选择。

新加坡华人的主食多为米饭，副食多为各种生猛海鲜，对于面食不太喜欢。在口味上，喜欢清淡，偏爱甜味，讲究营养。粤菜、闽菜和上海菜，都很受欢迎。下午习惯用点心。喜食桃、梨、荔枝等水果。大都喜欢饮茶，通常都会以茶待客。每逢春节来临之际，经常还会在清茶中加入橄榄之后饮用，并且称之为“元宝茶”。他们认为，喝这种茶，可以令人“财运亨通”。平时，新加坡华人还嗜好饮用加入一定配方的中药后制成的补酒，如鹿茸酒、人参酒等。

在设宴款待新加坡人时，务必在安排菜单方面要注意因民族而异。马来西亚人忌食猪肉、狗肉、自死之物和动物的血，不吃贝壳类动物，不饮酒；印度人则绝对不吃牛肉。在用餐时，不论马来西亚人还是印度人都不用刀叉、筷子，而惯于用右手直接抓取食物，忌用左手取用食物。对他人用刀叉、筷子的做法，他们也绝对难以容忍。

2. 社交礼仪

在社交场合，新加坡人与他人所行的见面礼节多为握手。在一般情况下，他们对于西式的拥抱或亲吻是不太习惯的。即使是男女之间表达情感，如此这般也不受新加坡人的赞许。

由于新加坡政府注重保护各民族的传统，因此新加坡的礼仪与习俗也呈现出了多元化的特点。比如，相见时，新加坡华人往往习惯于拱手作揖，或者行鞠躬礼；马来西亚人则大多采用其本民族传统的“摸手礼”。跟新加坡人打交道时，最明智的做法不光是要“入国而问禁”，而且还需要牢记“遇人而问俗”。

在待人接物方面，新加坡人特别强调笑脸迎客，彬彬有礼。对新加坡人而言，在人际交往中讲究礼貌、以礼待人，不但是每个人所应具备的基本修养，而且已成为国家和社会对每个人所提出的一项必须遵守的基本行为准则。政府注重“礼治”，不但强调“不学礼，无以立”，而且专门编定了《礼貌手册》，对于人们在各种不同场合的所作所为是否符合礼仪，都作出了明确的规定和指导。“人人讲礼貌，生活更美好”、“真诚微笑，处世之道”的口号在新加坡早已家喻户晓，深入人心。在新加坡，不讲礼貌不仅会让人瞧不起，而且还会寸步难行。

3. 习俗禁忌

新加坡人不喜欢“4”与“7”这两个数字。因为，在华语中，“4”的发音与“死”相仿，而“7”则被视为一个消极的数字。在新加坡华人看来，“3”表示“升”，“6”表示“顺”，“8”表示“发”，“9”表示“久”，都是吉祥的数字。

与新加坡人交谈时，忌涉及政治、民族、宗教及新加坡与邻国的关系等话题，要多使用谦词、敬语。

新加坡的华人大都很讲“面子”，并且“乡土观念”极强。与其进行交往时，千万不要不给对方“面子”。要是能用“家乡话”与其进行交谈，则必会大受欢迎。

新加坡人忌用“恭喜发财”。他们认为，这句话带有教唆别人去发不义之财、损人利己的意思。如果说“恭喜发财”，将被认为是对人侮辱和嘲弄。在商业活动中，宗教词句和如来佛的图像也被禁用。

忌讳双手叉腰，用食指指人。

用餐时不得将筷子置于盘碗上或交叉摆放。

新加坡人将男子蓄长发视为“鬼怪式”而引为禁忌。在许多公共场所，通常竖有“长发男子不受欢迎”的告示，以示对留长发的男子的反感和警告。

各民族还有各自的宗教禁忌。

六、马来西亚

马来西亚，位于东南亚马来半岛南部和加里曼丹岛北部，地处热带，并且绝大部分为海洋所环绕。国土面积 32.98 万平方公里，人口约2 020万。马来西亚是一个以伊斯兰教为国教的国家，全国有一半以上的人信奉伊斯兰教。首都吉隆坡。近年来，马来西亚经济高速增长，发展水平较高。目前，马来西亚已成为我国第七大旅游客源国。

1. 餐饮礼仪

在马来西亚，由于以伊斯兰教为国教，因此在饮食习俗上，首先必须了解并尊重穆斯林的有关禁忌。马来人爱吃米饭，喜食牛肉，极爱吃“咖喱牛肉饭”，并且爱吃具有其民族风味的“沙爹”烤肉串。马来西亚的穆斯林是绝对不饮酒的，他们喜欢饮椰子水、红茶、咖啡，嗜好槟榔和嚼烟草。在一般情况下，他们也不惯于饮用开水。在宴请之中需要干杯时，他们会以茶或其他软饮料来代替酒。

受伊斯兰教教规影响，马来西亚的穆斯林不吃猪肉，不吃自死之物和血液，不使用一切猪制品。由于他们认为狗是一种会带给人们厄运和瘟疫的肮脏动物，乌龟是一种象征“春药”和“色情”的不吉祥的动物，所以都不吃。

马来人在用餐时，一般不用椅子。男子盘腿，女子屈腿，席地而坐。菜肴食物摆在地上的草席或餐毯上。不用刀叉或筷子，直接用右手取食。只有在十分正规的宴请中，马来西亚人才以刀、叉、匙进餐。由于左手被视为“不洁之手”，因此禁用其取食食物或饮料。万不得已须以左手帮助右手之前，应向在场之人表示歉意。以左手向其他人递送食物或饮料，在任何情况下都是不许可的。在用餐时，马来人很讲究卫生。在用餐前，他们必定先用清水冲手。在餐桌上，则多备有水盂，以供人们用餐时冲洗手指。

在一般情况下，马来西亚的印度人也惯于抓食食物，而不使用任何餐具。华人和其他民族居民仍保留各自的饮食习惯。

2. 社交礼仪

在马来西亚，由于马来人不仅人口最多、政治影响最大、社会地位也最高，其礼仪习俗在社会生活中居于支配地位。

在马来西亚，不同民族的人采用不同的见面礼节。马来人的常规做法是：向对方轻轻点头，以示尊重。除男人之间的交往以外，马来人很少相互握手，男女之间尤其不会这么做。马来人传统的见面礼节是“摸手礼”：与他人相见时，一方将双手首先伸向对方，另一方则伸出自己的双手，轻轻摸一下对方伸过来的双手，随后将自己的双手收回胸前，稍举一下，同时身体前弯呈鞠躬状。与此同时，他们往往还会郑重其事地祝愿对方“真主保佑”或“一路平安”。被问候者须回以“愿你也一样好”。马来西亚的华人与印度人同外人见面时，则大多以握手作为见面礼节。

马来人非常重视礼节。在家庭生活中，全家必须尊敬与服从父母，子女在父母面前必须端坐。席地而坐时，男子盘膝，女子屈膝，双腿伸向一边。马来人十分好客，主人必须用马来糕、点心、菜、咖啡等招待客人。客人必须吃一点，喝一点，否则被视为对主人的不尊敬。交谈中可以多赞扬对方。特别尊重老人，晚辈乐意为老人开门、让座，不在老人面前抽烟。

马来人的姓名颇具特点，他们通常只有自己的名字，而没有固定的姓氏。在一般情况下，马来人总是儿子以父名为姓，父亲则又姓祖父的名字。因此一家几代人的姓氏会各不相同。

在马来西亚，人们见面时经常会问对方：“你到哪里去?”它的真实含意，与我国许多地方略同，仅仅是一种一般性问候而已。对此，既可以回答，也可以不答。

马来西亚人在对外交往中敏感多疑，对外国人往往轻易不会信任。在无人介绍时，他们不爱主动与外国人交谈。即使在商务谈判中，他们也是问得多，答得少。但是与熟人交往时，他们却以“笑口常开”作为一种基本礼貌。他们认定，与别人打交道时，面无表情，不苟言笑，意味着对别人不怀好意。

3. 习俗禁忌

由于受伊斯兰教的影响，在公共场合不允许过度裸露肢体。讲究“男女授受不亲”，在社交场合，不准男女进行身体接触。即使夫妻或情侣也禁止在大庭广众之前勾肩搭背，挽臂而行，或是拥抱亲吻。

马来人禁酒、禁赌，不食猪肉和非宰杀而死的动物，遇斋月要斋戒。忌讳用手触摸他人头部与肩部。忌讳跷腿、露出脚底，或用脚去挪动物品。忌讳用一手握拳，去打另一只半握的手，这一动作在马来人看来是十分下流的。与其交谈时，不要将双手贴在臀部上，不然有勃然大怒之疑。不要当众打哈欠；万不得已要打哈欠时，务必要以手遮挡住口部，否则便是失敬于人的。白色为丧事专用色，平时忌用。礼品中忌用小刀、狗的形象。华人忌送单数礼品，忌用小刀、钟、剪刀、手绢、花束作礼品，忌用白、黑、蓝色。

第二节　欧洲主要客源国餐饮、社交礼仪与禁忌

一、德国

德国全称为德意志联邦共和国，是位于欧洲中部的沿海国家。国土总面积35.7万平方公里，人口8 000多万，居民绝大多数信奉天主教和基督教。首都柏林。德国是西方七大经济强国之一，经济势力居世界第三位，为世界第一大旅游输出国。目前，德国是我国第十一位旅游客源国。

1. 餐饮礼仪

德国人主食为黑麦、小麦、土豆，主要是吃面包、蛋糕，现在也吃米饭、面条。最喜欢猪肉的各类食品，如猪排、香肠等，其次是各类牛肉食

品，禽蛋也受欢迎。其口味比较清淡，偏酸甜，不喜欢油腻、辛辣。注重饮食的含热量、维生素等营养成分。葱头是德国人菜肴中不可缺少的。德国人不喜欢羊肉和海味。除肝脏之外，其他动物内脏也不为其接受。除北部地区的少数居民之外，德国人大都不爱吃鱼、虾。即使吃鱼的人，吃鱼时也不准讲话。

在饮料方面，喜用矿泉水、果汁、葡萄酒、啤酒。啤酒被视为“液体面包”，深受德国人的喜爱。德国被称为“啤酒之国”。德国人对咖啡、红茶、矿泉水也很喜欢。

德国人每日三餐比较简单，请客吃饭也比较简单，尤其请吃午饭。早餐的饮料多为咖啡，不太喜欢喝牛奶，吃面包时中间夹煎蛋。主餐是午餐，用汤和菜肴，吃的是夹着香肠或火腿的吐司。最讲究吃晚餐，晚餐一般为冷餐。用晚餐的时候，习惯于关闭电灯，点燃蜡烛，以朦胧的烛光烘托出优雅的气氛，在幽暗的烛光中饮酒交谈。

汉堡包是德国人发明的。由于它美味可口，携带方便，所以不但德国人对它青睐，而且已风行世界。自助餐发明于德国，在外出用餐时，德国人很爱选择这一进餐方式。

德国人用餐时，讲究餐具和用饮料的程式，有一些特殊的规矩。如吃鱼用的刀叉不得用来吃肉或奶酪。若同时饮用啤酒与葡萄酒，饭前宜先饮啤酒，后饮葡萄酒。啤酒杯很大，一般不碰杯，若碰杯则应一饮而尽。食盘中不宜堆积过多的食物。不得用餐巾扇风。爱吃水果和甜点，但忌吃核桃。在外聚餐，一般各自付款。

德国人喜爱中国的京菜、鲁菜、淮扬菜。

2. 社交礼仪

德国人勤勉、矜持、有朝气、守纪律、好清洁、爱音乐。朴实无华、真诚可靠是德国人传统的性格特征。德国人注重感情，非常好客。对于远道而来的客人，总是关怀备至，态度诚恳坦直。与欧洲其他主要国家的人民相比，德国人在待人接物方面所表现出来的独特风格，往往会给人以极为深刻的印象。

德国人在人际交往中对礼节非常重视。在社交场合，德国人通常都采用握手礼作为见面礼节。与德国人握手时，务必要坦然地注视对方；握手的时间宜稍长一些，晃动的次数宜稍多一些，握手时所用的力量宜稍大一些。

与亲朋好友见面时，德国人往往会施拥抱礼，亲吻礼多用于夫妻、情侣之间。有些上了年纪的人，与人相逢时，还往往习惯于脱帽致意。

德国人重视称呼。对德国人称呼不当，通常会令对方大为不快。在一般情况下，切勿直呼其名，可以称其全称，或仅称其姓。

德国人对职衔、学衔、军衔看得比较重。对于有头衔者，在进行称呼时一定要加上其头衔，这被视为向对方致敬的一种做法。

与德国人交谈时，切勿疏忽对“您”与“你”这两种人称代词的使用。对初次见面的成年人以及老年人，务必要称之为“您”。对于熟人、朋友、同龄者，方可以“你”相称。在德国，称“您”表示尊重，称“你”则表示地位平等、关系密切。

德国人都非常重视人与人之间的感情。家庭观念极强，重视家人的团聚。具有很强的群体意识，酷爱集会和结社，并以此作为人际交往的渠道与纽带。

德国人纪律严明，生活比较刻板。社交活动必须预约，约会必须准时到场。讲究衣着，穿戴整齐。面对陌生人，不苟言笑，不爱主动结识。但对待有求于己的人，往往是有求必应，不厌其烦。在日常生活里，德国人为人处世不仅讲究有法可依，而且更为注重有法必依。即使是生活琐事，往往也处处时时都有规章制度可循。遵法守纪，在德国被视为做人的一种美德。与德国人打交道时，目无法纪的人，会令人敬而远之。相反，对于自觉遵法守纪的人，则会使人非常敬重。

德国人讲究信誉，重视时间观念，特别是在经济往来中。他们在谈判时会斤斤计较，精于讨价还价。但是正式的合同一旦订立，则必定会严格遵守，依约而行。在人际交往之中，比较严肃、拘谨，待人比较诚实、可靠，注重实际，不尚空谈，遵守诺言，十分珍惜时间。在交谈时，大都喜欢闲话少说，直奔主题，看不惯没话找话、大讲恭维话、浪费别人时间的人。

德国人极端自尊，非常尊重传统。在历史上，德国曾涌现过一大批著名的哲学家、艺术家和科学家。同时，在两次世界大战中，作为战败国，它也连遭惩罚。这种特殊背景，使得德国人极为珍惜本国的文化传统，并且极端自尊。在外国人看来，他们往往还会显得有些过于自负和高傲。在德国，人们一直认为国货最佳，对舶来品通常不屑一顾。不仅如此，即便与外国人交谈，德国人也大都喜欢会讲德语的人。对于说英语的人，有时他们会不乐于与之合作。交谈的话题可以是原野风光、业余爱好、体育运动等。

3. 习俗禁忌

德国人忌讳“13”与“星期五”，视“13 日、星期五”为不祥日子。

德国人忌讳纳粹党党徽的图案，法律明确规定禁用。与人打招呼时，切勿身体立正，右手向上方伸直，掌心向外。这一姿势，过去是纳粹的行礼方式。对于四个人交叉握手，或在交际场合进行交叉谈话，也比较反感，都被视为是不礼貌的。

与德国人交谈时，不宜涉及纳粹、宗教与党派之争。

德国人以遵守纪律、自觉维护公共秩序而闻名，严忌大声喧哗。在公共场合窃窃私语，德国人认为是十分无礼的。

德国人不喜欢茶色、红色、红黑相间色、褐色或深蓝色，尤其忌讳墨绿色（为纳粹军服色）。北方人喜用黑色、灰色，南方人则偏爱鲜明色彩。

德国人对矢车菊最为推崇，讨厌蔷薇图案（视为不洁）、蝙蝠图案（象征吸血鬼）。不宜随意以玫瑰或蔷薇送人，前者表示求爱，后者则专用于悼亡。德国人还忌讳核桃，不愿见到核桃（视为不祥）。

向德国人赠送礼品时，不宜选择刀、剑、剪、餐刀和具叉，不用褐色、白色、黑色的包装纸和彩带包装、捆扎礼品。

二、法国

法国全称是法兰西共和国，位于欧洲西部，濒临大西洋。国土面积55.2万平方公里，人口5 700多万。约90%的居民信奉天主教。法国内部文化差异较大，体现了欧洲各民族文化融合的特点。首都巴黎。法国经济势力仅次于美、日、德，排名世界第四位。目前，法国是我国第十四位旅游客源国。

1. 餐饮礼仪

法国人十分讲究饮食，以爱美食著称。法国的烹调技术在欧洲乃至世界都享有盛誉，法国菜在世界饮食中占有重要地位。法国人一般不吝惜在饮食上花钱，并且人人喜欢以美食家自居。在西餐中，法国菜可以说是最讲究的。

法国烹调，用料讲究而广泛，制作精细、色泽鲜美、品种繁多。既要菜肴保持原汁、原味、原色，又讲究菜肴的精巧工艺和合理的营养成分。个人饮食要求符合身份、地位和教养。在口味上要求肥嫩、鲜美、浓郁，但不喜欢吃辛辣。吃的菜肴较生，选择的原料喜好生鲜的，如牛扒、烤牛排等都以带血丝为好。

法国人爱吃面食。在法国，面包的种类之多令人难以计数。在肉食方面，爱吃牛肉、猪肉、羊肉、鸡肉、鱼子酱、蜗牛、蛙腿、牡蛎、鹅肝，肉类煮得半熟即食，牡蛎生食。烹调时常加较多的料酒，以葱蒜、丁香、香草等调味。法国人不吃肥肉、宠物、肝脏之外的动物内脏、无鳞鱼和带刺带骨的鱼。法国的名菜有鸡肝牛排、红酒山鸡、马赛鱼羹、巴黎龙虾、煎蜗牛、扒鹅肝等。

法国人大都爱吃干鲜奶酪，干鲜奶酪是法国人午餐、晚餐必不可少的食品。待客之际，往往会拿出各式各样的奶酪请客人品尝。

法国人喜欢饮葡萄酒、啤酒、苹果酒、牛奶、红茶、咖啡、矿泉水、清汤等饮料。法国所产的白兰地、香槟与红白葡萄酒，在世界上非常著名。法国人特别善饮，他们几乎餐餐必喝，而且讲究在餐桌上要以不同品种的酒水搭配不同的菜肴。一般在餐前要喝开胃酒，吃鱼要喝白葡萄酒，吃肉要喝红葡萄酒，餐后才适合喝利口酒或白兰地。在法国人的餐桌上，酒水贵于菜肴。对于鸡尾酒和自助餐，法国人大都不大欣赏。

法国人在用餐时，两手允许放在餐桌上，但不许将两肘支在桌子上。在放下刀叉时，习惯于将其一半放在碟子上，一半放在餐桌上。

法式宴会讲究礼仪，程式复杂，时间持续较长。在宴会上，主宾都细品慢食，谈笑风生，充满轻松自由气氛。法国人视宴请为交际场合，所以“交谈重于一切。”在用餐时只吃不谈，是不礼貌的。

法国人爱上咖啡馆，把咖啡馆作为社交场所和阅读书报、写信、做作业之处。平时请客多在餐馆、咖啡馆，一般不在家中。

法国人对中餐比较熟悉，喜爱中国的鲁菜、粤菜、淮扬菜。

2. 社交礼仪

法国是西方礼仪的发源地。法国人待人接物都礼仪周到。常用“请”、“对不起”、“谢谢”等语，家人之间也用。

法国所采用的见面礼节，主要有握手礼、拥抱礼和吻面礼。握手是打招呼的一般方式，握的时间短，且不能用力晃动。亲朋好友之间一般行拥抱礼和亲吻礼。法国所行的吻面礼，不但使用得最多、最广泛，而且在其做法上也有一定的特点。法国人与交往对象行吻面礼，意在表示亲切友好。为了体现这一点，在行礼的具体过程里，往往要同交往对象彼此在对方的双颊上交替互吻三四次，而且还讲究亲吻时一定要连连发出声响，当然往往只是弄出“空响”即可。

法国男士讲究“骑士风度”，尊重妇女，处处女士优先。在法国人看来，充当“护花使者”是男子的天职与荣幸。男女同坐，一般是女性居中，男性居两侧。

法国人的形体语言极为丰富。在交谈时，喜欢与对方站得近一些，并爱以手势进行辅助。一般而言，拇指与食指分开表示“2”，用食指指自己的胸部表示“我”，拇指朝下表示“差”或“坏”，掌心向上表示诚恳，耸动肩膀则表示高兴或惊讶。

法国人的姓名，由两部分所组成，其名字在前，姓氏在后。法国人名有阴阳之分。法国妇女婚前姓父姓，婚后则改姓夫姓。而今，有些法国妇女，或婚后仍用父姓，或婚后同时使用父姓与夫姓。后一种情况亦称双姓，一般夫姓在前，父姓在后。

在签署本人姓名时，法国往往习惯将姓写在前面，名字在后面，二者之间以逗号分开。

正式称呼法国人的姓名时，宜只称其姓，或是姓与名兼称。家人、熟人、朋友、同事、同学之间，应直呼其名。对于关系至为密切者，则宜直呼其爱称。

与法国人打交道，有时有必要使用谦称或敬称。法国人所用的谦称，多为第一人称复数，或者是第三人称，意即“敝人”或“敝公司”。有时，还爱在其后加上形容词“卑贱的”，意为“卑职”。

法国人常用敬称，对一般人称第二人称复数，其含意为“您”。对官员、贵族、有身份者称“阁下”、“殿下”或“陛下”，对陌生人称“先生”、“小姐”或“夫人”。忌讳“老人家”、“老先生”、“老太太”等类的称呼。

在日常生活里，法国人爱好社交，善于交际。法国人的时间观念和计划性很强，尤其是在出席宴会和重大活动时。从不迟到，也不提前，一般都是准时到达，准时开始，准时举行各项活动。一般约会必须预定，赴约必须准时，不能早到。

上门做客应带礼品，礼品不求贵重，但求包装讲究、文化品位高。鲜花备受欢迎。

法国人在人际交往中大都爽朗热情，善于雄辩，高谈阔论，好开玩笑，幽默风趣，说话直率，好许诺，少兑现。讨厌不爱讲话的人，对愁眉苦脸者难以接受。

法国人纪律较差。在日常生活之中，崇尚自由自在，随意而为，偏爱标新立异，与众不同，喜欢创造宽容轻松的氛围，反对外来干预。

法国人自尊心强，偏爱“国货”。英、法两国人在礼仪方面的分歧较大，历史成见深，应避免同时接待。

3. 习俗禁忌

法国忌讳数字“13”，不喜欢“星期五”，尤视“13 日、星期五”为不祥的日子。

在人际交往中，法国人对礼物十分看重，但又有其特别的讲究。初次见面就向别人送礼，往往会令对方产生疑虑，因而是不善交际的表现。在接受礼品时应当着送礼者的面打开其包装，否则是一种无礼的、粗鲁的行为。此外，他们还不太重视“礼尚往来”。

向法国人赠送礼品时，宜选具有艺术品位和纪念意义的物品，但不宜送刀、剑、剪、餐具，或者带有明显的广告标志的物品。忌男士向一般关系的女士赠送香水（求爱的象征），忌送玫瑰（情人专用）、杜鹃花、黄色花（象征不忠诚）、菊花（丧礼用）。送花时，宜送单数，但要避开“1”和“13”这两个数字。

法国人忌黑桃图案（不吉利），忌仙鹤图案（象征蠢汉和淫妇），忌墨绿色（纳粹军服颜色）。

三、英国

英国全称为大不列颠及北爱尔兰联合王国，是西欧北大西洋上的群岛国家。国土面积24.3 万平方公里，人口约5 800万。绝大多数居民信奉基督教，还有人信奉天主教、伊斯兰教等。首都伦敦。英国是世界工业化最早的国家，是西方七大经济强国之一。目前，英国是我国第九大旅游客源国。

1. 餐饮礼仪

英国人平时吃西餐以英、法菜为主，讲究口味清淡、酥香而不辣。喜欢鲜嫩、焦香。菜肴要求量少而精，花样多变。饮食风格具有“轻食重饮”的特点。一般富裕家庭往往每日四餐，即早餐、午餐、茶点和晚餐。要求早餐吃得好，午餐吃得较简单。午后茶点在下午 4 ~ 5 点，以喝茶为主，同时吃一些面包、点心等。晚餐是正餐，用餐时对服饰、座次、用餐方式都有严格的规定。

英国人爱吃面包、火腿、牛肉，以及土豆、清汤、炸鱼和煮菜。在英国，“烤牛肉加约克郡布丁”被人称为国菜。它是用牛腰肉、土豆，加上鸡蛋、牛奶、面粉放在烤箱内一起烤制而成的菜肴。

英国人的烹调方法以烧、煮、蒸、烙和烤为主，调味很少用酒。调味品大多放在餐桌上，任人自由选择，如醋、芥末、生菜油、番茄沙司、辣酱油、盐、胡椒面等。

英国人不吃狗肉，不吃过咸、过辣或带有黏汁的菜肴。忌讳做菜时加入味精。

英国人很讲究饮料，名气最大的饮料当推红茶与威士忌。英国人嗜茶如命，尤其是中国祁门红茶。在饮茶时，首先要在茶杯里倒入一些牛奶，然后依次冲茶、加糖。不仅早上醒来先要赖在床上喝上一杯“被窝茶”，就是在上班期间，还要专门挤出时间去“茶休”，即去喝“下午茶”。英国人喜欢啤酒，尤其是苦啤和黑啤。还喜欢正宗的德文郡苹果酒。冬季喜食蒸的布丁，夏季喜食果冻、冰淇淋。进餐时还饮葡萄酒、香槟酒、冰镇威士忌苏打水。

英国苏格兰生产的威士忌，曾与法国的干白兰地、中国茅台酒并列为世界三大名酒。英国人除以威士忌佐餐外，还喜欢净饮。英国人饮酒，很少自斟自酌。他们饮酒一般去酒吧。因此，英国的酒吧比比皆是，并且成为英国人社交的主要场所之一。

英国人十分注重用餐礼仪，赴宴时服装必须整洁，不能大声咀嚼、打嗝，饮食要有节制，不能狼吞虎咽。英国人举行宴会时一般备有两种以上的酒。吃鱼时上白葡萄酒。吃肉时上红葡萄酒。如果是规模较大较隆重的宴会，还备有香槟酒。在席间不劝酒，更不灌酒，宾主饮多饮少随意，不喝酒的人不必勉强。

2. 社交礼仪

英国人比较矜持、守旧。在社交中重视礼节和修养，讲文明、有礼貌、尊重女性。经常面带微笑，保持庄重、含蓄、谦虚、幽默的形象。极其强调“绅士风度”，往往是仪表整洁、服饰得体和举止有方。尊重女性，在一切场合都是女士优先。

握手礼是英国人使用最多的见面礼节。握手时必须尽快脱手套，以示对对方的尊重。在一般情况下，与他人见面时，英国人待人十分客气，经常使用“请”、“谢谢”、“对不起”、“你好”、“再见”一类的礼貌用语。

在进行交谈时，对长者、上级和陌生人，使用尊称。特别是那些上年纪的英国人，喜欢别人称呼其世袭的爵位或荣誉的头衔。至少，也要郑重其事地称之为“阁下”或是“先生”、“小姐”、“夫人”。

英国人性格内向，不善表达，不爱张扬。见面时也尽量避免寒暄，不愿与别人过于亲近。认为没有适当的距离，对于双方都有害而无益。英国人不善于夸夸其谈，感情不大外露，也不喜欢在公共场合引人注目，见面时最常说的话题是天气。在交际应酬中，轻易不会与别人一见如故，推心置腹。在非适当时间或没有正当理由时，不得随便给人打电话。

与外人进行交往时，英国人一般都非常善解人意，懂得体谅人、关心人、尊重人，说话比较婉转。在一般情况下，英国人都不爱跟别人进行毫无意义的争论，而且极少当着外人的面使性子、发脾气。

英国人注重纪律，时间观念强，约会造访都要提前安排，是否应邀必须及时给对方反馈。参加社交活动要准时出席。去别人家里做客可略迟到，但不得早到。英国人墨守成规，不会轻易改变事先的安排。

3. 习俗禁忌

英国人忌讳数字“13”，认为“星期五”是不祥日子。“13 日、星期五”被视为万事不宜的凶日。

英国人十分忌讳百合花和菊花，视之为死亡的象征。送花的枝数和花朵数不能是“13”或双数。鲜花不用纸包扎。

英国忌用人像作商品装潢。忌讳大象、孔雀、黑猫、山羊、蝙蝠等动物的图案，在英国，这些动物的名声不佳。大象图案象征愚蠢，孔雀视为淫鸟、祸鸟，黑猫被视为不祥之兆，山羊被视为讨厌动物，蝙蝠象征吸血鬼。

英国人遇上碰撒了食盐或是打碎了玻璃一类的事情，会认为很倒霉。

英国人偏爱蓝色、红色与白色，厌恶墨绿色（纳粹军服色），忌讳黑色（丧服颜色）。

忌讳当众打喷嚏；忌讳用打火机或同一根火柴连续点燃三支香烟；忌讳把鞋子放在桌子上；忌讳在屋子里撑伞；忌讳从梯子下面走过。

英国人不欢迎贵重的礼物。涉及私生活的服饰、肥皂、香水，带有公司标志与广告的物品，都不宜送给英国人。

与英国人交谈时，切勿涉及英王、王室、教会以及英国各地区之间的矛盾，特别忌讳关于女王和北爱尔兰独立问题的话题。

在英国，动手拍打别人，跷起“二郎腿”，右手拇指与食指构成“V”形时手背向外，都是失礼的动作。

第三节　北美洲和大洋洲主要客源国餐饮、社交礼仪与禁忌

一、美国

美国全称是美利坚合众国，领土由位于北美洲中部的本土、位于北美

洲西北部的阿拉斯加半岛和位于太平洋中部的夏威夷群岛等三个部分组成。国土面积936.31万平方公里，人口约2.63亿。美国是一个移民国家。约有57%的居民信奉基督教，约有28%的居民信奉天主教，还有着多种其他的宗教信仰。首都华盛顿。美国经济实力居世界首位，旅游业十分发达。目前，美国是我国第二大旅游客源国。

1. 餐饮礼仪

美国人的饮食习惯，因地区而异，因民族而异。一般而言，不讲究精细，追求快捷方便；不刻意讲究形式与排场，而强调营养搭配；比较大众化，一日三餐都比较随便。

美国人的口味比较清淡，喜食生、冷的食物。菜肴的味道一般是咸中带点甜。以肉、鱼、蔬菜为主食，面包、面条、米饭为副食。美国人以食用肉类为主，最爱吃牛排和猪排，鸡肉、鱼肉、火鸡肉亦受其欢迎。若非穆斯林或犹太教徒，美国人通常不禁食猪肉。然而，在美国人之中，爱吃羊肉者却极其罕见。所有肉类都先剔除骨头，鱼去头尾和骨刺，虾蟹去壳。烹饪时不放调料，调料放在餐桌上自取，有酱油、醋、味精、胡椒粉、辣椒粉等。制作凉菜时，一般用色拉油、沙司作调料。不少人喜欢吃我国的粤菜、川菜，以及甜酱、蚝油、海鲜酱等。美国人不吃狗肉、猫肉、蛇肉、鸽肉，忌食动物的头、爪及其内脏。不吃生蒜、皮蛋和过辣食品。不爱吃肥肉、清蒸菜肴和红烧菜肴。

快餐在美国流行。热狗、炸鸡、土豆片、三明治、汉堡包、面包圈、比萨饼、冰淇淋等，都是美国人平日餐桌上的主角。

美国人爱喝的饮料有冰水、矿泉水、可乐、啤酒、威士忌、咖啡、葡萄酒以及新鲜的牛奶、果汁，喜欢在饮料中加冰块，不喜欢饮茶。饭前用蕃汁、橙汁等开胃饮料，吃饭时用啤酒、葡萄酒、汽水等饮料，饭后用咖啡，很少用烈性酒。喜欢用威士忌、杜松子酒、伏特加等烈性酒混合调制鸡尾酒。

在人际交往中，美国人有时会请亲朋好友们上自己家里共进晚餐，主宾双方都很讲究礼仪。用餐时不允许发出声响；不允许替他人取菜；不允许吸烟；不允许向别人劝酒；不允许当众宽衣解带；不允许议论令人作呕之事。

用餐的时候，一般以刀叉取用。在切割菜肴时，习惯于左手执叉，右手执刀。将其切割完毕后，放下餐刀，将餐叉换至右手，右手执叉而食。美国人请客，只准备两三道菜是极为正常的。妇女有化妆的习惯，故不愿用香巾擦脸。

2. 社交礼仪

美国人以不拘礼节、自由自在而著称。性格开朗，为人随和，谈吐幽默诙谐，比较浪漫。美国人自由平等观念较强，个人自主意识也较强，主张凡事讲究实效，不搞形式主义，反对过分拘泥于礼仪，过分地矫揉造作。绝大多数美国人反对保守，喜欢猎奇和刺激，注重实利，进取心很强。

在一般情况下，同外人见面时，美国人往往以点头、微笑为礼，或者只是向对方说声“嗨”或“哈罗”即为见面礼节。不是特别正式的场合，美国人甚至连国际上最为通行的握手礼也略去不用了。握手时，不论男士、女士都应该主动向对方伸手。若非亲朋好友，美国人一般不会主动与对方亲吻、拥抱。

在称呼时，美国人喜欢直呼其名，以示双方关系密切。若非官方的正式交往，美国人一般不喜欢称呼官衔，或者以“阁下”相称。对于能反映其成就与地位的学衔、职称，乐于在人际交往中用作称呼，如“博士”、“教授”、“律师”、“法官”、“医生”等等。一般不用职务作为称呼。对于一位拥有博士学位的美国议员而言，称其为“博士”，肯定比称其为“议员”更受对方的欢迎。称呼长者忌用“老”字。

美国人特别尊重女性，处处女士优先。

美国人随和友善，容易接近。喜欢主动跟别人打招呼，并且乐于主动找人攀谈，好交朋友。如果愿意，美国人是可以跟任何人交上朋友的。在美国人看来，不愿扩大自己的交际范围，甚至拒绝与他人接近的人，不仅心理上存在问题，而且对交往对象以及其他所接触的人，也是不够友好和尊重的。

美国人一般都有很强的好胜心，喜欢见异思迁，崇尚开拓。在人际交往中大都显得雄心勃勃，做起事情来也会一往无前。在美国，即使是父子、朋友，外出用餐时，往往也会各付各账。在人际交往中，美国人是不时兴向别人借钱的。

美国人交谈、示意，喜欢用手势或其他体态语来表达自己的情感。

美国人时间观念强，约会要事先约定，业务交往讲究守时，但社交活动往往迟到。正式邀请要用请柬，接到邀请要回柬致谢；若不能应邀要说明理由，并致歉意。上门做客不可早到，可迟到5～10分钟，迟到15分钟以上应通知主人。上门做客不一定带礼品，也不可在其他客人不送礼时单独送礼。美国人喜欢充满友情的礼物，礼物讲究包装，即使是送给亲友的礼品也要附上礼品卡。

3. 习俗禁忌

美国人最忌讳的数字是“13”和“3”。不喜欢的日期则是星期五。

美国人忌用一根火柴或打火机一次点火为三个人点烟；忌讳交叉握手形成十字架形状。

美国人忌盯视他人；忌冲着别人伸舌头；忌用食指指点交往对象；忌用食指横在喉头之前。美国人认为，这些体态语都具有侮辱他人之意。

在人际交往中，保持适当的距离是必要的。交谈距离必须保持在50厘米以上。不得不靠拢他人就座时，要征得对方同意。交谈时声音不可太大，不可大笑，更不可大声争吵。

美国最忌讳他人打探其个人隐私。询问他人收入、年龄、婚恋、健康、籍贯、住址、种族等等，都是不礼貌的。即使招工时，美国人也极少询问此类问题。

美国人忌过分谦虚和客套（视为虚伪），忌称呼长者前加“老”字，忌说别人“胖”、“白”。与美国黑人交谈时，既要少提“黑”这个词，也不能打听对方的祖居之地。

美国人一般不在公开场合送礼，不提倡人际交往间送厚礼，否则要被怀疑别有用心。不宜送香烟、香水、内衣、药品以及广告用品等作礼品。

美国人忌在街上走路时啪啪作响。

美国人将蝙蝠视为凶神的形象，将黑猫从面前经过和打破镜子视为凶兆。

二、加拿大

加拿大位于北美洲北部，东临大西洋，西濒太平洋，北靠北冰洋。国土面积997.06万平方公里，人口约2 700多万。加拿大是一个移民国家。加拿大的主要宗教是天主教和基督教。信奉天主教的居民约占47.3%，信奉基督教的居民约占41.2%。首都渥太华。加拿大是西方七大经济强国之一，旅游业十分发达。目前，加拿大是我国第十三位旅游客源国。

1. 餐饮礼仪

加拿大人的饮食习惯与英、法两国极为接近。在一般情况下，他们对法式菜肴较为偏爱。

加拿大的饮食以肉类、蔬菜为主，面包、米饭为辅。喜欢吃牛肉、鸡肉、鸡蛋、沙丁鱼、土豆、西红柿、洋葱、芹菜、黄瓜、菜花。喜欢吃松子、葡萄干、花生米等。特别爱吃烤制的食品，如烤牛排、烤鸡、烤土豆。在口味方面，加拿大人比较清淡，爱吃酸、甜之物，不喜欢过咸、过辣。不喜欢蒜味、酸辣味调料。在烹制菜肴时极少直接加入调料，而是惯于将调味品放在餐桌上，听任用餐者各取所需，自行添加。从总体上讲，他们以肉食为主，特别爱吃奶酪和黄油。喜欢中国的淮扬菜、沪菜和鲁菜。

在用餐之后，加拿大人爱吃上一些水果，如柠檬、荔枝、香蕉、苹果、梨等。在饮品方面，喜欢咖啡、红茶、牛奶、果汁、矿泉水。此外，加拿大人还爱喝清汤，并且爱喝麦片粥。与欧洲人相比，喝酒不多，喜欢白兰地、香槟、啤酒、金酒、威士忌苏打、葡萄酒、蜜酒等。

加拿大人忌食肥肉、动物内脏、腐乳、虾酱、鱼露，以及其他一切带有腥味、怪味的食物。也不太喜欢吃动物的脚爪和偏辣的菜肴。

加拿大人最重视的是晚餐，有邀请亲朋好友到自己家中共进晚餐的习惯。受到这种邀请时，应当理解为是主人主动显示友善之意。请客之时，他们较常采用自助式。

加拿大人用餐时一般使用刀叉。对于在餐桌上吸烟、吐痰、剔牙的人，加拿大人是非常看不惯的。在用餐的整个过程中，没有用热毛巾擦脸的讲究。妇女有化妆的习惯，故不愿用香巾擦脸。

2. 社交礼仪

加拿大人性格开朗热情，对人朴实而友善，热情好客，容易接近。

加拿大人不像美国人那样随便，见面通常是握手致意；分手时，也行握手礼。熟人之间用拥抱礼节。由于欧洲移民占多数，故其礼节礼貌大多与英法两国相似。

加拿大人跟外人打交道时，只有在非常正式的情况之下，才会对对方连姓带名一同加以称呼，并且彬彬有礼地冠以“先生”、“小姐”、“夫人”之类的尊称。在一般场合里，加拿大人在称呼别人时，往往喜欢直呼其名，而略去其姓。在加拿大，父子之间互称其名也是常见之事。

对于交往对象的头衔、学位、职务，加拿大人只有在官方活动中才会使用。在日常生活里，不以职务相称。

对加拿大土著居民，千万不要将其称为“印第安人”或“爱斯基摩人”。前者被认为暗示其并非土著居民，后者的本意则为“食生肉者”，因而具有侮辱之意。对于后者，应当采用对方所认可的称呼，称之为“因纽特人”；对于前者，则宜以对方具体所在的部族之名相称。

加拿大人在人际交往中比较自由与随和。普通的加拿大人不常用名片，只有公司的高层职员在商务活动中，才会使用名片。

与加拿大人打交道时，首先要了解清楚对方是英裔加拿大人，还是法裔加拿大人，抑或属于其他种族，然后再有所区别地加以对待。

加拿大人时间观念强，约会要事先约定，准时赴约。送礼应有目的，不随便送礼。生日、结婚、分别等都要送礼。讲究礼品包装，一般用彩色礼品纸包裹，扎彩带，装饰彩花，礼品上附有签名贺卡。接受礼品者，应当面打开并致谢。

3. 习俗禁忌

加拿大人视“13”为“厄运”之数，“星期五”则是灾害的象征，对二者非常忌讳。

与加拿大人交谈时，不要插嘴、打断对方的话或是强词夺理。不能询问年龄、收入、家庭状况、婚姻状况、女士体重等私人生活话题。不喜欢将加拿大与美国相比，尤忌美国优越方面的话题。不谈政治、民族、宗教、语言，以及社会敏感的话题。

加拿大人忌讳用食指指指点点。

在家里忌讳吹口哨，忌从楼梯下走过，忌打破玻璃制品，忌打翻盐罐。

忌称人“老”、“白”、“胖”。年长者被称为“高龄公民”，“养老院”被称为“保育院”。对圣人圣事不直呼其名。

在人家做客，忌谈悲伤的事，忌讳死亡、事故之类的话题。

加拿大人忌讳黑色（象征死亡），忌讳百合花及其图案（用于丧礼之花）。

三、澳大利亚

澳大利亚全称为澳大利亚联邦，位于印度洋和太平洋之间，由整个澳大利亚大陆和一些岛屿组成，国土面积 768.2 万平方公里，占大洋洲陆地面积的绝大部分。人口 1 700 多万，是世界上人口密度最小的国家之一。首都堪培拉。澳大利亚经济发达，是世界上主要的贸易国之一，是我国第八大贸易伙伴。目前，澳大利亚是我国第十五位旅游客源国。

1. 餐饮礼仪

澳大利亚人的饮食习惯与英国相似。平时，以英式西餐为主。同时，饮食风格多样化，喜欢中餐，印度、德国、意大利、日本等国的饮食也比较受欢迎。

澳大利亚人的主食是面包和其他面食，喜欢中国水饺。其口味清淡，偏酸甜，不喜太咸和油腻，忌食辣味。讲究菜肴的色彩和质量，讲究食物的新鲜，大都爱吃牛肉、羊肉、鸡肉、鱼肉、禽蛋，更喜欢吃鱼类。喜欢用多种调味品。喜欢啤酒、葡萄酒、加牛奶和糖的咖啡及茶，特别喜欢红茶和香片花茶。喜欢新鲜水果，尤其是荔枝、苹果和花生米。中国的京菜、淮扬菜、浙菜、沪菜受澳大利亚人欢迎。

一般来讲，澳大利亚人不吃狗肉、猫肉、蛇肉，不吃动物的内脏与头、爪。忌讳加了味精的食物。

用餐时，澳大利亚人使用刀、叉。在有些地方，比如达尔文市，人们外出用餐时必须衣冠楚楚，否则将被禁止入内。平时，澳大利亚人十分喜欢外出野餐，并以烧烤为主。

澳大利亚土著居民目前大多数尚且不会耕种粮食、饲养家畜。他们靠渔猎为主，并且经常采食野果。一般来说，他们的食物品种甚多，制作方法往往也各具特色。在进食的时候，他们经常生食，并且惯于以手抓食。

2. 社交礼仪

澳大利亚人性格豪爽、粗犷。待人接物热情、诚恳、随和，人情味很浓，朴实无华，不像英国人那样斯文和墨守成规。喜欢交际，交谈时喜欢直截了当发表自己的意见。但不宜对其国内事务发表议论及打听个人收入、婚姻、宗教等私事。

澳大利亚人见面礼节多种多样，无奇不有，所行的既有拥抱礼、亲吻礼，也有合十礼、鞠躬礼、握手礼、拱手礼、点头礼。土著居民在见面时行的勾指礼，极具特色。相见的双方各自伸出手来，双方的中指紧紧钩住，然后再轻轻地往自己身边一拉，以示相亲、相敬。习惯以握手表示友谊，但亲朋好友之间通常要行吻礼或贴面以示感情。

澳大利亚人普遍乐于同他人进行交往，并且表现得质朴、开朗、热情。过分地客套或做作，均会令其不快。在讲英语的国家中，澳大利亚人可能是最无拘无束、轻松自在、爱交朋友的。在公共场合，他们爱跟陌生人打招呼、聊天，并且爱请别人到自己家里做客。

澳大利亚人崇尚自信、自强，不同情弱者。而且平等意识较强，交往时应注意一视同仁。乘出租车必须有一人与司机并排坐，以示尊重。

澳大利亚人讲究约会守时。约会要事先约定，准时赴约。请客提早一周通知，被邀请者要明确反馈是否应邀。

澳大利亚人酷爱体育活动。橄榄球、网球、赛马、帆板、钓鱼、游泳、冲浪及日光浴是澳大利亚人偏爱的项目，尤其是游泳。澳大利亚人十分喜好赌赛马，几乎每个城市都有赛马场，赛马成为澳大利亚的“国赌”。

3. 习俗禁忌

澳大利亚人不喜欢将本国与英国处处联系在一起。虽然不少人私下里会对自己与英国存在某种关系而津津乐道，但在正式场合，他们却反感于将两国混为一谈。

澳大利亚人不喜欢听“外国”和“外国人”这一称呼。他们认为，这类称呼抹杀个性。是哪一国家，是哪个国家的人，理当具体而论，对于笼统地称呼是失敬的做法。

澳大利亚人对公共场合的噪声极其厌恶。在公共场合大声喧哗者，尤其是在门外高声喊人的人，是他们最看不起的。

不可竖大拇指表示赞扬（在当地视为下流动作），忌讳对人眨眼。

澳大利亚人忌讳“13”与“星期五”。忌讳兔子图案，认为兔子是一种不吉利的动物。认为碰到了兔子，可能是厄运将来临的预兆。澳大利亚人最喜爱的动物是袋鼠与琴鸟。忌送菊花、杜鹃花、石竹花和黄颜色的花。

爱好娱乐的澳大利亚人往往有邀请友人一同外出游玩的习惯，他们认为这是密切双方关系的捷径之一。对此类邀请予以拒绝，会被他们理解成不给面子。

澳大利亚人崇尚人道主义和博爱精神。在社会生活中，他们乐于保护弱者。除了保护老人、妇女、孩子、弱小种族之外，他们还讲究保护私生子的合法地位，甚至将保护动物看做是自己的天职。议论种族、宗教、工会和个人私生活以及等级、地位问题，最令澳大利亚人不满。

参考文献

1　常建坤主编. 现代礼仪教程. 天津：天津科学技术出版社，2000

2　章洁编著. 新编现代酒店（饭店）礼仪礼貌服务标准. 北京：蓝天出版社，2004

3　李晴，牟红主编. 旅游礼宾原理与实务. 重庆：重庆大学出版社，1998

4　张四成编著. 现代饭店礼貌礼仪. 广州：广东旅游出版社，1996

5　国家旅游局人事劳动教育司编. 旅游服务礼貌礼节. 北京：旅游教育出版社，1995

6　张继焦. 中国少数民族礼仪. 北京：中央民族大学出版社，2000

7　金正昆著. 涉外礼仪教程. 北京：中国人民大学出版社，1999

8　王军编著. 公关礼仪. 武汉：华中理工大学出版社，1999

9　杨军，陶犁主编. 旅游公关礼仪. 昆明：云南大学出版社，2001

10　胡悦主编. 现代礼仪教程. 杭州：浙江大学出版社，1995

新博亚酒店培训——最专业的酒店培训机构

2002年，著名酒店业培训师姜玲博士创立了新博亚酒店培训。经过十年培育，新博亚已成为中国酒店业最有影响力的培训品牌。

它设计并拥有完整的酒店员工培训精品课程，从酒店总经理到中层与基层管理人员，从一线员工到专业岗位，从对客服务到销售专题，从领导力与执行力提升到培训师培训，50多门课程覆盖了整个酒店的运行。其中“酒店业督导技能HSS”和“酒店业培训培训师TTT”等课程在业内广泛使用。

它开发并拥有整套培训教材，其中包括中国旅游饭店业协会特别推荐的《新标准酒店岗位英语丛书》，中国饭店业职业经理人协会确定为“中国饭店业经理人执业资格指定用书”的《新博亚酒店丛书》，中国饭店业星级服务人员资格认定使用的《星级服务人员资格认定指导教程》。

2011年，新博亚推出与美国康奈尔大学eCornell课程合作的中国酒店业职业资格认证体系，包括酒店业管理职位、专业职位以及酒店岗位英语等级认证。

十年来，新博亚酒店培训服务过中国酒店业上百家企业，其中包括中国饭店协会、海南省旅游协会旅游饭店分会、新加坡君华酒店集团、北京首旅培训中心、苏州市旅游教育培训中心、海航酒店集团、浙江开元酒店集团、山东蓝海酒店集团、阳光集团、城堡集团、上海如家快捷、北京开元歌华大酒店、南京金陵饭店、江苏天目湖宾馆、宁波南宛宾馆、广州白云国际会议中心、广州华美达大酒店、山东东胜海天大酒店、三亚亚太国际会议中心、海南文华大酒店等。

新博亚酒店丛书目录

序号	书　　目	版次	定价(元)
01	酒店餐饮管理实务	第三版	39.80
02	酒店客房管理实务	第三版	39.80
03	酒店公关实务	第三版	45.00
04	酒店酒水服务与管理	第三版	
05	酒店服务与管理案例分析	第三版	
06	酒店前厅管理实务	第三版	39.80
07	酒店实用礼仪	第三版	39.80
08	酒店培训管理实务	第三版	
09	酒店英语口语	第三版	32.80
10	酒店经营管理	第三版	39.80
11	酒店人力资源管理实务	第三版	39.80
12	酒店营销实务	第三版	38.00
13	酒店财务管理实务	第三版	
14	酒店服务标准和表格精选	第三版	
15	酒店管理实例与问答	第三版	55.00
16	酒店应用文写作	第三版	45.00
17	餐厅经营管理 300 问	第三版	
18	酒店英语 900 句	第三版	
19	餐饮英语口语	第一版	32.80
20	餐饮英语 900 句	第一版	
21	酒店服务的 5 项修炼	第一版	29.80
22	经济型酒店管理实务	第一版	48.00
23	经济型酒店操作实务	第一版	30.00
24	酒店一线员工工作手册·第一卷	第一版	50.00
	酒店一线员工工作手册·第二卷	第一版	50.00
25	酒店岗位设计标准全案	第一版	
26	餐馆管理实务	第一版	
27	夜场培训与管理	第一版	
28	酒店精益六西格玛管理	第一版	